岩　波　現　代　文　庫

# 越境を生きる

## ベネディクト・アンダーソン回想録

ベネディクト・アンダーソン

*Benedict Anderson*

加藤　剛［訳］

*KATO Tsuyoshi*

学術 464



岩波書店

# 岩波現代文庫版　訳者まえがき

本書は、二〇〇九年にNTT出版から刊行された『ヤシガラ椀の外へ』を、タイトルを変更して岩波現代文庫に収録したものである。新しいタイトルには、国や文化、大学の学部、ディシプリン(学問領域)といった「ヤシガラ椀」を「越境」するとの意味を込めた。原文はベネディクト・アンダーソンによるイギリス語原稿である(なぜ「イギリス語」とするかについては本書三〇六ページの第一章の訳注(1)を参照)。今回の収録にあたり日本語訳を見直し、編集者や校正者と相談しつつ必要に応じて文章を改めるとともに、日本語表記の一貫性を高めるように努めた。その過程で一部の訳語や記述の誤りを修正している。しかしながら内容的には、本書は基本的に既刊の単行本と同じである。

著者の「はじめに」にあるように、イギリス語原稿はもともと日本の若い人、とくに研究者を志し大学や大学院で勉強している人、教職・研究職に就いている若い大学人などを対象に日本語出版のためだけに用意されたもので、イギリス語での出版は予定されていなかった。回想録のようなものが、自分が読めない日本語で出版されるのはまだしも、イギリス語での出版には抵抗がある、とのことだった（詳しくは著者の「はじめに」を参照）。とはいえ書かれたものは、実際にはアンダーソンの人生や研究歴、思想的遍歴を縦糸として、学問を取り巻く知的、政治的、技術的変化を織り込んだ奥行きの深い回想録となっており、知識社会学ないし知識生産の観点からきわめて示唆に富む内容となっている。

今回、日本語訳を見直す中で感じたことのひとつは、アンダーソンが「世代」というものに意識的だということ、それも時代背景を絡めた「世代」を強く意識していることだった。それは本書を、「私」を主語とする記述以上のものにしようとの意図の表れだろう。人類史上初めて登場した、生まれながらにしてデジタルネイティブのZ世代が話題とされ、社会変化の速度が加速している今日、改めて「自己の知的地図」を歴史的に位置づけ相対化することの重要性、単なる祖父母・親・子供世代とは異なる意味での「世代」、歴史の同時期に生まれ育ったコホート、すなわち同じ時代の空気を吸い生きる人々の意味での「世代」の重要性を考えさせられる。

「回想録」という言葉から距離を置き、単行本のタイトルが『ヤシガラ椀の外へ』に決まった後は、好んで「Frog Book」（カエル本）と呼んでいたアンダーソンが、この本のイギリス語での出版を考え始めたのは、彼とのEメールのやり取りから判断すると、二〇一四年末のことと思われる。二〇〇九年に日本語版が出版される前から、イギリス語での出版を勧めていた実弟のペリー・アンダーソン（カリフォルニア大学ロサンゼルス校名誉教授）の度重なる説得を受け入れてのことだった。一九三六年生まれゆえ、遠からず八〇歳という節目の齢《とし》を迎えることも影響していたようである。イギリス語版用に原稿の整理を開始したのは二〇一五年に入ってからで、私はこの年の七月に彼の居所、コーネル大学が位置するイサカ近くのフリービルを訪れ、彼の住まいに一カ月ほど滞在した。イギリス語版出版のための手助けをするというのが目的だったが、思い出にあるのは、住まいの庭隅に置かれたガーデン・テーブルに、隣家に住む友人のベン・アベル夫妻と四人で座り、毎夕のように食事と会話を楽しんだことである。時としてすぐ横の池に出る蛍が見事だった。

イギリス語版は、日本語版読者のために私が追加した文章を削除しさらに写真を除いて、二〇一六年四月に *Imagined Communities*（『想像の共同体』）の出版元であるロンドンのヴァーソ（Verso）から、*A Life Beyond Boundaries*（『境界を越える人生』）というタイトルで刊行された。日本語版（単行本ならびに本書）と同じカエル――これは吉田愛氏が描いた挿絵を芦澤泰偉氏が装幀したものがベースになっている――をあしらった表紙が使われている。おそらく出版社側の意向であろう、事前に聞かされていた話では副題として「A Memoir」（回想録）を入れるとのことだった。だが、これは刊行された本の表紙には見られない。[1]

ざっとではあるが、日本語版のために用いたイギリス語原稿とヴァーソのイギリス語版を読み比べたところ、後者に追加の説明が付された部分や変更を施された部分、時に削除された部分(削除の例は本書三〇七ページの第一章の訳注〔3〕で取り上げている)が何箇所かあった。例えば、博士論文(のちに書籍化された)で扱った日本占領期と「青年革命」に関する内容についてだ(本書の一三三ページ)。オーストラリア出身のジャーナリストで著述家のデイヴィッド・ジェンキンスが二〇二一年に出版した本、*Young Soeharto: The Making of a Soldier, 1921-1945*『幼少期から青年期にかけてのスハルト——或る兵士の形成過程、一九二一—一九四五』)を念頭に、論点の補足を行なっている(ヴァーソ版八一—八三ページ)。アンダーソンは出版前のジェンキンスの草稿に目を通しており、本の序文は彼の手になる。親族やイートン校時代の友人の個人名もヴァーソ版の方が詳しい。

比較的大きな変更は、本文の最後(日本語版では第六章、ヴァーソ版では後述の「あとがき」)の締めの文章に見られる。日本語版では「共産党宣言」の有名なスローガンを真似ている。しかしヴァーソ版では、「カエルは、解放のための闘いにおいて、暗く陰気なヤシガラ椀の中にうずくまっていては敗れるばかりだ」となっている。「ヤシガラ椀」のイギリス語は coconut-half shells(半分に割ったココヤシの殻)で、「殻の中にうずくまる」と書かなければ、カエルとヤシガラ椀の関係がイギリス語読者には理解不能だと考えてのことだろう。

最も大きな変更は章立てである。日本語版に用いたイギリス語原稿と同様、ヴァーソ版も日本語版と異なり基本的に節なしの章だけから成る(日本語版の章と節については本書三二一ページを参照)。日本語版第六章の節のうち、最後にある「幸運と冒険精神」から「ヤシガラ椀の外へ」までの五つの節はこの章から切り離され、ヴァーソ版では新たに「Afterword」(あとがき)としてまとめられている。日本語版の元原稿の第六章から独立させて、若い人たちへのメッセージとする、との位置づけである。

このような追記や変更、削除にもかかわらず、総じて日本語版に用いたイギリス語原稿とヴァーソ版には内容的な違いはなく、後者を参考に本書の内容に変更を加えることはしなかった。付記すると、日本語版に用いたイギリス語原稿にもヴァーソ版にも、少数の著者注が存在する。しかしこれらの限られた数の注は、著者の了解を得た上で、日本語版では全て本文に組み入れるようにした。他方、本現代文庫版では、訳注は、各見開きページの末尾ではなく全て本文末に置いた。訳注の場所が変わったこととその数が増えたこと以外に、本書と単行本にはもうひとつ違いがある。本文に挿入した訳者の補足説明は、著者の文章と区別ができるように〔　〕で括った。ただし第五章には、二箇所に〔　〕なしの長文の挿入段落がある。ひとつはベンヤミンの「均質で空虚な時間」に関するもので(二五一ページ)、この概念の概略について私なりの理解を補足で挿入した。もうひとつは、第五章の最後の段落である(二六〇―二六一ページ)。この章について私が感じたことをまとめてイギリス語で記し、アンダーソンに送った。この文章を章の最後に挿入してもよいかと尋ねたところ、問題ないとのことだった。ほぼ同趣旨のものは、私の文章としてヴァーソ版で引用されている（一六二ページ）。なお、前記の二つの挿入文以外で、第二章と第五章の本文に挿入した訳者の文章では、〔 〕を用いずに（ ）を用いている（挿入文の場所についてはそれぞれの章の訳注を参照）。本書所収の「訳者あとがき」は、単行本に用いたものを一部削除し部分的に修正を加えて再録したものである。

アンダーソンが帰らぬ人となったのは、イギリス語版が刊行される約四カ月前、二〇一五年一二月のことである。ヴァーソ版を人生の置き土産のようにして遺し、本人はこれを目にすることなく旅立った。もともとイギリス語版の回想録の出版に消極的であり、ヴァーソ版に「A Memoir」という副題を付すことを嫌ったと思われるアンダーソンにとって、ある意味、理想的な形とタイミングでの出版だったと言えよう。

最後となったが、六つの章扉に用いたヤシ樹やヤシ園を配した写真は、単行本に続き今回も、総合地球環境学研究所の阿部健一さんに、新たにインドネシアのスマトラで撮ったものを提供してもらった。本書末の私のアンダーソン追悼文「ひと眠りも立ち止まりもしなかったウサギに乾杯!!!」に用いた写真は、アンダーソンの若いタイの友人アナン・グルドペットさんの提供による。本書を岩波現代文庫に収録するについては、岩波書店現代文庫編集部の中西沢子さんのお世話になった。それぞれ記して感謝の意を表したい。

二〇二三年一月二二日　宇治黄檗にて

加藤　剛

## 注

（1）ヴァーソ版における「A Memoir」の扱いは異例である。というのも、本のカバーにも背表紙、中表紙にも、このサブタイトルは見られない。訳者の手元にある初版ハードカバーには、わずかにコピーライト・ページ(日本の奥付に当たる)に「Title: A life beyond the boundaries: a memoir」(ここでは boundaries の前に the が付いている)とあるだけである。最初期の書評には「A Memoir」を付けないものが見られるが、その後はこれを付けて紹介しているものが一般的である。インターネットの通販サイトで見る書影にも「A Memoir」の使はない。しかし、同じ画面の書籍紹介ではサブタイトルを付けている。「A Memoir」の使用は出版社の意向であろうと推測する所以である。

# はじめに

何年か前のこと、ちょうど私が日本を訪れていた時のことだ。編集者の遠藤千穂さんが会いに来て、次のような提案を持ち掛けてきた。私の学問的な経験やキャリアについて、地域研究やフィールドワーク、比較研究の重要性や学際的研究といった話題を盛り込みながら、一冊の本にまとめてくれないか、というのである。この提案には、正直言ってとても乗り気にはなれなかった。

第一に、これまでに私が教えを受け、尊敬している先生たちのうちでそうした本を書いた人は皆無であり、私もその手本に倣うべきだと感じた。そして第二に、私の思い浮かぶ限りでは、アメリカやイギリスの学者の間でそのような本を著した例はあまりなく、少なくとも表向きには客観性や形式を重んじ、自分のことは表に出さないことをよしとする学究文化にそぐわないと思った。書かれた本が偉大かどうかが問題なのであって、本を書いた人が偉大かどうかは問題ではない。第三に、私はこれまで常に大きな世界に興味を持ち、これに好奇心を抱いてきたのであり、自分自身に興味や関心があったわけではなかった。

しかしながら、遠藤さんと、私のかつての学生で現在は学問上の大切な仲間であり、親愛なる友人でもある加藤剛さんの二人は、非常に辛抱強くかつ粘り強くもあった。二人の説得を聞いているうちに本を書こうかという気持ちになったのは、クロス・カルチュラルなコミュニケーション、言葉や文化の違いを越えてのコミュニケーションが持つ可能性と魅力だった。

二人によると、日本の若い研究者や学生は、アングロサクソンの研究者がどのような社会・政治・文化・時代的《エポック》文脈の中で生まれ、教育を受け、成長してきたかについて必ずしもよくは知らないでいるという。「西洋」の政治家、芸術家、将軍、実業家、小説家の伝記や自伝は多くあるものの、学者についてのそれは比較的数が限られているというのだ。求められたのは日本の読者を意識した本、それもとくに大学生や大学院生、若い研究者を意識した本を書くことだった。私はせいぜい五〇語ほどの日本語しか知らないというのに！ もちろん加藤センセイの翻訳に頼ることになるわけだが、相手の社会的あるいは文化的特徴も分からない読者一般を対象にすることが多い通常の執筆状況と異なり、文化の壁を越え、より適切には文化の間に橋を架けて、自分が言葉を解さない日本の読者に語り掛けるというのは魅力的に思えた。

半世紀ほど前に学問的なキャリアの第一歩を踏み出した当初から今まで、私は翻訳という行為に大いなる喜びを感じてきた。しかし、学生時代の仲間や大学の同僚教師のほとんどは、なぜそんなことをするのかと驚いていた。文学部ならいざ知らず、アメリカの大学の社会科学関係の学部では、外国語のテクストをイギリス語に訳す人などきわめて稀な存在だった。そうした労苦は、大学での昇進や専門分野において名声を得るためには、無意味、無価値な努力だと見なされていたからだ。しかし、私にとって翻訳は苦しみの伴う喜びであり、同時にしばしば目を見開かせてくれる学びの体験でもあった。また、私の信ずるところでは、思索の豊かな市民の言葉を翻訳することほど、その市民が生まれ育った国の知性や文化のあり方の特質を、他の国の人々に鮮明に伝えられるものはない。

私の翻訳努力は長いこと一方向だけ、言ってみれば東から西に向いていただけだった。つまり、インドネシア語やタイ語、そして少々ではあるがジャワ語の演説、論文、短編小説、回想録などをイギリス語に訳していただけだった。ところが年を取るにつれて、状況が私の努力を逆方向にも向かわせることになった。その理由は、自分の著作の少なからぬものが他の言語に訳されるようになり、翻訳語を私がよく知っている場合には、訳者がイギリス語の語句や文章の訳し方について意見を求めてくることが頻繁にあったからだ。もうひとつの理由は、インドネシアの読者に向けてインドネシア語で書く機会が増え、それがいかに刺激的なことかを発見したことだった。それは刺激的どころか、超《ウルトラ》学術的文章という牢獄からの、ある種の解放でもあった。脚注は減り、その代わりにジョークや言葉遊びが多くなり、また堅苦しい言葉遣いとくだけた言葉遣いを織り交ぜ、卑俗な言葉《スラング》、古くさいが面白い表現等をない交ぜにした自分流の文体を、徐々に作り上げていくことが可能になった。そうした文体によって、講義をしているかのようにではなく、むしろ私がお喋りをしているとインドネシア人読者に感じてほしいと思った。

最終的に私をこの本の執筆に取り組む気にさせたのは、言葉の間を往き来する右のような「双方向の」翻訳体験だった。それは、あたかも、「想像の」日本語により日本人読者に向けて筆を進めるようなものだ。その成果が少しでも自然に感じられるようにしようと、加藤センセイと最初から合意したのは、著者と訳者の私たち二人が共同で仕事をすることと、私のイギリス語のテクストを読み心地よい(そしてあまり学術的ではない)日本語の文章へと「想像力豊かに再構成する」ことができるように、訳者にはイギリス語の文章や語句に縛られない自由があった方がよいだろうということだった。言ってみれば、イギリス語のテクストは建築家の設計図であり、日本語版は実際に建てられた(願わくは)魅力的な建築物だと考えてよいだろう。建物が完成すれば設計図は捨ててしまっても構わない。これが、イギリス語の元テクストの出版を私が意図していない理由である。[1]

言うまでもないが、これら全ては、加藤センセイの学術的な力と言葉の才能、そして私たちの間の過去四〇年間に及ぶ深い友情なくしては不可能だっただろう。したがって、この「はじめに」の終わりで、完成されるであろう「優雅な建物」への私の心からの感謝の念を、彼と、そして日本の読者に対して表明しておきたい。

ベン・アンダーソン

二〇〇九年五月二〇日　シャムのトンブリにて

# 目 次

# 第一章

## 人生の幸運——幼少期からケンブリッジ大学まで

これまでの人生や大学人としてのキャリアを振り返るにつけて思うのは、幸運としか言いようのないものが自分の人生にとっていかに大きな意味を持っていたか、ということだ。そこで、この導入の章では、私が成人して郷里を後にし、やがて学究者としての途を歩むまでに、どのような幸運、それもどのような類《たぐい》の幸運に恵まれたかを語ることにしたい〔1〕。

## 生まれ育った時代

私が生まれたのは一九三六年八月二六日で、場所は中国の昆明だった。日本による中国北部への大々的な侵略が起こるすぐ前のこと、ヨーロッパ人が第二次世界大戦と呼ぶものがヨーロッパで勃発する三年前のことである。一九四一年の夏、五歳の誕生日をまさに迎えようとする直前、健康を害していた父ジェームズ・オゴーマン・アンダーソンは家族を連れ、アメリカ経由で故郷のアイルランドに戻ろうと決心した。当時アイルランドは、風雲急を告げつつあった国際情勢の中で中立を保とうと腐心しているさなかだった。

中国から乗った船がサンフランシスコに停泊する頃には、大西洋におけるドイツ軍潜水艦の船舶攻撃が激しさを増していた。父は船旅を続けるのは無理だと判断し、私たち家族はカリフォルニアと、のちにコロラドに滞在することになった。ナチス・ドイツが敗れてからようやく帰国の途に就いたが、船の乗客はまだほとんどがヨーロッパに向かうアメリカ兵だった。私がもうじき九歳になろうという夏のことである。父は帰国の翌年に亡くなった。しかし、イギリス人の母ヴェロニカ・アンダーソンはそのままアイルランドに残ることに決めた。このようにしてアイルランドが、一九五八年一月にアメリカへ発つまで、私にとっての郷里となった。

私が初等教育、中高等教育、大学教育を終えた時代は冷戦期であり、かつての広大なイギリス帝国が急速に崩壊しつつある時代でもあった。覚えている限りでは、冷戦が私の人生に影響を及ぼしたということはない。しかし、アイルランドに居住するという幸運に恵まれなかったとしたら、一八歳(一九五四年)で徴兵され、瀕死の帝国のためにマラヤかケニア、キプロスで戦う破目になり、そこで重傷を負うか殺されるかしていたかもしれない。

もうひとつの大きな幸運は、テレビ以前の時代に育ったことだ。家では家族でよくラジオを聴いた。ラジオというのは、家事をしながら、宿題をしながら、あるいはトランプやチェスをしながら楽しむことのできるメディアである。夕方には家族揃ってBBCの放送を聴くのを習いとした。名優たちが偉大な小説を朗読する連続番組があったからだ。小説の朗読を聴きながら、想像の世界は、レフ・トルストイのアンナ・カレーニナやアレクサンドル・デュマ(大デュマ)のモンテ・クリスト伯、ジョゼフ・コンラッドのロード・ジム、ギュスターヴ・フローベールのボヴァリー夫人、トマス・ハーディのダーバヴィル家のテスといった主人公のイメージで一杯になるのだった。

テレビ以前の時代にあっては、旅の演劇一座も娯楽として非常に重要であり、幸いなことにアイルランドには優れた役者がたくさんいた。シェイクスピア劇は無論のこと(戯曲として読む前に舞台での上演を見ていたのだが)、ジョージ・バーナード・ショー、オスカー・ワイルド、リチャード・ブリンズリー・シェリダン、ショーン・オケイシーといった世界的に有名なアイルランド出身劇作家の作品も観劇した。アメリカの大衆文化に接する機会は限られており、せいぜい地元の映画館で時たま西部劇やディズニーの漫画映画を観ることができるくらいだった。

考えてみれば、右に述べたような経験は、ちょっとした運命の悪戯でまったく違ったものになっていたとしても不思議ではない。例えば、父が中国を離れるのをもう少し遅らせていたなら、太平洋戦争が勃発し、家族は日本の抑留所に入れられておそらく死んでいただろう。また、父がアイルランド人でなかったとしたら、息子の自分はイングランドで育てられ、帝国のために海外で戦っていたことだろう。もし五年遅く、一九四一年に生まれていたならば、テレビ漬けとなっており、地元の演劇場にわざわざ出かけて行くのは面倒に思われたに違いないのだ。

## 父母と父母の祖先

私の父と母は、二人ともにとても知的関心が高く、話していて面白い人で、心の優しい人でもあった。弟のロリー――今ではペリー・アンダーソンの名でマルキシズム理論家として知られている――も、そして一番下の妹メラニーも、両親を深く慕っていた。父は私がまだ九歳の時に亡くなってしまったとはいうものの、このような二人を両親に持ったことは、とても運がよかったと胸を張って言うことができる。

父は、反植民地主義者の家系と植民地主義者・帝国主義者の家系という、二つの正反対な血筋の驚くべき混ぜ合わせの産物だった。父の母方の祖先は、その姓であるオゴーマン（ゴーマンの子孫）という、いかにもアイルランド的な名前が示すように掛け値なしのアイルランド人で、アイルランドにおけるイギリス帝国主義と植民地主義に抵抗する長い政治活動の経歴を有していた。父の母の祖父とその弟のオゴーマン二兄弟は、フランス革命に触発された一七九八年のユナイテッド・アイリッシュメン（統一アイルランド協会）の反乱に深く関与し、捕らえられてのち牢獄で苦難の時を過ごした。一八二〇年代には、二人ともがダニエル・オコンネルのカトリック教徒協会の重要メンバーとなっている。アイルランドの多数派人口であるカトリック教徒は、何世紀にもわたり法律的・政治的・経済的に差別されてきたが、この協会の活動によってこうした差別もようやく終わりを迎えたのだった。またオゴーマン二兄弟の甥の一人は、ジャガイモ疫病の蔓延による大飢饉(一八四五―四九年)のさなか、一八四八年に起こった反乱に加わり、これが失敗に終わった後は、パリさらにはオスマン帝国のイスタンブールに逃れ、そこからアメリカに移住している。アメリカでは、のちにニューヨーク州最高裁判所の判事になった。

父の母方の祖父は、一八七四年にアイルランドの小さな町、私が成長期を過ごしたウォーターフォードから出馬してイギリス下院議会選挙に当選した。そして、チャールズ・スチュワート・パーネルが率い、アイルランドの自治拡大を求めていたアイルランド自治法推進グループの重要メンバーとなっている。ちなみに、この祖父は三〇〇ポンド、一三七キロ近くも体重があったという話で、「議会制民主主義の母」たるイギリス議会で最も太った議員だったという。アイルランドのための政治活動に熱心だったにもかかわらず、この祖父はプロテスタントのイギリス人女性と結婚した。当時はまだ寛容な時代であり、異なる宗派間の婚姻によって生じる問題は、土地の人々の分別あるやり方で対処されていた。例えば息子は父親の宗教に従い、娘は母親のそれに従ったのである。それゆえに父の母は、オゴーマンにしてプロテスタントであり、その兄はカトリックになった。こうした寛容な対処の仕方は、ローマ教皇ピウス九世下のローマ教皇庁の方針もあって、その後、間もなくして消えて無くなることになる。

父の父方の家系は、右とは正反対のものだった。「イギリス系アイルランド人」と呼ばれる家系で、一七世紀にアイルランドを侵略したスコットランド人やイギリス人の末裔であり、アイルランド住民の土地を奪って地元の名士に収まり、何世代も経つうちに徐々にアイルランド人を自任するにいたった人たちである。それも、軍人が多く出た家系で、中にはナポレオン戦争で戦った者もいれば、イギリス帝国の拡大とともにアフガニスタン、ビルマ〔現・ミャンマー〕などで戦い、あるいは香港、インドに駐在した者もいた。

父方の祖父――私が生まれる何年も前に亡くなっていた――も、イギリス帝国陸軍の軍人だった。工兵学の教育を受けた影響でもあったのか、早い時期から暗号法に関心を抱き、第一次世界大戦時には陸軍省の暗号担当部門の長だった。私の小さい時からの病み付き、クロスワードパズル病は、ひょっとしたらこの祖父の血を継いだのかもしれないと時々思ったりもする。

右に記した家系の話は、実はその多くを、一九六〇年代半ばになって知るようになったものである。当時、私は、アイルランドの市民権を申請しようとしていた。この頃になって、ようやく自分の市民権の選択について考えるようになったのだ。それまではといえば、子供時代はイギリス人の母親のパスポートに便乗した形で海外旅行をし、のちには格段考えることもなく、自分自身のイギリスのパスポートで旅行をしていたのだった。どちらにしても、私が育った時代には、人は魂《ソウル》と性質《キャラクター》を持つと理解されており、人のアイデンティティが云々されることはなく、この言葉はもっぱら数学の恒等式の意味で使われるか、死体の身元《アイデンティティ》確認などの意味で使われるくらいだった。

市民権の選択を考えるようになった背景には、次のような理由があった。ひとつには、当時ヴェトナム戦争が進行中であり、他方でインドネシアでは共産党の「クーデター」と称される九月三〇日事件が起こり、それを鎮圧したスハルト少将が実権を掌握しつつある時期だった。その両方ともにおいて、私の移り住んだアメリカによる直接ないし間接的な介入が認められたため、反帝国主義的意識を強くしたという政治的な理由があった。もうひとつの理由は、すでに弟と妹がイギリス市民権を持ち続けると決断していたことから、父の母の旧姓オゴーマンの名前をミドルネームにもらっていた自分が、アイルランド人にならなければ父に済まないという、センティメンタルな気持ちの入り雑じったものだった。

アイルランドの市民権は、父母ないし父方・母方の祖父母の誰かがアイルランド生まれだと証明できれば簡単に得られることになっていた。ちなみに、父は、祖父が駐在していたイギリス領マラヤのペナン生まれで、母はロンドン生まれである。不運なことに、一九一六年にダブリンを中心にして起こった「イースター蜂起」、アイルランド・ナショナリストによる反イギリス武装蜂起の際に、出生記録が保管されていた建物が反乱派によって焼き払われてしまった。だが幸いなことに、母の友人にウォーターフォードに住む家族の系譜調査を趣味にしていた人がおり、この人が右に述べたような情報の大部分を探し出してくれたのである（詳しいことは、Benedict Anderson, "Selective Kinship"〔選択的親族関係〕, *The Dublin Review*, 10, Spring 2003, pp. 5–29 に記したことがある）。これを地元選出のアイルランド議会の議員のところに届け、助力を依頼した。かくして、一九六七年に、私は法律的にアイルランド人となった。

父は聡明な人で、田舎の町に腰を落ち着けることに満足できない若者だった。ウォーターフォードの静かで刺激の乏しい生活に埋もれてしまうことを肯《がえん》ぜず、ケンブリッジ大学を終える前の一九一四年、二一歳の時に、中国の海関税務司署という奇妙な機関に就職してしまった。もともとはアロー号事件に端を発した第二次アヘン戦争において、北京を成功裡に攻略したイギリスならびにフランス帝国主義者たちにより、一九世紀半ばに設置されたものだ。この戦争に敗れた清朝には莫大な賠償金が課せられ、これが確実に支払われるように保障するための機関だった。つまり、この機関は、中国の海上交易に対する関税権を思うがままにしたのである。時が経つにつれて、この機関にはいろいろな国籍の人が働くようになり、これにはロシア人、ドイツ人、そして日本人も含まれていた。また、機関の目的とするところも時の経過とともに徐々に変化し、とくに一九一二年に清朝が崩壊しやがて軍閥の時代が始まると、従来よりも中国側の実利を考えて行動しようとするようになった。

父は語学がとても達者で、中国語の会話力と読解力を向上させるために、海関税務司署が外国人署員向けに導入した厳しい語学プログラムでいつもクラスのトップだった。この国で勤務する間に、中国政府に対してはともかくとして、中国そのもの、そして市井の中国人に対して深い愛情を抱くようになっていた。中国語の本もたくさんの分野のものを読んでいた。父の死後、ややお堅い母は、後に残された本の中に、イラスト付きの性に関する全集を見つけショックを受けたものである。これは、中国における強制売春や女性の悲惨な状態に造反した、中国初の世代となる(急進的な)性科学研究者《セクソロジスト》たちが記したものだった。

第一次世界大戦が終わった後の一九二〇年、父は中国を旅していたステラ・ベンソンと出会い、翌年ロンドンで結婚した。ステラはよく知られた作家・短編小説家で、当時ヴァージニア・ウルフも属していた前衛芸術サークルのメンバーだった。結婚後は父に連れ添い中国に移り住み、のちにこの地での経験を基に、彼女の作品中傑作とされるもののいくつかを著している。二人の新婚旅行は、ロンドンから中国への途次アメリカを自動車で横断するというもので、この時の経験から父がアメリカに魅せられていただろうことは、死後に残された蔵書類から知ることができる。

ステラは比較的若くして中国で亡くなり、父は大いなる悲しみに打ちひしがれた。しかし一九三五年に、私の母となる人にロンドンで出会って結婚し、中国に連れ帰った。私が昆明で生まれたのはそのためである。なぜ昆明かというと、父は大きなオフィスでのデスク・ワークを好まず、むしろ在職中は中国各地の辺境での勤務、自分自身がボスで人の指図を受けずに済む勤務地を希望したからだった。この背景にあったのは、アイルランド人の反骨精神と一部にみる流浪癖の表れだったのだろうと、個人的には理解している。父についての記憶は、すでに健康が優れなくなっていた時代からのもので、当時父は病院の入退院を繰り返していた。そのような状態であったにもかかわらず、父は常に温かく愛情に満ちており、一緒にいてとても楽しい人だった。

母も類稀《たぐいまれ》な女性だった。中流階級の上層の出であり、成功を収めたといってよい専門職業者《プロフェッショナル》の家系の出だった。母の祖父はリヴァプールの商人の子供で、この地の専門学校で学んだあとベルリンやパリに遊学した。帰国後、商売の道に入ったがこれに満足できず、紆余曲折を経て法廷弁護士へと転身している。やがて高等法院の裁判官に任ぜられ、爵位を受け、さらにはタイタニック号の沈没原因に関する査問会の委員長だったことから、一時的だが有名になったことがある。

母の父は小さい頃、おとなしい勉強熱心な少年だったそうで、奨学金を得てイートン校で学んだ。卒業後は著名な法廷弁護士の下で見習いをし、のちに警察職に転じた。やがてスコットランド・ヤード〔イギリスのロンドン警視庁本部〕のナンバー・ツーになったが、仕事が肌に合わず早期退職している。私の記憶では、祖父はどちらかというと堅苦しく形式張った人だった。ただし、最も難しいクロスワードパズルの解き方を教えてくれたのはこの祖父であり、つまりは大変な読書家だったことを意味している。

祖父は、優れたピアニストで芸術的かつ社交的でもある女性と結婚した。私の印象では、この結婚はあまり幸せなものではなかった。この母方の祖母は若くして癌でなくなっている。母がまだ一〇代の始めの頃で、その後、母が深刻な摂食障害《アノレクシア》になったのは、祖母の早世のためだったのだろう。摂食障害というものが当時はまだよく理解されていなかったこともあり、母は学校を辞めさせられて家で家庭教師に付くことになった。

当時、女性が大学に進むことは稀だった。後年の母の口癖は、自分が一九〇〇年に生まれたのがいかに不運だったかということだった。一五年遅く生まれていたなら、オックスフォード大学かケンブリッジ大学に進み、おそらく自分で身を立てられる職業に就いていただろうというのだ。大学には進まなかったとはいうものの、母はたくさんの本を読んでおり、またフランス語とドイツ語に堪能だった。両親は、話していることを子供たちに知られたくない時は、お互いにフランス語で会話をしていた。当然のことながら、子供たちは何とかフランス語が上手になりたいと、一生懸命勉強したものだ！

厳密にいえば、私の両親を知識人と見なすことはできないだろう。しかし、二人とも

父親に肩車された著者，父親の転勤先の広東省
汕頭にて，1937 年頃

父母と一緒に一時帰郷の
ためヨーロッパに向かう
船中にて，1938 年

に生まれついての聡明さを持ち、数カ国語で本を読むことができ、当時、私たちが住んでいた町では考えられないような家庭文庫《ホーム・ライブラリー》を二人して子供たちのために揃えてくれた。それだけではなく、とにかく本を読むこと、読書、読書の習慣を植え付けてくれた。それも、異なる言語、異なる階級、異なる地域、異なる歴史時代の人々の生き方、経験、考えについて読む習慣を、だ。一四、五歳の頃のことだが、父が持っていたアーサー・ウェイリー訳の『源氏物語』と清少納言の『枕草子』を読み、心を奪われたのを覚えている。

## 風変わりな家族

子供時代の私たち家族の生活習慣は、当時のアイルランドではとても風変わりなものだった。食生活を例に取ると、国民食のジャガイモよりはご飯をよく食べていた。肉と同じほど頻繁に魚を食べたが、隣近所のアイルランド人はどうかというと、魚を食べるのは金曜日だけのことだった。これはイエスが磔《はりつけ》にあったとされる曜日であり、この日に魚を食べる習慣は、もともとはギリシャ語による祈禱文の「イエス」「キリスト」「神の」「子」「救世主」の五つの単語のイニシャルを組み合わせると「魚」を意味することに由来していた。家の中には中国の巻物、絵画、民族衣装が溢れており、弟や妹とこれらの衣装を着てはよく遊んだ。ある日のこと、母が刺繡を施した私の手よりも小さな靴を見せてくれ、幼少時から足を纏足（てんそく）にした中国人女性が履くものだと説明してくれたことがあった。とてもショックだったのを覚えている。両親は二人とも写真を撮るのが好きだったこともあり、家にはたくさんの写真アルバムがあった。当然、中国で撮った写真が多かった。あるとき二歳くらいの可愛い中国人の女の子の写真を見せてくれ、母が言うには、「この娘《こ》はあなたの初めての大親友、シリア・チェンよ」とのことだった。中国以外では、フランス植民地期のヴェトナムでの写真が多かった。それというのも、当時、昆明と外との行き来は汽車でヴェトナムのハノイに出るのが最も便利であり、私たちも休暇でヴェトナムを訪れることがあったからだ。

両親との関係で、最後にひとつだけ付け加えておくことがある。私が生まれたあと、母は長いこと病気がちだった。そこで、私の面倒を見るために保姆《アマー》が雇われることになった。雇われたのはヴェトナム人の若い女性で、親の決めた相手と結婚したが、人柄がよくないために別れ、小さな息子を抱えて昆明にやって来たのだった。母とはとても近しい間柄となり、一時休暇で国に帰る時にアイランドに連れて行ったほどだった。アイルランドの郷里の人々は彼女のことを長いことよく覚えていた。カトリック教徒でフランス語を話した彼女は、いつも優雅なヴェトナムの民族衣装を身に纏《まと》い、黒い布をターバンのように頭に巻いていた。歯はお歯黒のために丁寧に黒く塗られており、そして素敵な笑顔をしていた。この姿で、日曜の礼拝に参列していたのだ。母によると、私が最初に口にした言葉はイギリス語ではなくヴェトナム語だったという。悲しいかな、子供は言葉を覚えるのも早いが忘れるのも早い。今ではヴェトナム語はまったく覚えていない。

父が一九四一年に帰国を決心したとき、その名をティ・ハーイ〔Thi Hai、ヴェトナム語で「二番目の娘」の意味〕というヴェトナム女性も私たちに同道するつもりで準備をしていた。というのも、ティ・ハーイは外の世界を見るのが大好きだったからだ。ところが途中の寄港地のアメリカはアジア人排斥の人種差別的な政策を強めており、上海のアメリカ領事館がティ・ハーイへのビザ発給を拒んだため、彼女はヴェトナムに帰らざるをえなかった。戦後、母は外交ルートなどを通じてティ・ハーイを捜そうと試みたが、結局見つけることはできなかった。

こうして振り返ってみると、私がいかに幸運だったか分かってもらえるだろう。何よりも、愛情豊かな素晴らしい両親がいた。高等教育を受けていたわけではないが、とても頭がよく、お互いにフランス語で話をしたり、イギリス語の本だけでなくフランス語、ドイツ語、中国語の本を読んでもいた。食べるもの、着るもの、壁の装飾品、写真アルバム、書斎の本など、どれを取っても家には中国とヴェトナムが溢れていた。私の家の周りはといえば、地方の小さな町の農民を中心とする社会だった。イギリス語だけを話し、ジャガイモと羊肉を食べ、本よりは競馬・障害物競走・競走馬の生産など馬の方に

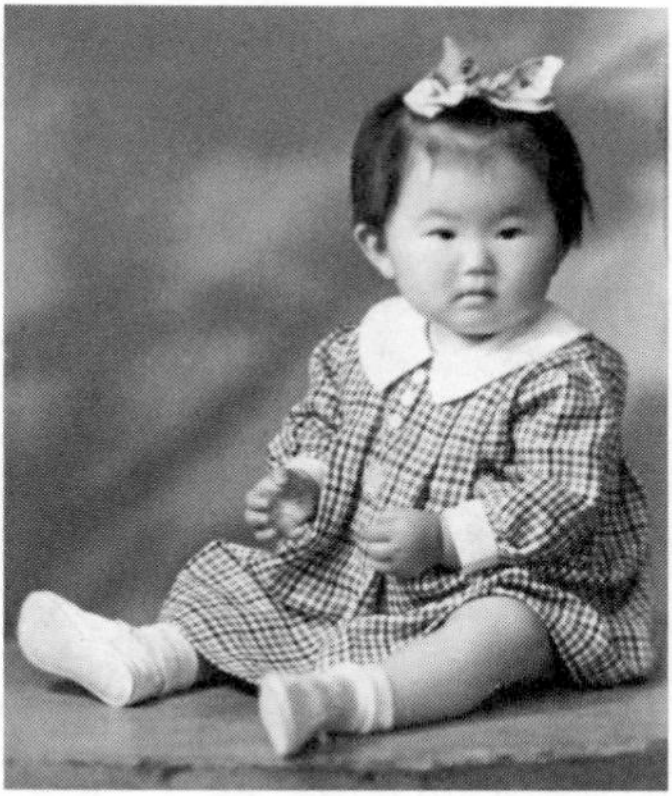

赤ん坊時代の「大親友」シリア・チェン，昆明にて，1937 年

ティ・ハーイと汕頭の南シナ海に面した海岸にて，1937 年

ティ・ハーイと著者とパンク修理中のミスター・オニール(父方の祖父の館の管理人), 1938 年

よほど興味があった。おそらく驚くこともないだろうが、私も弟妹たちもあまり友達がいなかった。

もうひとつ幸運だったのは、父の死後、母が自分の父親と妹がいたイングランドに移り住もうとはしなかったことだ。アイルランドの美しさ、アイルランド人の話し方、人や建物の多いイングランドと違いオープンなアイルランドの空間的な広がり——こういったものを、母は愛するようになっていたからだ。私たち子供も、とくに私は、長男だからというので、父が強く主張して母方の祖先の名のオゴーマンをミドルネームに付けてくれたこともあり、アイルランドには特別の思いを抱くようになっていた。もしイングランドに移り住んでいたなら、私はイギリス人になっていたに違いない。それは、とても悲しいことだっただろう。

## 小学校時代のこと

学校についての最初の記憶は一九四三年、四四年に遡る。父はサンフランシスコで入退院を繰り返しており、一方で一九四二年に妹が生まれた。病気の父を看病し、生まれたばかりの赤ん坊の世話をし、あまつさえ二人の悪戯盛りの男の子――当時、私たちは喧嘩ばかりしていた――の面倒を見るのは、母の手に余ることだった。そこで、二人は、現在のシリコン・バレーの端にあるロス・ガトス郊外のカントリー・スクールという名の寄宿学校に入れられた。学校は現存しており、町が拡大したことから今や郊外ではなく町の中心に位置している。アメリカにはまだ馴染んでおらず、両親と離れたために寂しさは募り、そして私たちはよく体罰を受けた。不幸なことに、私は当時まだおねしょの癖が治っていなかった。学校の規則でほぼ毎日のように授業を休まされ、濡らしたシーツを自分で洗濯しなければならなかった。このために、生徒たちによる容赦ないからかいと苛《いじ》めの対象になった。この学校で何かを学んだという記憶はおよそ残っていない。

アメリカを後にしウォーターフォードに戻ってからは、弟と私はクエーカー教徒の初等学校に入れられた。当時、自動車はまだ珍しかった。私たちは、ロバの曳《ひ》く二輪の荷車に乗って学校に通った。ロバを駆ったのは母の下で働いていた年配のとても優しい庭師だった。最初の交通事故に遭ったのもロバの荷車が絡んでいる。学校の校門から飛び出したところにロバの荷車がやって来て、それにぶつかってしまったのだ。この時は鎖骨を折っただけで済んだが、自動車だったらおそらく死んでいただろう。

やがて二人は自転車をあてがわれたが、これは階級闘争ならびに宗教紛争体験の事始めを意味していた。通学途中に、住民の多数がカトリック教徒、それも貧しいカトリック教徒の地区があり、そこを通って行かなければならなかったからだ。この地区の少年たちは、私たち兄弟を、お高く留まった二分の一イギリス人のプロテスタントと見なし、多勢に無勢のフェアでない喧嘩を吹っかけようと手ぐすね引いて待っていた。行きは下り坂のため、ホッケーのスティックで武装し、スピードを上げて通り過ぎることができたのであまり問題はなかった。だが、帰りの上り坂では少年たちにやっつけられてしまった。この当時、自分たちがどうして憎まれるのか理解できなかった。しかし、宗教や階級、人種などをめぐる頑迷さがどのような結果をもたらすかについての、とてもよい人生経験となった。

今振り返っても、この学校のことについてあまりよくは覚えていない。覚えているのは、赤ら顔の男の数学教師がとても怖い人で、母に内緒でよくクラスをサボったことと、フィオナという名の、運動が得意でタフな女の子が率いていた集団《ギャング》のメンバーだったことくらいだ。

教育との関係で何と言っても幸運だったのは、母が学習言語について下した決断だった。アイルランドの法律では、子供たちに(ナショナリズムの観点から)アイルランド語か(カトリシズムの観点から)ラテン語を学ぶことが課せられていた。母は、イギリスの西の

母親と弟ロリーと，カリフォルニアにて，1942 年

弟と一緒のパスポート写真，カリフォルニアにて，1945 年

果ての地で流暢に話されているだけで、ほとんど消滅しかかっている言語を息子が学んでも仕方がないと考えており、私にラテン語も学ばせることにしたのだ。そこで、個人教師を見つけてきてくれたが、この素晴らしい中年女性は、これまでの人生の中で私が出会った最良の教師だった。なかなか信じてもらえないだろうが、この先生のおかげで、私はラテン語に恋してしまった。そして、自分には語学の才能があると気づいたのも、ラテン語を学び始めてからのことだった。

のちに母に、「どうしてラテン語を勉強させることにしたの？　アイルランド語以上に人の使わない言葉なのに？」と尋ねたことがあった。母は自分ではラテン語を解さなかったが、この問いへの正解は分かっていた。「ラテン語はほとんどのヨーロッパの言語、例えばフランス語、スペイン語、ポルトガル語、イタリア語などの元なの。だからラテン語を知っていれば、こうした言語を学ぶのはそれほど難しくないわけ。第一、ラテン語で書かれたものには素晴らしい文芸作品がたくさんあるから、高等教育を受けて教養があるとされる人は、こうした作品を知っているべきものなのよ」。

あとで分かったのだが、ラテン語に関する母の思惑には他の理由も存在していた。母は、(当時の)アイルランドの学校はあまり程度がよくないと考えており、二人の息子をイングランドの優れた寄宿学校に入れたいと思っていたのだ。そうすることができれば、引き続いて優秀なパブリックスクール〔大学前の中高等教育のための寄宿制の私立学校〕、さらには良い大学に入る可能性が高まるだろうと判断してのことだった。イングランドのこのような教育機関では、ラテン語(とギリシャ語)が教育課程の中の不可欠な要素とされていた。

というわけで、やがて二人は、イングランドの学校へと旅立った。私がまず先に入学し、一年後に弟が続いた。イングランドに行くのはなかなかの大事《おおごと》だった。まず、蒸気船に乗り、荒海として悪名高いアイルランド海を、乗船客がいたるところで嘔吐しているなか、七時間かけて渡らなければならない。ウェールズの港フィッシュガードに午前一時頃に着き、ホット・ココアか、ビールの「酒粕」を主成分とする飲み物マーマイトのホットを何杯か飲んで体を温める。そして午前三時の汽車でロンドンに向けて出発したのち、一〇時頃に目的地に到着する。それから祖父の家で一日、二日過ごしたあと、ロンドンの南東にある小さな寄宿学校に向けて汽車に乗るのだ。ここでも、生まれ育った時代の歴史の幸運が付いて回った。この時代、公共交通機関はきわめて安全だった。九歳と一一歳になったばかりの男の子を、親の付き添いなしに長旅に出したら危険だといったことを、母は思いもしなかった。今なら途中で変質者に襲われたり誘拐されたりしかねず、子供に対する責任感が少しでもある親なら、このような自由を認めたりはしないだろう。

この学校にいたのは二年間だけだったが、それは密度の濃い緊張を強いられる二年間だった。子供たちをトップのパブリックスクールに入学させるために、「詰め込み教育」を専門とする学校だったからだ。プレッシャーは母からもあった。自分は寡婦で主として年金暮らしゆえ、これらのエリート学校に上げてやる余裕がない、したがって奨学金を獲得しなければ上の学校には行けない、というのである。

## イートン校での経験

二年後にイートン校(私の祖父も学んだ学校だ)に用意された一三の奨学金を目指して全国試験を受けた。みんなが驚いたことに、上から一二番目の成績でこれにパスすることができた。私よりやる気があり、競争心が強い弟も、のちに同じ試験を受けたが、その成績は私よりもはるかに優秀だった。イートン校のような学校に兄弟二人揃って奨学金を受けて入学するなどというのは、それまで滅多に起こったことはなかった。母はこれを誇りとし、友人たちにしきりに息子二人の成功を自慢したが、弟も私もとても気恥ずかしい思いをしたものである。

私が一〇代を過ごしたイートン校というのは、奇妙なところだった。生徒の大多数はイギリス貴族やイギリスの裕福な企業家・銀行家の子供たちで、一部に植民地や旧植民地、あるいはシャムのような君主国家からやって来た褐色の「プリンス」たちが少数だが在籍していた。なお、なぜタイではなくシャムという呼称を使うかについては、この章の終わりの方で説明することにしたい。

奨学金で入学した少年たちは、ほとんどが中流か中流の下の階級の出身で、「カレッジ」と呼ばれる建物で生活し、そこで食事を共にしただけでなく、「中世風」の特別な衣服を身に着けなければならなかった。多数派は「ハウス」と呼ばれる建物で生活していたため、二つのグループがお互いに顔を合わせるのは授業中だけだった。多数派の少年は、その出身背景ゆえに、快適な生活と権力に与《あずか》りうる将来が保証されており、したがって一生懸命に勉強する必要を感じておらず、奨学金少年たちを「勉強の虫」の社会的劣者としてあからさまに軽蔑していた。奨学金少年たちは大部分がとても頭のよい子供たちで、敵の「愚鈍」と上流気取りを茶化して馬鹿にし、これに対抗していた。奨学金少年も自分たちの賢さを鼻に掛けていたことになる。彼らは、また、強い結束力を誇っていた。これほど多くの頭脳明晰な少年たちと机を並べて勉強したのは、それまでなかった経験だった。

他の面でもイートン校は妙なところだった。真冬のさなかでも朝早く起床し、氷のように冷たい水のシャワーを浴び、朝食も食べずに最初の授業に出席しなければならなかった(食事は誠にイギリス的なまずいものだった)。午前中のあいだ、そして一週間の半分は午後さえも、授業に次ぐ授業で、途中、遊びではない管理統制されたスポーツの時間が挟まるだけで、夕食後の寝るまでの時間にさえ宿題が課された。このぎゅうぎゅう詰めの時間割の背景にあったのは、後になって理解することができたのだが、イギリスの古い諺「悪魔は暇な人間をして間違いを犯さしめる」〔日本で言えば「小人閑居して不善をなす」〕に対する教師たちの揺るぎない信念だった。それというのも、男性ホルモンが一杯の思春期のティーンエージャーが男子だけの環境で一緒に生活すれば、お互いにどんな種類の恋愛関係・性関係に陥らないとも限らないからだ。これを避けるには、疲労困憊するまで毎日生徒に課題を課し、そして監視する以外にないと、教師たちは知ってのことだった。もっとも、ホルモンはしばしば勝利した！

カリキュラムの内容は難しいもので、それをきちんとこなして好成績を得るために、奨学金少年たちは一生懸命勉強しなければならなかった。イートンを卒業してオックスフォードかケンブリッジ大学に入学するには、次の段階の奨学金を獲得する必要があると、分かりすぎるほどに分かっていた。内容はきわめて古風《オールドファッション》なものだった。中心となるのは常に言語で、ラテン語、ギリシャ語、フランス語、ドイツ語を含み、のちに冷戦時代の影響でロシア語の授業が若干付け加えられた。言語を核とするとはいえ、それを補うものとして古代史、美術史、いくらかの考古学、そしてイギリス史を中心とする比較近代史——これは時間数が多かった——の授業があった。人類学、社会学、政治学はなかった。これら以外には数学——これも時間数が多かった——と、わずかの化学、生物学、物理の授業があった。もちろん性教育の授業はなかった。

先生で記憶に残っている人は二人だけである。一人はイギリス文学を教えていた若い先生で、向こう見ずにもT・S・エリオット(この頃は年老いていて、すでにノーベル文学賞を授与されていた)を授業で紹介してくれた。これだけが、私たちが触れることのできた唯一の現代《コンテンポラリー》文学だった。当時教えられていたイギリス文学は一九世紀末までのものが中心で、詩といえば韻を踏むなど一定の形式に従い、一定の長さを越えないものだった。このような状況ゆえに、枠に収まらない詩人エリオットの紹介は型破りだったのである。この先生は、毎年恒例となっていた学校での劇(通常はシェイクスピア劇)の上演の責任者でもあった。シェイクスピア劇の女性役が男子に振り分けられると、かならず口笛や揶揄《やゆ》の叫び声が起こったが、これを扱うのが上手だった。「馬鹿は止《よ》したまえ。シェイクスピアの時代には、女性役を務めたのは常に君たちのような少年だったのだから」と言うのだった。

もう一人記憶に残っている先生は、見るからに怖そうだった校長先生《ヘッドマスター》だ。驚いたことに、この校長先生は素晴らしい詩の授業を教えていて、この授業は私の詩に対する考え方を大きく変えるものだった。単にいくつかの詩を横に並べて、その長さを比較したり韻文形式の違いを語るのではなく、例えばひとつの授業でキプリングの詩をひとつだけ取り上げ、その構造分析や時代背景の説明をしてくれた。美と善はかならずしも同じではないこと、例えば素晴らしい詩を書く人が素晴らしい人とは限らないと学んだのも、この授業からだった。

この環境の中で弟と私は異なる方向へと進むことになった。弟は近現代史、地理的にそれだけではなかったとはいうものの基本的にヨーロッパ近現代史を集中的に学び、私は言語と文学に集中した。私にとって新たな世界の存在に目を開かせてくれたのは、中世末から一九世紀末までのフランス文学について、ややオーソドックスで保守的な作品群が中心とはいえ、系統的に勉強したことだった。フランス語とイギリス語は、お互い同士の間の翻訳が極度に難しいヨーロッパ言語として悪名が高い。この難しさは、フランス文学を学び始めた当初から実感され、イギリス語に翻訳することが困難な世界、まったくもってイギリス語ならざる世界に足を踏み入れることを許されたことに、私は興奮を禁じえなかった。

古典文学、とくにギリシャ語のそれを大量に読んだのは、右とはまた違った経験だった。それは、キリスト教以前の二大文明に関する何とも快い知的・芸術的湯浴《ゆあ》みだった(私はキリスト教の歴史についても学んだが、徐々に興味を失ってしまった)。奨学金少年たちは学校の知的エリートと見なされていたことから、ほぼどんな本でも、エロティックなものを含めて読むことが許されていた。教師はきまりの悪さから、通常エロティックなものは授業では飛ばしていた。

当時、奨学金少年たちの一部に、できるだけ「多神教徒《ペイガン》」的になることが流行っていた。これには単純だがそれなりの理由があった。学校で賞賛することを教えられていた古典文化と、いずれそこで生きていくために教育を受けていた当時の現代文化との間には、大きな違いが存在していたからだ。例えば、私たちは自分の裸体を恥じ、これを隠すようにと社会的に教え込まれていた。ところが古代ギリシャの彫像は、ほとんどの場合、恥ずかしげもなく全裸であり、それも信じられないほど美しかった。一九五〇年代のイギリスではホモセクシュアルは犯罪で、捕まれば何年も刑務所に入れられた。ところが、古典の神話は、男神が人間の少年に恋する物語で溢れていた。そして、古典古代の歴史には、若い男の恋人同士が共に勇ましく戦場に赴き、お互いの腕の中で息絶える事例で満ち満ちていた。魅惑的な恋の女神さえいて、悪戯好きの弓矢をもった男児神《ボーイゴッド》が女神を手助けしていた。対照的に、キリスト教の世界はおよそ退屈で偏狭に思えた。

もうひとつだけ学校について記しておくべきことがある。何かというと、私たちは書くことを徹底的に教えられたということだ。ラテン語で詩を書くことや、イギリス語の詩をラテン語に翻訳する練習をしなければならなかった。一部の受講希望者に限られてはいたが、一六世紀から一九世紀の間に活躍したイギリス語の散文の巨匠たちのことも、彼らの作品とともにじっくりと学んだ。これらに加えて、異なる言語によるたくさんの詩を暗記し、みんなの前で朗誦しなければならなかった。今日に至るまで、私はラテン語、ギリシャ語、フランス語、ドイツ語、ロシア語、そしてジャワ語の詩を諳《そら》んじている。

当時はそんなことは知りもしなかったが、幸運にも、私は右のような経験をすることができたほぼ最後の世代《コホート》に属していた。というのも、一九五〇年代末までには、学校で詩を暗記することなどほとんどなくなってしまった。さらに、人文教養教育《ヒューメイン》の基礎としての、古い時代の広義に理解された古典学《クラシカル・スタディーズ》も、キャリア、専門職《プロフェッション》、現代生活一般に有用とされる科目によって取って代わられつつあった。それだけでなく、この地球にとって大きな損失なことには、英国《アングロ》アメリカ語が急速に唯一の「世界言語」となりつつあった。

イートン校では、たったひとつだけ、今でも誇りに思っていることをしている。学校では教師はよく体罰を加えた。それが生徒を「頑強にする」と考えられていたからだ。しかし、これより酷《ひど》かったのは、最上級の六年生も、自分たちの判断で下級生の幼い少年たちに体罰を加えることが許されていたことだった。この伝統と袂《たもと》を分かとうと、近しい友人何人かの協力を得て、私は同級生を説得した。最上級になったら、下級生を叩くのは止めようと全員で約束したのだ。当然のことながら、私たちは暫《しばら》くのあいだ、とても人気があった。

大学時代の経験について語る前に、ヨーロッパの地理的幸運についても触れておくべきだろう。ヨーロッパには多様な国々が存在する。それもほとんどが小さく隣接しているため、ティーンエージャーでも自分の国とは歴史・文化の異なる国を簡単に訪れることができる。アメリカや日本のティーンエージャーには、それも私がまだ学生だった時代には、なかなか経験できないことだ。イートン校への奨学金を獲得したとき、私の優しい叔母が、パリに一週間の観光旅行に連れて行ってくれた。この時の旅の途中、街の売店でフランス語版のターザンの漫画本を手に入れた。この漫画を読んでいたところ、ターザンが、恋人ジェーンのセクシーなジャングル服を手で縫っている場面に出くわした。この服を縫ったのは当然ジェーン本人だと思っていたこともあり、男のターザンが縫うなどとはそれまで想像だにしなかった。フランス語版の思いがけない描写に、驚きを禁じえなかったのを今でもよく覚えている。別の機会には、何人かの同級生とオランダを自転車で旅行し、あるいは夏休みを母の親友のところで過ごしたりもした。母の親友の一人はオーストリア側のアルプス山麓に住んでおり、もう一人はスイスとイタリアの国境地帯に別荘を持っていた。多感な一〇代に、アイルランドやイングランドの外の世界で、楽しい経験を満喫することができたわけである。

## ケンブリッジ大学の思い出

イートン校での六年生時に、私はケンブリッジ大学への奨学金を獲得することができた。この当時、イギリスの大学は、やや日本の大学のようなところがあった。入学するまでは一生懸命に勉強するが、ひとたび入学してしまうとあまり勉強することは期待されていなかった。大部分の学生(この頃は主として男だった)は酒やトランプカードにうつつを抜かし、スポーツをし、映画を観に行き、女の子を追い駆け回していた。この頃、薬物《ドラッグ》はまだなかったと思う。ちなみに、後年、アメリカに行ってから、かの国の教育システムがまったく違うので驚かされた。高校時代はあまり勉強しないが、大学で良い成績を取ろうと思えば、学生は一生懸命勉強しなければならない。

一九五〇年代のケンブリッジはまだかなり保守的なところだった。社会学はディシプリン(専門学問領域)として導入されたばかりであり、それが論争の的になっていた。政治学は存在せず、人類学は揺籃期にあった。私が得た奨学金は古典学の分野だった。古典学とは西洋古典学のことで、古典ギリシャ語、ラテン語の著述を中心として、言語、文学、歴史、美術などを学ぶ学問である。入学してから、将来もっと役に立つ学問を学ぶべきだと考え、経済学を専攻することにした。世界的に著名な経済学者ケインズはケンブリッジで学び、ここで教えていた(私の入学時にはすでに亡くなっていたが)。ところが、自分にはこの学問の才がないと分かり、経済学にはすぐに飽きてしまった。おかげで入学年度の最終試験は結果がよくなかった。古典学専攻の最上級生から、古典学で学士号を得るための最終試験は、ケンブリッジ入学のための奨学生試験よりも易しいと聞き、やや意気消沈の体《てい》で私は古典学に戻る決心をしたのだった。それからの大学三年間のうちの残りの二年間は、自分が興味を持ったものについて何でも読むことに集中した。ほとんどが文学と歴史である。どんな本を読んだかを記したノートが今でも手元に残っている。選択した本の中には胸を張れないものも混じってはいるが、読破した本の多さには我ながら感心する。読書に没頭したのは、おそらく一部には、私の社会的未熟さのためでもあっただろう。私は恥ずかしがり屋の青年で、社交上のたしなみもそれほど身には付けていなかった。酒はあまり飲まず、ダンス（ロックン・ロール以前の時代だった）は大嫌いで、女性とどうやって話したらよいかもまるで分かっていなかった。

ケンブリッジ大学にて，1955年頃

右のような状況だったとはいえ、ケンブリッジ時代は二つの異なる意味で私にとって重要だった。大学は小さな地方の町にあったが、ここにはアートハウス・レパートリー・シネマとでも呼べる映画館――日本ではアートシアターと呼ぶらしいが――が一軒あった。これは私には目から鱗の経験だった。イートン校では映画を観に行くことは許可されていなかった。その前のアイルランドはどうだったかというと、観ることのできる映画はもっぱら西部劇やギャング映画だった。ところが大学では、国際映画の傑作を集中的に観ることができたのである。私は日本映画に圧倒された。当時、それは世界的名声の頂点にあった。黒澤明、溝口健二、もちろん小津安二郎、そして同年代の他の監督たち。その後、日本文化との終生にわたる恋愛関係が始まる切っ掛けも、この映画館からだった。一九二〇年代から三〇年代にかけての革命ソ連の映画も、日本映画ほど強烈ではなかったが、もうひとつの目から鱗だった。それというのも、愛読していたツルゲーネフ、ゴーゴリ、ドストエフスキー、ゴーリキー、レスコフ(私のお気に入りだ)の作品をロシア語のオリジナルで読みたいと思い、イートン校でロシア語を勉強し始めていたからで、本で読むロシアと映画のロシアを比べてみるのは新鮮な経験だった。フランス、イタリア、ドイツの映画もよく上映されていた。

他でアートシアターでよかったのは、白黒の映画をよく上映していたことだ。白黒映画は、私の映画鑑賞における審美観の基礎を形作るようになった。今でも、カラーに比べて白黒の方が、よりリアルで生命感に溢れていると思っている。

この映画館で四六時中映画を観ていたおかげで、政治的意識に目覚めもした。この時代、映画が終わると国歌が流され、馬に乗った哀れな若いエリザベス女王の映像がテクニカラーでスクリーンに映し出され、観客は起立しなければならなかった。これは耐え難い苦痛だった。『東京物語』を観て涙しているのに、あるいは『戦艦ポチョムキン』

を観て血をたぎらせているのに、この権威主義的君主制のナンセンスに耐えるのはまったくの拷問だった。ほどなく、これをやり過ごす術を身に付けた。国歌が流れ始めるやいなや、出口めがけて飛び出すのだ。もちろん、これに怒った愛国者たちは、私を摑まえようとするか、走り抜けようとする私の背中を殴ろうとしたが。かくして、私は、ナイーブながら確たる共和主義者となった。

映画の経験とは別に、もうひとつ私にとってケンブリッジが重要だったのは、政治的意味においてである。それは、ある特定の経験に根ざしたもので、これについては *Language and Power*, 1990〔『言葉と権力』日本エディタースクール出版、一九九五年〕の「序章」の中で触れたことがある。一九五六年から五七年にかけて起こった「スエズ危機」のさなかのことだ。エジプトのナセル大統領が、フランスの建設になるスエズ運河の国際船舶航行を管理する会社を国有化したのに対して、これに反対するイギリスとフランスの軍が、イスラエルと結託してエジプトを侵略し、「スエズ危機」と呼ばれる戦争が勃発した。だがこの「危機」について、私はまったく関心がなかった。

ある午後のこと、大学の運動場を横切って自分の部屋に帰る時のことだった。褐色の肌をした一群の学生が憤《いきどお》った様子で抗議演説をしているのを見かけた。ちょっとした好奇心から、立ち止まって耳を傾けることにした。突如、どこからともなく、一団のイギリス人の苛めっ子学生たちが現れ、褐色の学生たちに襲いかかった。ほとんどが運動選手で、イギリス国歌の「神よ、女王陛下に御加護を《ゴッド・セイブ・ザ・クイーン》」を歌っていた！　私には不可解であり、何とも不埒な行為としか思えなかった。

褐色の学生は大部分がインド人とセイロン人で、身体は苛めっ子たちよりよほど小さく痩せており、敵《かな》うはずがなかった。咄嗟《とっさ》に、この学生たちを助けようと間に割って入ったが、気が付けば眼鏡を顔から剝ぎ取られ、地面の泥に叩きつけられて粉々にされていた。自分の人生でこの時ほど激しい憤りを覚えたことはない。生まれて初めて、イギリス人の人種差別主義と帝国主義をじかに体験したのだ。何年も後になってからのことだが、イギリス人読者を想定して *Imagined Communities: Reflections on the Origin and Spread of Nationalism*, 1983〔『想像の共同体――ナショナリズムの起源と流行』書籍工房早山、二〇〇七年〕を著し、ナショナリズムについて論述したとき、当時でもまだ感じていた怒りの何ほどかを、風刺とある種の皮肉や当てこすりを込めて吐き出したのだった。紛れもなく、この経験は、のちに私がマルクス主義や、非ヨーロッパ世界の反植民地主義的ナショナリズムに惹かれた理由のひとつに数えられる。

旅行も大学生活とは切っても切れないものだった。友人何人かとフランコ総督下のスペインを旅した時のこと、わいせつ行為のかどで逮捕されるという尋常ならざる経験をしたことがある。北海岸沖で、イギリス人少年がごく普通に穿《は》く短パンの水着で泳いでいた。岸に戻ると二人の警察官が追い掛けて来て、みだらな服を着ているというので逮捕されてしまったのだ。自分たちは罪のない単なる観光客だと訴え、ようやく解放してもらったが、その前に衣装店に連れて行かれ、首から膝までを隠す何とも醜いワンピースの水着を購入させられた。生まれて初めての性にお堅い独裁政権との遭遇体験だ！

大学生時代の一風変わった経験は、ソ連がハンガリーに残虐な侵攻を行ったのちのことである。一九五七年にモスクワで開催予定だった有名な国際青年祭に、若い共産主義者たちを大量に送り込むためにイギリス共産党は列車をチャーターしていた。しかし、参加を計画していた党員の間でハンガリー事件に対する憤慨が広まり、大量のメンバーが共産党から抜けただけでなく、もちろん列車の予約からも抜けてしまった。イギリス共産党は列車のチャーターのためにすでに大枚をはたいており、相手が共産主義者であるかどうかにかかわらず、とにかく列車の切符を捌《さば》かざるをえなかった。

弟（この頃はオックスフォード大学にいた）と私は、伝説的なモスクワ、すなわち共産主義世界の首都を訪れられるというまたとない機会に飛びついた。旅行のパッケージには、オペラ、バレエ、博物館、有名な史跡への入場券が含まれていた。イギリス共産党は、よそ者がモスクワで開催される無数の政治集会に出席することなど望んでいなかった。そこで、私は、モデスト・ムソルグスキー、ミハイル・グリンカ、ニコライ・リムスキー＝コルサコフたちと一緒に素晴らしい一週間を過ごしたのだった。それまでに身に付けていたロシア語を少しだけだったが、試してみる機会も得ることができた。

最上級生の友人たちが保証してくれたように、大学の最終試験は奨学金のための試験よりも簡単で、最優秀が付く成績で役に立たない文学士の学位を得ることに苦労はなかった。そのあとの六カ月は困難な六カ月だった。後年、弟の話によると、エディンバラ大学で古典学を教える話があったらしいが、私はそれを断ったという。弟に言われるまで記憶からスッポリ抜け落ちているところをみると、古典学に進むことにもイギリスに留まることにも、まったく興味がなかったのだろう。どんな仕事を探すべきか、およそアイデアがなかった。母は母なりに最善を尽くした。母は私がイギリスの外交官になることを望んでいたが、私自身は官僚になるつもりはなく、いわんや黄昏のイギリス帝国のために働くことなど考えもしなかった。そこで母は、父の友人でいまだに極東でのビジネスに携わっていた人たちのネットワークを使い、この方面の仕事を探そうとした。この可能性は、私にはさらに歓迎されざるものだった。月が替わるにつれ母は苛立ちを募らせ、二人の間の緊張は着実に増していった。

この時も、再び、一条の幸運が巡り来たった。卒業した後も、私はイートン時代の奨学金少年の友人たち数人と連絡を取り合っていた。ある美しく晴れ渡った日、そのうちの一人から手紙をもらった。ニューヨーク州北部のイサカからだ。手紙によると、イギリス植民地省から仕事の呼び出しが来るまでの一年間、コーネル大学の「政府学部《ガバメント》」[2]（政治学部）で教授補助者《ティーチング・アシスタント》として契約雇用の仕事に就いていたが、もうじきイギリスに戻るので自分の代わりをしないか、というものだった。母がこれに賛成することは分かっていた。たとえ一時的な仕事だとはいえ、家から出て職に就くからである。だが、私は政治学の授業を一度も受けたことがなく、ましてや教えた経験などまったくなかった。これに対して当の友人は、皮肉な笑いをこめた語調でもって「それは問題ない」と応えてきた。アメリカ人の学生はお前のイギリス・アクセントに感銘するだろうし、政治学について集中的に読書し、準備をすれば、学生の一、二週間先をいくことができるというのだ。

この時点で、弟に相談した。弟はすでに長いこと政治についての関心が高く、また私よりもはるかにアメリカのことをよく知っていた。絶対に行くべきだ、と弟は言った。新聞を読み、テレビにももっと関心を払うべきだとも言った。最近のニュースを追えば分かるが、インドネシアでは内戦が起ころうとしている。この国には世界でも有数規模の共産党が存在し、それも合法的に存在している。しかし、反共産主義者の地方軍司令官たちや保守的地方政治家が、おそらくCIAに支援され、左翼のナショナリスト・スカルノ大統領を倒そうと画策している。アメリカの影響力の下で世界がいろいろ動こうとしている、と言うのだ。また、より重要なことには、コーネル大学の「政府学部」にはジョージ・ケーヒンという若い教師がおり、現代インドネシアに関して世界を先導するような専門家であるとともに、インドネシアが一九四五年から四九年にかけて戦った反植民地武装闘争では、これの積極的な支持者だったとのことだった。

かくして、コーネルを試すことにし、友人も私のために教授補助者の職を確保してくれた。コーネルへの旅は、思い出の中でも特別なものとなった。私は巨大な客船クイーン・メアリー号に乗り、五日間かけてニューヨーク港へ到着した。それはこの船の最後の大西洋横断航海だった。ニューヨークからは汽車に乗ってイサカに向かった。この数カ月後に、この旅客サービスは永久に廃止された〔3〕。

イサカ到着は一九五八年一月のことで、町は腰の深さまで雪に埋もれ、私はまだ二一歳になったばかりだった。もしパブリックスクール時代の友人が、たとえ一時的なものとはいえ、親切にも当時の状況から抜け出す道筋を示してくれなかったなら、私は一体どうなっていたか何とも言いようがない。この時、私は、自分が大学教授になるなど想像もしなかったし、いわんやその後の全キャリアをコーネル大学で過ごすなどとは夢想だにしなかった。単に時間稼ぎをしていただけのことだった。

## 「ヤシガラ椀の下のカエル」

人生の最初の二一年間に私がどのような幸運に恵まれたかを、ここで繰り返し数え上げる必要はないだろう。唯一の、それも大いなる不運ないし不幸は、可哀相な父——まだ五三歳だった——を九歳の時に亡くしたことだ。とはいえ、この時期の人生における個別の運・不運の背後には、おそらくより大きな画《ピクチャー》が存在していた。これについては、これまでも何度か仄めかしてきてはいる。この画は、空間的と時間的側面の両方を持っていたと言えるだろう。

空間的側面について言えば、当時はそれと理解してはいなかったが、私は国際的《コスモポリタン》で比較《コンパラティブ》を旨とするような生の見方を身に付けられる環境の中で大きくなった。思春期の入り口に到達するまでに、雲南(昆明)、カリフォルニア、コロラド、独立アイルランド、イングランドで生活した経験があった。アイルランド人の父とイギリス人の母、そしてヴェトナム人の保姆《アマー》に育てられた。フランス語は両親の間の秘密の言葉だった。私はラテン語に恋をし、両親の書斎には中国人、日本人、フランス人、ロシア人、イタリア人、アメリカ人、ドイツ人によって書かれた書物が並んでいた。

さらに、周辺《マージナル》に位置しているという、有用な感性を培う経験も得ることができた。カリフォルニアではイギリス・アクセントを笑われ、ウォーターフォードではアメリカ熟語を、イングランドではアイルランド表現を笑われた。こうした経験は二様《ふたよう》に読み取ることが可能だ。ひとつは否定的なもので、根っこの欠如、強固なアイデンティティの不在である。しかし、積極的に理解することも可能だろう。つまり、アイルランドや(いくつかの点で)イングランド、そして文学や映画を通じて地球の多くの地域といったように、愛情の対象が多数存在していた。それゆえに、のちにそれぞれの国で生活し、そこの言葉にどっぷり浸かることを通して、インドネシア、シャム、フィリピンに深い愛情を抱くことが容易だったのだ、と。いわば多重《マルティプル》ナショナリズムとでも言おうか。引き続く移動が鍵だった。インドネシアやシャムには、「ヤシガラ椀の下のカエル」という諺がある。これらの国では、半分に割ったヤシガラをお椀として使う。この椀には台がなく、底は丸いままだ。椀が上を向いているところに間違って飛び込み、椀が引っ繰り返って中に閉じ込められたカエルは、椀を前後左右に動かすことはできても、なかなかそこから抜け出すことができない。そうこうしているうちに、やがてカエルの知る世界はヤシガラ椀が覆う狭い空間だけになってしまう。「ヤシガラ椀の下のカエル」(意図するところは日本の「井の中の蛙」と似ているが閉じ込められているイメージが強く、相対的に自己満足のニュアンスは弱い)と異なり私は腰を落ち着けて根を下ろすほどには一箇所に長く住んだことがなかった。

これまで「タイランド」(日本語ではタイ)ではなく「シャム」という表現を用いてきた。私がなぜ「タイランド」ではなく「シャム」を好むのかをここで説明しておきたい。実は、この国の伝統的呼称は常にシャムだった。「シャム双生児」や「シャム猫」といった表現は、このことを反映している。国名が「タイランド」、すなわち「タイ族の地」へと変更されたのは一九三〇年代のことで、ナショナリストの軍事独裁者プレーク・ピブーンソンクラーム陸軍元帥によってだった。第二次世界大戦後、短期間だが文民政治が復活し、このとき、国名として「シャム」を再導入した。一九四七年に再び軍が政権を掌握し、これは冷戦期を通じて二七年間続いた。この時に、「タイランド」という名称は徹底的に制度化されたのである。

「タイランド」を批判するのは主として自由主義者と穏健な左翼で、この名称によって国がタイ族の国と同一視されるのを嫌ってのことである。人口学的にタイ族は確かにこの国の多数派だが、国民を形成する五〇以上の民族集団のうちのたったひとつの集団にしか過ぎない。批判グループは、「タイランド」という名称は少数グループ、とくに南部に住むマレー人ムスリムに対する偏狭で抑圧的な態度を助長するだけだと信じている。一方、「シャム」を嫌う人々は、この名称は前近代的、非民主的で、封建時代のものだと主張する。私は前者の考え方に共鳴して「シャム」を用いるのであり、この立場から、以下、本書を通じて国の名としては「シャム」を使用し(ただし、組織等の固有名の一部として使われているものは除く)、国民語としては「タイ語」、国民としては「タイ人」の名称を用いることにする。

## 歴史の幸運

空間的側面の次は時間的側面だ。私が育ったのは――これについても、人生もだいぶ後になって気が付いたことなのだが――、古い世界が終わりを迎えつつある時代だった。

私は自分が受けた素晴らしくも古風な教育を当然のものとして受け入れ、自分がこの恩恵を受けたほとんど最後の世代《コホート》の一員だなどとは思いもしなかった。この教育の目的は非常に保守的なもので、若者を多才《オールラウンド》で教養のある紳士、言ってみれば上流中産階級の伝統の継承者とすることだった。このような一般教育を受けた若者は、まだ私の時代においても、いずれは高級官僚、政治権力中枢グループのメンバー、あるいは有用知識の伝授者ではない古い意味での尊敬される教師となることを、依然として期待することが可能だった。

ところが、戦後の早い時期に労働党政権がイギリスに導入した平和裡の社会革命は、冷戦、アメリカ支配、商業面でのグローバル化、イギリス帝国の凋落《ちょうらく》等々に適応した、新しいタイプの高校や大学を大量に作り出すことになった。若者たちは、経済学、ビジネスマネジメント、マスコミュニケーション、社会学、現代建築学、科学(天体物理学から古生物学まで)を学ぶ必要があった。教養、多才、一般教育といったアマチュア主義は、もはや役に立たなかった。言葉さえも変わりつつあった。私が話すことを学んだ古風なBBCイギリス語のような言葉は、階級に根ざすものだとして攻撃され、より庶民的な言葉に徐々に置き換えられていった。詩を暗記すること、いわんやイギリス語以外の言葉で詩を暗記することなどには、もはや誰も意味を見出さなかった。

学校も変わりつつあった。先生にしろ上級生にしろ、体罰を加える時代は終わりつつあった。男子学校は共学になるようにとの民主的圧力にますます晒されるようになり、当然、共学への変更は肯定的および否定的側面を持っていた。私はおそらく、書籍、ラジオ、白黒映画によって育てられた（そして自学自習した）ほとんど最後の世代に属していよう。成長期にテレビはなく、ハリウッドの影響もあまりなく、ビデオゲームやインターネットも経験しなかった。タイプライターさえ、これを使うことを学んだのは、成人してアメリカに渡ってからのことだった。

こうした時代の違いは、ぼんやりとした形ではあるが、私の弟妹についても感じ取ることができた。弟は私と同じようにして教育された。しかし、私より七歳下の妹は、オックスフォード大学の卒業生だが、生まれつつあった新しい世界に属していた。

知的にも政治的にも私より先を行っていた頭脳明晰な弟と自分の間にさえ、それと分かる差異が存在していた。この違いを示唆する兆候《しるし》はアメリカだった。一九五八年の一月にアメリカに行くまで、私はこの地にまったく関心がなかった。アメリカの歴史を知らず、アメリカ人の偉大な小説家の作品を読んだこともなく、アメリカ映画には時ともにうんざりするか苛々するようになっていた。そしてクラシック音楽をピアノで弾くのをこよなく愛していた人間として、食わず嫌いでアメリカのポップカルチャーには軽蔑以外の何ものも感じていなかった。しかし、弟は違った。私がバッハやシューベルトを弾き鳴らすのを側《そば》で耐えながら、その報復としてラテンアメリカのルンバ、のちにはエルヴィス・プレスリーのレコードをフォルティッシモで掛けるのだった。告白せざるをえないが、アメリカでの長い居住年月にもかかわらず、そしてあらゆる種類の黒人音楽への傾倒、ハーマン・メルヴィルへの畏敬の念、さらに素晴らしいアメリカの友人たちがいるにもかかわらず、いまだにアメリカの社会と文化から、疎外とまでは言わないにしても、少なくとも心理的に遠く離れていると感じるのである。

　最後のコホート、すなわち最後の「同世代同種経験集団」の一員だ、ということにはいまひとつの意味合い、より専門的《プロフェッショナル》な意味合いがある。これについてはもっと後で、違った脈絡で語ることになろう。ここでは、私が到着した一九五八年のアメリカは、その大学生活が根本的な変化を迎えるわずか前のアメリカだったとだけ述べておくことにする。それは、イギリスで起こっていた高等教育の民主化や実務教育志向と呼応する変化だった。さらに、これとは別に、一九六〇年代前半から半ばにかけてのアメリカでは、我々が「理論」と呼ぶ大きな装置《マシン》が姿を見せつつあった。それは、今や古びたものとなってしまった「行動主義者《ビヘイビアリスト》」革命をもって始まった。個人的意見を言わせてもらえば、「理論」は現実的で実用性を重んじる人々には容易《たやす》いものではない（理論的レベルで真に才能を発揮できる人というのはきわめて稀である）。いずれにしても、この「装置」の登場は重大な結果を伴っていた。それは、ひとつひとつのディシプリン（学問領域）をして、他の姉妹ディシプリンと己を区別するべく、そして独自の専門用語《ジャーゴン》を作るべく奔走するように仕向けた。私がアメリカで学び始めたとき、この変化はかろうじて始まるか始まらないかの状況にあった。したがって、私の大学院での指導教員の間で、私が歴史学や人類学の授業を取っていることに文句を言う人はいなかった。しかし、一九六〇年代末頃になると、こうしたことはすでに難しかった。皮肉なのは、この三〇年後に、アメリカの学者が複学問領域的《マルティ・ディシプリナリー》なアプローチについて熱く語り始めたことで、それも、一世代以上前にそうしたアプローチが存在していたかもしれないと覚らずに、このような議論をし始めたことだった。

右のように記したからといって、私が成人期を迎えたのちに起こった変化が多くの点で好ましい変化ではない、と言おうとしているのではない。唯一強調したいのは、私が勉学を終えたのは、こうした変化が始まりつつある時期だった、ということだけだ。変化の中身が当たり前のものとなる前の最後の世代の一員として、私はこれらの変化によって形作られたというよりは、それらの変化から距離を置いて眺められる好位置にいた。それゆえに、私は、またもや自分を幸運な人間だと思うのである。

# 第二章

# 個人的体験としての地域研究

## ――東南アジア研究を中心に

一九五八年一月、雪の降り積もるコーネル大学に到着した私は、子供のように無邪気で純な興奮で一杯だった。しかし、予定の一年を越えて滞在期間を延ばそうなどとは、少しも考えてはいなかった。

ところが、である。大学を取り巻く自然環境や、ジョージ・ケーヒンのインドネシアならびに東南アジア全般についての授業、さらにはアメリカのアジア政策に関する授業に魅せられるのに、それほど時間は掛からなかった。コーネルでの一年目が終わる頃には、人生で何をしたいかについてようやく肚《はら》を決めたと自覚するにいたった。大学の教師になり、研究や調査を行ない、本や論文を書き、学生を教え、そしてケーヒンの学問的、政治的姿勢に倣《なら》おうと思ったのである。学問的に優れた研究者であっただけでなく、ケーヒンが政治的にいかに信念の人であり行動の人であったかについては、いずれ触れることになろう。

かくして、私は、コーネルに残ることになった。やっと腰を落ち着けそうだというので、母はとても喜んでくれた。唯一の不満は、腰の落ち着き先が母や弟妹たちから遠く離れたアメリカだということだった。そこで、私は、毎週のように母に手紙を書き、毎年クリスマスと夏季休暇時には、できるだけイギリスに戻るようにした。母からも定期便が送られてきた。それ以外には、叔母のセリアが、アメリカのものより難しいクロスワードパズルの切り抜きを送ってくれた。

コーネル滞在の早い時期からケーヒンの授業に魅せられたとはいえ、アメリカの大学院生活に慣れるまでには多少の時間を要した。コーネルがどのようにユニークな大学であり、それもとくに、その東南アジア・プログラムがいかに独自の発展を遂げたものかを理解するまでには、これよりもさらに長い時間を要した。日本の読者にこのプログラムの特異性を説明する前に、ここで暫くコーネル大学を離れ、地域研究と呼ばれるものが第二次世界大戦後のアメリカに突如として登場した背景について、多少なりとも検討しておくことにしよう。

## 覇権国家アメリカと地域研究の誕生

世界の隅々への積極的な経済的拡大と進出にもかかわらず、第二次世界大戦勃発時まで、アメリカは政治的にはきわめて孤立主義的だった。これとの関係で、ウッドロー・ウィルソン大統領の奮闘にもかかわらず、アメリカ議会が国際連盟への参加議案を否決したことが想起されよう。重要な植民地はひとつ、フィリピンだけで、自国自体がかつては植民地だったこともあり、自らが「ヨーロッパ」(ヨーロッパの全てではない)や日本を中心とする植民地主義的帝国主義というゲームに参加していることに関して、しばしばばつの悪さを感じていた。そうした事情も一部にはあって、植民地フィリピンについては、一九四六年に独立させるということで一九三〇年代半ばにはすでにスケジュールが決定されていた。アメリカは巨大で近代的な海軍を抱えてはいたが、陸軍と空軍はたいしたことはなかった。外国への直接的な政治介入は、主としてモンロー主義の下で「アメリカの裏庭」と称した地域、すなわち中央アメリカと南アメリカ、そしてカリブ海地域の一部に限定されていた。

戦争勃発前夜までのアメリカの学問に反映されていた世界は、右の大きな状況を映し出していた。多くのアメリカ人はヨーロッパからの移民ないしその子孫であり、またヨーロッパの学問的権威はとてつもなく高かったことから、少なくともヨーロッパの主要大国――イギリス、フランス、ドイツ、イタリア――を研究する学者はたくさんいた。ソ連も研究の対象とされたが、それは強力なイデオロギー上の敵だったからだ。アジアで一般的な関心の対象となったのは中国と日本だけだった。中国の場合は、一九世紀末からこの国には大勢のアメリカ人宣教師が活躍しており、それに刺激されて早い時期から強い関心が寄せられていた。(一九四〇年代末に蔣介石政権が崩壊したあと、多くの中国人学者――反動主義者もいればリベラルもおり、第一級の研究者も凡庸な研究者もいた――がアメリカに逃れ、その結果として主として反共的な中国研究者の数と影響力が大幅に増大した。日本研究者や他のアジアに関する研究者と異なり、これら中国研究者の多くは特定の政治的目標《アジェンダ》を有する人たちで、同様の思想的背景を持つアメリカ人中国研究者とともにアメリカのアジア研究学会において一大勢力を形成するようになる。）日本への研究関心はといえば、その軍事力がアメリカにとって太平洋地域における脅威と見なされたことが関係していた。

インド研究は若干は存在していた。しかし、それは、ヨーロッパのオリエンタリズムに影響を受けたサンスクリット研究の成果であり、現代植民地インドについてのそれではなかった。一、二の人類学者を例外として、アフリカ、中東、中央アジア、あるいは東南アジアの研究者は存在しないに等しかった。東南アジアを例に取ると、アメリカの植民地だったフィリピンは別として、この地域を本格的に研究する人は片手で数えられるほどだった。マーガレット・ミードとグレゴリ・ベイトソン（バリ島）、コーラ・デュボア（アロール島）、ルパート・エマソン（マラヤ）くらいである。私がコーネルで勉学を始めた一九五八年という「近年」においてさえも、「政府《ガバメント》学部」の小さな教授陣は圧倒的にアメリカ研究家《アメリカニスト》であり、他には一人がソ連を、もう一人が西ヨーロッパを専門としていたに過ぎなかった。ジョージ・ケーヒンはアジア全ての授業を担当し、ラテンアメリカ、東ヨーロッパ、アフリカ、あるいは中東について教える人は誰もいなかった。

第二次世界大戦は、右のような状況を根底から変えてしまった。アメリカは突如として覇権国家となった。ドイツと日本は完膚《かんぷ》なきまでに打ち負かされ、他方イギリスとフランスは戦勝国側にいたとはいえ、戦争参加の代価によって疲弊し、世界帝国主義権力としての座から急速に転げ落ちた。一九六〇年代までには、両国の植民地のほとんどが姿を消すことになる。ソ連だけが残った。しかし、この国は依然として基本的には地域的な勢力であり、グローバルな権力ではなかった。かつてアメリカは国際連盟の外に留まったのに対して、今やこの国は、その本部がニューヨーク市に置かれたことに象徴されるように、国際連合の中心的なまとめ役となった。このような新たな状況下で、それまでよりも強大な権力を振るう立場に就いたアメリカのエリートたちは、世界の各地で重要な役割を果たすつもりでいたが、これらの地域についてほとんど何も知らないことを痛感するにいたる。知識の欠如は、アジアとこれに少し遅れてアフリカでも脱植民地化の過程が速いペースで進行していたがゆえに、余計痛切に感じられることになった。

　戦後のアメリカにおける地域研究の勃興は、この国が新たに担うにいたった覇権的立場を直接的に反映している。政府は、西ヨーロッパ以外の国々の現代政治や現代経済の研究に対して、多大な財政的ならびに非財政的資源の投入を開始した。しかし、歴史学、人類学、社会学、文学、芸術に関する研究の支援にはあまり熱心ではなかった。冷戦が始まるとともに政策研究への関心、とくに「世界共産主義」として相変わらず理解されていたものが孕む脅威——実在の脅威か想像のものかを問わず——についての政策研究への関心が高まった。これらの研究を促進・拡大する上で推進力となったのは、CIA、国務省、国防総省《ペンタゴン》である。しかしながら、ロックフェラー財団やフォード財団のような巨大な民間機関も重要な役割を担い、国家の「政策研究」中心主義から外れた分野を補う点で一定の機能を果たした。それというのも、これらの財団の上級職員は、その多くが高等教育修了者であり、それもしばしばフランクリン・ルーズベルト大統領の（当時のアメリカの水準に照らして）「進歩的な」長期政権下で育った人たちで、官僚よりは考え方がリベラルであり、「世界共産主義」との闘いにも官僚ほどは囚われてはいなかったからだ。彼らの多くは、表面的に流れない歴史に立脚した学問の重要性をよく認識しており、こうした学問は国家が運営する研究機関よりは、外に開かれた大学においてこそ健全に発展する可能性が高いと信じていた。数年単位のプロジェクトではない長期的な研究教育計画の必要性や、専門書籍・一次資料等を備えた総合研究図書館《リサーチ・ライブラリー》設立の緊急性、戦前はほとんど学ばれることのなかった諸言語の効率的教授――これらの重要性についても、彼らは官僚よりもはるかによく認識していた。

以上のような状況が、「東南アジア研究」なる分野の個別の発展の裏に潜んでいた大きな背景、つまり地域研究と呼ばれる学問がアメリカで誕生するにいたった背景である。

## 東南アジアをめぐる植民地主義的知のあり方

東南アジア研究を語る場合、西洋にとっての「Southeast Asia」（一般に東南アジアと訳されるが本来は南東アジアであり、外務省ではこの呼称を用いている）という言葉の目新しさをまずもって認識しておく必要がある。対照的に、中国の漢字には古くから「南洋《ナンヤン》」という表現があった。その漢字のひとつ「洋」は「水」を表すさんずいを部首とし、「南洋」自体は漠然とながらも北京から見て水路ないし海路で到達可能な「南方の地域」を指していた。歴史の様々な時点で、南洋は中国南部の沿岸地域、フィリピンやインドネシア諸島、マレー群島を意味し、中国から陸路で到達可能なビルマやラオスはこれに含まれなかった。日本語でも、「南洋」は徳川時代の後期から用いられており、のちにはこれと類縁の言葉「南方」が使用されるようになった。後者は第一次世界大戦前後から使われ始め、とくに太平洋戦争突入前から盛んに用いられるようになった。この語が指す地域も歴史的に異同があったとはいえ、南洋と比べるとより明確な範囲と政治的な意味合いを持つ言葉で、今日、我々が東南アジアとして認識している地域や、第一次世界大戦後に日本が委任統治をすることになる西太平洋の地域を含んでいた。

現代的な意味で「東南アジア」という言葉を初めて用いた西洋人の研究者は、偉大なビルマ学者ジョン・ファーニヴァルで、太平洋戦争が勃発する直前の一九四一年に *Progress and Welfare in South-east Asia*『東南アジアにおける進歩と福祉』という本を著している。しかしながら、この語の用法をめぐる決定的な転機は、戦争中にルイス・マウントバッテン卿によって東南アジア司令部(South East Asia Command)が設置されたことである。この軍司令部は、アメリカ植民地のフィリピンを除き――この地への対応はワシントンに任された――、戦争中に日本軍によって占領された東南アジア諸地域を「解放する」ために設置された。実際、東南アジア司令部は、いずれの場合も短期間だったとはいえ、ビルマ、マラヤ、シンガポールをイギリス植民地支配のために取り戻し、オランダによる今日のインドネシア支配、フランスによるインドシナ支配を復活させている。しかしながら、名称に「東南アジア」を冠し、この地域を地政学的に位置づけた司令部は、戦争終了後、間もなくして廃止されてしまった。

「東南アジア」が一般的な言葉となったのは、最初はアメリカにおいてだった。それというのも、アメリカはそれ以前の日本と同様、中国とインドの間に横たわる地域全体を影響下に置こうとの野心を抱くにいたったからだ。これに対して大戦前のヨーロッパの諸帝国は、この地域を自分たちの間で分割することでよしとし、もっぱら関心を己の植民地に集中させるに留まっていた。政治的な関心に見るこの大きな変化は、不可避的に学問に対して根本的な影響を及ぼすことになる。

第二次世界大戦の勃発までは、どの国、どの地域についてであれ、東南アジアに関する優れた研究の圧倒的部分は学識ある植民地官僚の手になるもので、宗主国の都市にある大学の教授が著したものではなかった。これらの官僚は赴任先の植民地で長年暮らし、多くが土地の言葉やその地の古典語を解し、時には地元の女性と結婚し、あるいは愛人関係を結んでいた（少数ながらホモセクシュアルもいたが、こうした性的嗜好《しこう》はできる限り隠す必要があった)。彼らにとって学問は趣味のようなものであり、その関心は主として考古学、音楽、古典文学、歴史学に向けられた。これらは一般に自分の言いたいことをそのまま表現できる学問分野だった。政治あるいは経済分野はあまり人気がなかった。こうした分野の研究では、植民地政府の施策や見解に従う必要があったからだ。

最も重要なことは、これらの学者兼植民地官僚は、通常はひとつの植民地、つまり自分の赴任地だけについて研究し、それ以外の植民地については興味を欠くか知識を欠いていたことである。こうした人々の中で、唯一体系的な比較研究を行なったのはジョン・ファーニヴァルで(一九四八年刊行の *Colonial Policy and Practice*〔『植民地政策と実践』〕においてイギリス領ビルマとオランダ領のインドネシアを扱っている)、その研究といえども官僚職を辞してからまとめたものだった。

ここで付言しておくべきは、一九五〇年代から六〇年代初頭時点においては、東南アジアについてのアメリカ人の手になる研究成果はまだまだ限られており、私の世代は多くを学者兼植民地官僚の仕事に頼らざるをえず、したがってイギリス語文献だけでなく、フランス語やオランダ語の文献の読解も学ばざるをえなかったことだ。ビルマについてはファーニヴァルとゴードン・ルースを読み、インドシナについてはポール・ミュスとジョルジュ・セデスを、マラヤについてはリチャード・ウィンステッドとR・J・ウィルキンソン、そしてインドネシアについてはベルトラム・スフリーケ、テオドール・ピジョー、ヤーコプ・ファン＝ルールを読む、といったようにである。

## アメリカの「東南アジア研究」の特徴

右に述べたような知の形は、第二次世界大戦後のアメリカではまったくと言ってよいほど完全に転倒することになった。東南アジアに関するほぼ全ての学問的活動は、もっぱら大学教授や大学院生によって担われ、それも官僚としての経歴が皆無かほとんどない者によって担われることになったのである。教育等との関係で多忙かつ明確なスケジュールに拘束されているため、大学教授にしても大学院生にしても、何年にもわたってフィールドに留まることはほぼ不可能だった。言語の面では、戦後アメリカの第一世代の東南アジア研究者の多くは、ビルマ、ヴェトナム、クメール、タガログ、あるいはタイ、マレーないしインドネシアといった言葉を、自在に使いこなせるレベルにまで習熟することはなかった。植民地官僚のように、何人かは東南アジアの女性と結婚したが、そのまま東南アジアに住むことはなく、いずれも相手をアメリカに連れ帰っている。学問的関心領域にも大きな変化が見られた。国家の優先事項を反映して政治学が重要性を大きく増し、経済学、人類学、さらには現代史がこれに続いた。なぜ人類学かというと、ワシントンは部族や少数民族による反乱に関心があったからだ。文学や芸術、古い時代の歴史への関心は非常に限られたものでしかなかった。

アメリカ的状況について、もうひとつ言及に値することがある。それはフィリピンに関するものを例外として、アメリカには研究者が利用できる植民地文書が存在しないに等しかったことだ。これは当然、現代への学問的関心の集中を促すことになる。対照的に、イギリス、オランダ、フランスには膨大な帝国＝植民地文書が史資料として存在しており、したがって東南アジアの研究を志す若いオランダ人、フランス人、イギリス人の多くは、脱植民地化後も長いあいだ、それぞれにとっての旧植民地のインドネシア、インドシナ、そしてマラヤ、シンガポール、ビルマの研究に取り組み、それも現代の問題よりは歴史的な研究テーマに取り組んだのである。

以上述べてきたような背景と経験の違いから、アメリカ人が開拓しつつあった「東南アジア研究」と呼ぶものにヨーロッパ人研究者が知的、制度的に慣れ親しむまでには、一世代以上の時間を要することになった。

## アメリカの大学における地域研究プログラムの位置づけ

ここで、いよいよ、アメリカにおける「東南アジア研究」の誕生とその草創期について筆を進めることにしよう。とくに、個人的体験からよく知っているコーネルの東南アジア研究を例に取り、一九五〇年代末から六〇年代初頭の状況を中心に語ることにしたい。この章の冒頭で示唆したように、それは世界的に有名なコーネル大学東南アジア・

プログラム、それもアメリカの大学の地域研究プログラムの中で最も成功したもののひとつに数えられるプログラムが、ある面では戦後のアメリカにおける一般的な政治経済的発展と学問的展開の流れを反映しつつ、他の多くの面においてはきわめてユニークな存在であること、具体的には何人かの個性的な人物群によって形成された特異なプログラムであることを物語ることになろう。この地域研究プログラムについてよく理解してもらうためには、少々迂遠とはなるが、アメリカの大学、とりわけコーネル大学における地域研究「プログラム」というものの制度的位置づけについて、前もって説明しておく必要がある。

日本でも同じだと思うが、アメリカの大学において組織面で一番重要な構成単位は、教授陣と学生を抱え、意思決定機関である教授会と経常予算を擁し、通常、独自の建物に事務室、教員研究室、教室等を構える学部《ディパートメント》である[1]。単科大学であるカレッジとは異なり、一般に総合大学《ユニバーシティ》には、大学と学部の間にカレッジ(独立した「単科大学」とは違うもの)ないしスクール(ここでは両者を「大学部」と訳すことにする)が存在する。コーネルの例でいえば、コーネル・ユニバーシティの下に複数の大学部があり、その中で最大ものが一般教養《リベラル・アーツ》科目を中心に教育を行なう文理大学部(カレッジ・オブ・アーツ・アンド・サイエンシズ)である。この大学部には歴史学部、人類学部、古典学部、社会学部、物理学部といった一般に馴染みの深い名称の学部が多数含まれている。法律や医学、ビジネスのような専門職のための大学院教育組織は別途存在するが、文理大学部等の学部に接続する大学院教育課程――日本の大学院研究科に相当するもので、コーネルではこれを「分野《フィールド》」と呼ぶ――は、行政的には全て文理系の大学院《グラデュエイト・スクール》の下に統轄されている。

右の学部名から想像できるように、学部は基本的にディシプリン(学問領域)を基に構成されている。しかし例外も多く、これは主としてヨーロッパの国名ないし地域名、言語名に通じる名称が付けられた学部で、制度としての歴史が長く研究者も多いことから、実際にはこれらもディシプリンに基づく学部と言える。コーネル大学の場合、現存(二〇〇〇年時点)のこうした学部は、文理大学部のイギリス学部、ドイツ研究学部、ロシア文学部、ロマンス語(すなわちフランス語・イタリア語・ポルトガル語・スペイン語)研究学部で、言語、文学、宗教、文化などについての教育・研究を中心としている。これら以外にあるのが、アジア研究学部と中東研究学部である。

アジア研究学部に注目すると、この学部も言語、文学、宗教、文化などが中心で、学部教育に力点が置かれ、「アジア研究」の学士号を授与している。「アジア研究」としての「分野」は基本的に修士号までで、大学院生は東アジア、南アジア、東南アジアの三つの「専門《コンセントレーション》」(日本で言えば大学院の専攻)のどれかを選ぶ必要がある。博士号は授与していない。アジア研究学部における博士号のための「専門」は、東アジア文学とアジア宗教だけである(ちなみに、中東研究学部の下には、聖書研究と「アラビア語およびイスラーム研究」の「専門」が存在する)。では、これらの課程以外で、例えば東南アジア研究で博士号の取得を目指す学生はどうするのか？　ここで重要となるのが、地域研究プログラムの存在であり、コーネルの大学院課程における主専攻と副専攻という考え方である。

コーネルのアジア研究に関係するプログラムには、現在、東アジア・プログラム、東南アジア・プログラム、南アジア・プログラムという三つの地域研究プログラムがある。ここでのプログラムとは、教育・研究課程のプログラムを意味し、右に記した「アジア研究分野」の三つの地域的「専門」に対応している。東南アジア・プログラムについて言えば、その機能は、東南アジア関係の学部ならびに大学院レベルの講義・ゼミ・言語教授を主管し、大学院生のための奨学金などを獲得・配分し、東南アジア関係図書資料の充実化を図り、プログラム所属教員の研究を一部財政的に援助し、後述の「茶色の袋」ランチ会合(弁当持参の気軽な講演会)のような活動を支援し、東南アジア研究の成果出版などを促進することである。アメリカの他大学の中にも東南アジア・プログラムや東南アジア研究センターと銘打った組織が存在する。その機能はコーネルのものとほぼ同じと考えてよい。

では、東南アジア研究で博士号を目指す学生はどうするかだが、こうした学生は東南アジア・プログラムを「副専攻《マイナー》」とし、「主専攻《メイジャー》」はディシプリン別の「分野」から選ぶことになる。例えば(歴史学部の)歴史学や(人類学部の)人類学の「分野」を博士課程のて、博士号はあくまでも歴史学や人類学におけるものであり、その取得過程で東南アジアについて研究を行なう、という形になる。(同様のことは修士号についても該当し、東南アジア研究を「副専攻」として歴史学や人類学で学位を取得することが可能である。)博士課程の学生だけでなく、実はこれは、東南アジア・プログラム所属の教授陣についても当てはまることで、彼らの中心的な所属先は制度的には学部であり、プログラムは副次的な所属先に過ぎない。

地域研究の専攻に関する右のような位置づけは、アメリカの他大学でも一般的である。しかし、例外も存在する。例えばカリフォルニア大学バークレー校には、「南および東南アジア研究学部」があり、この学部を所属先とする教授陣が存在し、人文学関係の専門が中心とはいえ、この学部で東南アジア研究あるいは南アジア研究の博士号を取得することが可能である。

かつてコーネルの東南アジア・プログラムでは、一九五〇年代を中心に後述のローリストン・シャープやジョージ・ケーヒンによって、コーネル・タイ・プロジェクトやコーネル・モダン・インドネシア・プロジェクトの名の下に、教員と大学院生による人類学ないし政治学的共同研究がフィールドワークを伴って遂行されたことがあった。しかし、これは、地域研究草創期の例外的な現象であり、その後、プログラムの構成員によって共同研究が取り組まれた例はない。研究は研究者個々人が行なうというのが一般的な形である。そして、学部が、一方で授業料を支払う学部生を多数抱え、他方で大勢の教授陣と事務員の人件費を要することから比較的大きな経常予算を持つのに対して、地域研究プログラムの予算にとって重要なのが、財団や政府に代表される外部からの種々の助成金《グラント》である。

なお、アメリカの教育研究機関における地域研究の位置づけは、日本のものとは大いに異なる。アメリカでは、東南アジア研究にしろ、どの地域の研究にしろ、地域研究は教育と不可分に結び付いている。地域研究の創生からして、目的は当該地域の研究を促進すると同時に、その地域について専門知識を身に付けた人材を養成することにあった。しかし、日本の地域研究的な機関の嚆矢《こうし》であり現在でも代表的な機関、すなわちアジア経済研究所(一九五八年設置の財団法人から六〇年に通産省所管の特殊法人に移行)、京都大学東南アジア研究センター(一九六三年)、東京外国語大学アジア・アフリカ言語文化研究所(一九六四年)においては、少なくとも当初の創設の目的は、大きな財団が存在しなかったこともあって公的資金に依存した研究組織の設置であり、学生の教育は含まれていなかった。共同研究が強調されるのも、アメリカとは異なる伝統である。

## 草創期のコーネル大学東南アジア・プログラムをめぐる人物像

第二次世界大戦後にアメリカが直面した新たな状況の下で、学者兼植民地官僚のような「片手間仕事」ではなく、東南アジアに関する専門的《プロフェッショナル》な学問的営為のための制度的な空間が創り出されたのは、何よりもフォード財団とロックフェラー財団のイニシアティブによるところが大きかった。一九四〇年代末から五〇年代初頭にかけて、イエール大学(一九四七年)とコーネル大学(一九五〇年)の二つの大学に対して、複学問領域的《マルティ・ディシプリナリー》なプログラム、つまり多彩なディシプリンの教師を擁する東南アジア・プログラム設立のために、多大の助成金と制度的支援が与えられた。具体的には教員ポストの新設、図書資料の拡充、専門的言語教育の開始、奨学金やフィールドワーク助成金の整備等に対する支援である。

コーネル大学における東南アジア・プログラムの歴史を振り返ると、財団の助成も確かに重要ではあったが、草創期に活躍した何人かの中心的人物の役割もきわめて重要だったことが分かる。東南アジア・プログラムの最初の責任者《ディレクター》は、人類学者のローリストン・シャープだった。シャープは一九三〇年代半ばにオーストラリア原住民のアボリジニの研究を行ない、その後コーネルで教職に就いた。戦争中には一時的に国務省に配属され、東南アジアに関する仕事をするように命じられた。彼はとくに、植民地化を免れたシャムに興味を抱くようになり、コーネルに戻ってからは既述のコーネル・タイ・プロジェクトという、大学院生を中心とする共同研究プログラムを立ち上げている。

シャープは、プログラムのために二つの重要な人事を行なった。ひとつは言語学教授のジョン・エコルズの採用である。一二以上の言語を熟知する語学の専門家で、もともとは北欧に興味があり、戦争中は中立国スウェーデンに配属されて機密情報の収集に当たった。戦後はインドネシアに多大な関心を抱くようになり、インドネシア語《バハサ・インドネシア》の最初のイギリス語辞書を編纂した。また、コーネルにおける言語教育を発展させ、東南アジアの主要言語全てが教えられるまでに育て上げたのも、エコルズである。エコルズは、他の面でも掛け替えのない存在だった。ほとんど独力で、コーネルの東南アジア関係図書を世界で比類のないものに築き上げた。それも、何の経済的見返りもなしに、この壮大な事業のために人生の多くを捧げたのである。東南アジア・プログラムによって採用《リクルート》された教授陣が滅多に他の大学に移りたがらなかった理由、そして優秀な学生がコーネルに群れをなしてやって来た理由も、この東南アジア図書コレクションの存在にあると言っても過言ではない。

シャープの手になる人事で二番目に重要な人物は、ジョージ・ケーヒンである。ケーヒンも、これまた誠に驚くべき人物だった。太平洋戦争末期、ケーヒンはハーバード大学の学部生で、極東を含む国際情勢に大きな関心を抱いていた。シャープやエコルズがあまり政治的ではなかったのに対して、ケーヒンはこれとは正反対だった。彼の革新的思想と個人的勇気をよく示すものに、真珠湾攻撃後、直ちに政治的行動を起こしたことが挙げられる。知っている人も多いと思うが、この攻撃は西海岸に住んでいた日系アメリカ人に対する暴力的かつ人種差別的反動を招いた。これら日系人の大多数は捕らえられて、戦争中を通じて実に惨憺たる状況の収容所に入れられた(このような扱いは、アメリカの他の地域に生活する日系人には起こらなかった。皮肉なことに、戦争中、最も多くの勲章を授けられたアメリカ人部隊は、ヒトラーならびにムッソリーニと戦うためにヨーロッパに送られた日系二世中心の部隊だった)。これを幸いとして、西海岸にいた破廉恥で人種差別的なビジネスマンたちは、それまで日系人に負っていた借金の返済を拒否し、そのために彼らの運命はさらに過酷なものとなった。これに対して勇敢なクエーカー教徒の一団が、法律的ないしその他の手段を用いて債務者に日系二世への負債の返済を迫る運動を展開し、ケーヒンはこれに参加したのである。それは、こうした行動が、容易に非愛国的と見なされかねない政治状況下でのことだった。

若きケーヒンは陸軍に入隊したあと、いずれはインドネシアかマラヤにおいて日本軍の背後に降下される落下傘部隊要員として特別な訓練を受けさせられた。国防総省のやり方を知っている人なら言われなくとも想像できるだろうが、ケーヒンは最終的にはインドネシアやマラヤではなくイタリアに送られた。しかし、軍での訓練を通じて、彼はインドネシアに対して終生変わることのない関心を抱くようになった。軍務を終えたのちに大学院に入学し、一九四八年、再植民地化を目指すオランダに抵抗し独立戦争を戦っていたインドネシアで、政治学的なフィールドワークを行なうべく出発した。インドネシアの傑出したナショナリストたちの多くと親しく交際し、オランダの防衛線を潜り抜けて島嶼《とうしょ》国家の諸地域を訪れ、アメリカの新聞に親インドネシア的な記事を送り続け、のちには独立戦争に関係してオランダではなくインドネシアを支援するようにアメリカ議会でロビー活動を繰り広げた。当時アメリカは、カナダや西ヨーロッパ諸国一〇カ国との間で集団安全保障のための条約を締結し、北大西洋条約機構(NATO)を発足させたばかりであり、オランダはその原加盟国のひとつであったにもかかわらず、である。

ケーヒンが教師としてコーネル大学にやって来たのは一九五一年で、それは東南アジア政治に関するアメリカ人の最初の偉大な業績、今は古典となっている*Nationalism and Revolution in Indonesia*『インドネシアにおけるナショナリズムと革命』が出版される前年のことだった。コーネル大学への着任は、不運なことに赤狩りで有名なマッカーシズムが最高潮に達していた時期と重なっており、インドネシア共産主義に好意的だとの虚偽の理由により、ケーヒンは国務省の右翼敵対者によってパスポートを剝奪され、それは何年にも及んだ。ケーヒンの採用は、コーネルにとって決定的に重要なものだった。

それは、アメリカにおける東南アジアに対する関心がもっぱら政治的なものであり、東南アジアの政治を研究したいと多くの若者が考えていた時代に、新規に採用されたケーヒンが政治学者だったからである。

その後、ケーヒンはシャープの賛同を得て、特徴がまったく異なる二人の重要な人物を東南アジア・プログラムに呼ぶ上で大きな役割を果たしている。一人は経済学者・経済史家のフランク・ゴレイである。彼は戦争中に海軍情報担当の仕事に就き、同時にフィリピンに関心を抱くようになった。オーソドックスな経済学者で、多くの点で保守的だった。しかし、彼の専門である経済学は重要なディシプリンであり、またフィリピンについての知識、関心ともにしっかりとしたもので、何よりもよい教師だった。

二番目はクレア・ホルトである。彼女は真のロマンティストで、滅多にお目に掛かることのない稀有《けう》な女性だった。現在のラトビア共和国のリガで裕福なユダヤ人の家庭に生まれ、帝政ロシア末期の時代に育った関係で、母語はロシア語だった。ボリシェヴィキ革命のあと、家族はスウェーデンに逃れ、やがて彼女はダンス、とくにバレエについての記事をフリーランスで書くようになり、のちにはダンス評論家として新聞社のために働くようになった。最初はパリで、のちにはニューヨークにおいてである。ご主人を事故で亡くし、その後、友人と共に東洋へと旅立った。しかし、オランダ植民地のインドネシアに辿り着いたところで、この地とこの地の人々にすっかり恋してしまい、直ちにジャワの踊りを学び始め、これはやがて習熟のレベルに達するまでになった。彼女は、また、ドイツ人の俊才考古学者ウィレム・ストゥッテルヘイムの愛人となり、彼を通して植民地期以前のインドネシア文明について通暁《つうぎょう》するようになった。しかし、彼女の人生に再び悲劇が降りかかった。一九四〇年春のナチスによるオランダの侵略後、ストゥッテルヘイムは植民地政庁によって、オランダ植民地在住の他のドイツ人と同様に収容所に拘留された。太平洋戦争が勃発すると、オランダ植民地政庁は、これらの人々をイギリス領インドへ送還することに決めた。しかし、ストゥッテルヘイムの乗った船はスマトラ沖で日本の飛行機によって撃沈され、乗船者全員が死んでしまったのである。[2]

その後、クレアはアメリカに戻り、国務省の求めに応じて若い外交官や情報担当者にマレー・インドネシア語(インドネシア語はマレー語を基に発展・形成された言葉で、両者はしばしば、とくにインドネシア独立後暫くのあいだは、マレー・インドネシア語と呼ばれた)を教える職に就いた。この仕事は反共主義が吹き荒れたマッカーシズムの時代まで続けたが、マッカーシズムに怒りを覚えるとともに教える意欲を失い、この仕事を辞めてしまった。これ以前にクレアを知っていたケーヒンは、この機会を捉えて彼女をコーネルに呼び、その後、彼女は、一九七〇年の死までコーネルで過ごすことになる。クレアはこれといった学位や学問的資格を持っておらず、それゆえに教授となることはなかった。しかし、彼女はインドネシア語の優れた教師であり、インドネシア植民地社会、インドネシア文化、そしてインドネシア舞台芸術についての百科事典的知識の持ち主でもあった。クレアは当時の東南アジア・プログラムの教員の中で、実際に東南アジアで長いこと暮らした経験のある唯一のメンバーだった。彼女は、また、プログラムの教員の中でただ一人の女性であり、芸術に興味を持っていたただ一人の人でもあった。

イェール大学の東南アジア・プログラムは、コーネルのものより規模が小さかったが、コーネルにはない優れた点を持っていた。創設者はカール・ペルツァーで、戦争中にオーストリアから逃れてきた農業経済学者であり、植民地期インドネシアのプランテーションについて研究をしていた。しかし、このプログラムで鍵となった人物は、比較的若くして亡くなったハリー・ベンダである。ベンダは、チェコ生まれのユダヤ人の家系の出であり、戦前期にジャワに住みビジネスマンの道を歩んでいた。日本占領期には収容所に入れられたが、これは何とか生き延びることができた。一九四六年に収容所から解放され、その後アメリカに渡り、最終的にコーネル大学において戦前期ならびに占領期インドネシアにおける日本とムスリムとの関係について秀逸な博士論文を提出している(これは一九五八年に*The Crescent and the Rising Sun: Indonesian Islam under the Japanese Occupation, 1942-1945*(『三日月と旭日――日本占領下のインドネシアのイスラーム、一九四二―一九四五』)のタイトルで出版された)。ベンダはケーヒンよりも若干年上だったが、ケーヒンの最初の学生の一人だった。政治学の博士論文だったにもかかわらず、これがベンダにとってイェール大学の歴史学教授就任の妨げにならなかったことは、当時の学界ではまだ学問的境界が柔軟だったことを物語っている。コーネルの東南アジア・プログラムがアメリカ的な色彩を持っていたのに対して、ペルツァーとベンダは、イェール大学のプログラムに「ヨーロッパ的」な文化と学問的な趣を与えることになった。この対比にもかかわらず、二つのプログラムは飛行機に頼らずともお互いに自動車で訪れることのできる距離にあり、おまけに相互の教授陣は仲が良く、私がコーネル大学に入学した頃には、二つの大学の学生は東南アジア諸語の集中研修のために相手のキャンパスで交互に夏を過ごすというように、きわめて近しい関係にあった。

大学院時代の私に最も大きな影響を与えた四人の教師――全員どちらかというと「インドネシア研究者」と言ってよいが――は、その気質、才能、関心の点で素晴らしくも多様な人物群だった。クレア・ホルトとハリー・ベンダは、私と同じヨーロッパ人であり、歴史と芸術に大きな関心があった。ベンダは才気に溢れた人で、人生について徹底的に懐疑的な見方をしており、性格的にじっとしていることのできない人だった。「慣例に囚われない」考え方をすることに意識的でもあった。アメリカに忠節だったが、自分はこの国の国民だと心から感じることはなかったようだ。

クレア・ホルトは、私にとって特別な存在だった。彼女の家で何時間も過ごし、芸術のこと、ダンスのこと、考古学やジャワの生活についてよく話を聞いた。時には一緒にロシア語の詩を声高に朗誦することもあった。学問的《アカデミック》でなければならないといった凝り固まったところがなく、私は彼女のおかげで学問的文化《アカデミック・カルチャー》の深みに嵌《は》まり込まずに済むことができた。

ケーヒンとエコルズは非の打ちどころのないアメリカ紳士で、二人ともに比類のないほど親切で優しく、高潔であり、さらには学生に対して献身的だった。エコルズは私をインドネシア近現代文学へと誘《いざな》ってくれ、辞書に対する終生変わることのない愛着を植え付けてもくれた。現在に至るまで、私の書斎で一番のお気に入りの書棚は、あらゆる種類の辞書、辞典類で埋められている書棚である。そして、コーネル大学オーリン図書館内にあるエコルズの名を冠した素晴らしい東南アジア関係文献のコレクション、「エコルズ・コレクション」を訪れるたびに、彼の欲得を離れた献身に思いを馳せるのである。ケーヒンはといえば、私の政治的な考え方と行動様式に大きな影響を与えた人である。それは彼の革新的な政治観と、アメリカ国内だけでなく世界のどこであろうと正義のためには関与するという行動的な積極性、そして政治的意見に違いがあったとしても率直な相違は受け入れるという大きな度量によってだった。この四人のような立派な教育者を師として得たことは、何と幸運なことだったろうか。

## 東南アジア・プログラムの発展

ようやくコーネル大学東南アジア・プログラムの発展、教授形式、学生たちの特徴などについて具体的に説明するお膳立てが整った。中心となるのは、私がコーネル大学に到着した一九五八年から始まり、六一年夏にヨーロッパへと出発し、その六カ月後にインドネシアに向かうまでの状況である。

シャープとケーヒンは優れた学内政治家であり、アメリカの大学におけるディシプリン別に構成された学部が持つ力を十分に認識していた。そして、東南アジア・プログラムの長期的な発展と安定は、新規に採用された教授陣が知的、財政的に既存の学部に受け入れてもらえるかどうかに掛かっていることも、イェール大学のペルツァーやベンダよりもよく理解していた。

日本の読者も知っていると思うが、アメリカでは新規採用の若手大学教師は就任最初の六年間はいわば試行期間であって、六年が終わる前でも、業績が芳しくなければ簡単に解雇されてしまう。たとえ解雇されなかったとしても、遅くとも採用後六年目には教育・研究業績についての包括的な評価がなされ、もしこれに合格すれば助教授《アシスタント・プロフェッサー》から准教授《アソシエート・プロフェッサー》へと昇進し、終身在職権《テニュア》を手にすることができる。この権利を得た人は、犯罪か重大な性的スキャンダルを引き起こさない限り、今も昔も免職されることはない。したがって、人事に関するシャープとケーヒンの戦略は、二つの段階から成るものだった。最初の段階は、特定のディシプリンにおいて十分な実績を上げており、関連学部で終身在職権を得ることができそうな若い研究者を見つけることだった(この当時、学部は、東南アジアなるものには基本的にあまり関心がなかった)。そうした研究者を見つけ出し、接触したのちには、ロックフェラーかフォード財団の資金でこれらの教師を数年間雇用し、他方で関係学部と交渉して、当該若手教師の試行期間の実績が学部のディシプリンから見て優れたものであれば、その後は学部の人件費から給与の手当てをする、との合意を取り付けた。次の段階は、当の若手教師が、東南アジアとは何の関係もない学部授業をたくさん担当するように仕向けることだった(私の場合でいうと、「社会主義の伝統」「イギリス連邦の政治」「軍の政治的役割」「政治と文学」といった授業を担当した)。これは、若手教師にとっては多くの負担を意味したが、東南アジア・プログラムが学内で孤立することや、オリエンタリズム的視野狭窄《きょうさく》に陥ることを防ぐ役割を果たした。何よりも重要だったのは、プログラムの全ての教授陣がディシプリンに確固とした足場を持ち、単なる「東南アジア」以上のことを教授できることだった。

一九五〇年代には、右のような戦術を、満足のいくやり方で実施に移すことはまだ難しかった。しかし、六〇年代に入ると状況が大きく変化した。まず、アメリカが成功する前に、ロシアが宇宙飛行士の打ち上げに成功した。この出来事は、アメリカで政治的影響力のある人々ならびに組織の間に危機感を煽り、この屈辱の原因の一部はアメリカの大学の後進性に帰されることになった。しかし、五〇年代から六〇年代にかけては、これよりもさらに広範な危機感と不安感を掻き立てる事態が存在していた。朝鮮半島での戦争、毛沢東の中国の力の増大、拡大するインドシナの危機、南アジアにおける紛争と戦争、中東の不安定化、などなどである。こうした状況を受け、一九六〇年頃から、多額の資金が奨学金や語学プログラム等の形でアメリカの大学に注《つ》ぎ込まれるようになった。コーネルの東南アジア・プログラムのような地域研究プログラムも、財団とは別に、国から初めて多額の資金を獲得できるようになったのである。

右の変化は、学生の間に明確な世代的断絶をもたらすものでもあった。一九六一年にフィールドワークのためにインドネシアに出発するまでの全期間、私も当時の私の級友たちも、奨学金を得ることなどまったくなかった。では、どうしたかというと、履修者の多い入門レベルの講義を抱えていた教授の下で教授補助者《ティーチング・アシスタント》として働き、これによって大学院の授業料などの手当てをした。私たちはこれを当たり前のことと考え、将来自分が教壇に立った際に役に立つ訓練だと捉えて、こうした経験を楽しんでもいた。しかし、一九六一年までには、大学院生の数が目に見えて増えただけでなく、ほとんどの学生が奨学金を受給しており、教授補助職を課せられるのを嫌がるようになっていた(自分のためだというのに！)。

六〇年代の後半になると、差し迫りつつあるヴェトナムの惨事と、当時はまだ徴兵義務があったため、徴兵されてインドシナで戦うことになるかもしれないという学部生にとっての懸念とが相俟《あいま》って、大学キャンパスに強力な反戦運動が巻き起こり、同時に東南アジアに対するとてつもない関心が引き起こされることになった。突如として全米を通じて、そしてほとんど全ての有力大学において、東南アジア関連の授業に対する大きな需要が湧き起こり、大学責任者はこれに対応せざるをえなくなった。いたるところの大学で新しいポストが開設されたため、東南アジア研究に関係した博士号を取得した者は好ましい職を得るのに苦労することはなかった。再び幸運が私に味方した。アメリカ軍のケサン基地や南ヴェトナム主要都市などに対する北ヴェトナム軍とヴェトコン(南ヴェトナム解放民族戦線の通称)による一斉攻撃の直前、すなわち一九六八年一月のテト攻勢直前に博士論文を仕上げたのである。アメリカの大学での教員人事では、まず応募者の中から複数の候補者を絞り、彼らに対して広範な話題について面接を行なうのが通例である。また「縁故採用」、つまり当該学部の学位取得者中からの採用——これが日本の大学における一般的な教員人事の慣行のようだが、アメリカではこうしたやり方はパトロン・クライアント的関係に染まり易いと考えられている——は避けることが慣例化している。ところが、こうした通常のやり方を経ずに、私は面接もなければ競争相手の候補者もなしに、いわば棚からボタ餅式に助教授のポストに就いたのである。

東南アジア・プログラムは、学部生の面倒を見るようにとの大学側からの強い圧力に晒されていた。しかし、プログラム関係者の本心はといえば、これは主として大学院生のためのものだと考えていた。プログラムが必修科目としたものはそれほど多くはなかった。全ての学生、つまり大学院生は、毎学期、必ず東南アジア諸語のひとつを学ばなければならず、インドシナやインドネシアに関心のある場合は、それぞれフランス語かオランダ語の読解を学ぶように奨励された。また学生は全員、最低二つの「国別ゼミ《カントリー・セミナー》」を履修する必要があった。このゼミは、三年を一サイクルとして東南アジア地域の主要国を対象に順番に開講されていた。なお、アメリカでいうゼミないしセミナーは、おそらく日本の大学でいうゼミとは内容が異なっている。学生が教師の話を聞く、あるいは教師が学生の発表を聞くというのではなく、前もって学生に各週別の読書リストが配布され、これらを事前に読了していることを前提に討論を中心に進めるのである。

「国別ゼミ」は、しばしば専門の異なる教師二人によって教えられ、それもテーマに応じて客員教員を招いて開講された。例えばビルマに関して、その歴史学、政治学、社会学、経済学、人類学、宗教学、国際関係論、そして時によっては芸術や文学といった分野について学ぶことを通して、「複学問領域的」な知見を得ることを意図していた。ビルマの研究を目指す学生は、このようにして「ビルマ研究」に心おきなく浸ることができ、一方、他の国の研究を志す学生は、自分の研究対象国とビルマとの比較の視点、あるいはこれと逆方向の比較の視点から考える習慣を学ぶわけである。語学授業と国別ゼミ以外に、学生は東南アジアに関する広範な授業を履修した。これらの授業はほとんど常に、比較と汎東南アジア的枠組みを用いていた。「脱植民地化の比較」「東南アジアの山地民」「東南アジアの農村開発」「東南アジアの共産主義」といった授業名が語っているように、である。このような「東南アジア研究」の形式《フォーマット》が余儀なくさせた比較の枠組みは、一国に特化していたヨーロッパの植民地研究の伝統とは好対照をなすものだった。これを体験できたのはとても幸運なことで、この体験は、私の東南アジア地域や世界についての考え方に大きな影響を及ぼすことになる。

東南アジア・プログラムにおける教授形式との関係で最後に言及しておきたいのは、右に述べたものほど構造化されてはいないもので、それは外国人客員という存在である。客員には一年ないし一学期間、授業担当者として招聘される者もいたが、より一般的には、教授義務なしの客員研究員として招かれることが多かった。さらには大学の学期中に毎週一回開催される「茶色の袋《ブラウン・バッグ》」ランチ会合にスピーカーとして呼ばれる人もいた。この会合の名前は、アメリカ人が弁当用のサンドイッチを茶色の紙袋に入れて仕事場などへ持ち運ぶことからきた名称で、参加する教員や学生は銘々の昼食を携えて集まり、これを食べながらスピーカーの話を聞く、というものである。今でもよく覚えているのは、西嶋重忠《しげただ》がスピーカーとして招かれたランチ会合で、非常に興味を掻き立てられるものがあった。西嶋は戦前にインドネシアに渡り、日本軍政期にはジャカルタの海軍武官府で民生関係者として勤務し、インドネシアのナショナリストとも深く関わったとされる伝説的な人物である。若い時には左翼思想にかぶれ、海を渡ってからはインドネシアのナショナリズムに同情的だったとされる。だがケーヒンなどは、大日本帝国の手先ないし日和見的な機会主義者と見なしており、アメリカのインドネシア研究者の間でも評価の定まらない謎の人物だった。「茶色の袋」ランチ会合では、西嶋はインドネシア語で話をした。速射砲のような早口で喋り、謎の人物との評判を裏切らない話し振りだった。元ビルマ首相のウー・ヌ、カンボジア元国王のノロドム・シハヌークの訪問も、会合で我々の知らない新規な内容を話してくれたわけではなかったが、西嶋のそれに劣らず興味をそそられるものがあった。

最後に付け加えておきたいのは、多くの外国人留学生が、東南アジア・プログラムにおける教授陣と学生間の親密かつ民主的な関係に驚き、これを喜んでいたということだ。ゼミでは学生は自分の意見を述べるように促され、課題ペーパーを提出すればしばしば詳細なコメントを付したものが返されてきた。そして学生が教授の研究対象国の出身者だとしても、教授の研究プロジェクトの非公式な調査助手として搾取されていると感じるようなことはなかった。外国人留学生の好意的な反応は、西ヨーロッパや日本などの大学でよくみられる、権威主義的な伝統との対比で感じられたものだろう。

「私の時代」、そしてその後も長いこと、東南アジア・プログラムの学生はとても多様な国の出身者から成る一団だった。まず何よりも、一九五〇年代のアメリカは、東南アジアのほとんどの国と、程度の差はあれまだ交流があった。しかし、その後になると、ビルマは外部に対して門戸を閉ざし始め、インドシナの国々も同様の挙に出て、この状態は長く続くことになった。独裁政権下のインドネシア、フィリピン、シンガポール、さらには人種対立などの国内問題ゆえに「心配性の権威主義体制《アンクシャス・オーソリタリアン・レジーム》」の下にあったマレーシアにおいても、重要な、つまり微妙なトピックを研究することは、それ以前に比べてよほど困難になった。こうした状況の中で、ケーヒンは東南アジアの若くて優秀な人材と密接な関係を持つことに熱心で、いろいろな算段をしては、かなりの数の若者を学生としてコーネルに迎えた。したがって、五〇年代末のことでいえば、私にはビルマ人、フィリピン人、ヴェトナム人、そしてとくにインドネシア人の仲間が同級生の中にいた。これは、私たちにとって、自分たちが興味を持つ国について彼らからじかに学ぶ機会を提供してくれただけでなく、彼らとの間に友情を築き、さらに自分たちの固定観念が挑戦に晒される願ってもない機会を提供してくれるものでもあった。また、コーネル大学は小さな町にあったため、学生は常に一緒で、それも教室や図書館だけでなく、商店や飲み屋《バー》、レストラン、地元の小さな公園でのバーベキューでもいつも一緒だった。私たちの多くが東南アジアの留学生何人かとアパートを借りて住んでおり、時にはこうした共同生活の中でお国料理の作り方を学んだりもした。

　東南アジア・プログラムの目新しさとその国際的な評判、そして奨学金などの比較的豊かな財政支援に引き寄せられ、東南アジア以外の国々からも多くの留学生がやって来た。イギリス、オーストラリア、フランス、日本、オランダ、カナダ、スイスなどからである。その結果、プログラムは全てにおいて、とても国際的な雰囲気にあった。

最後に、これは主としてケーヒンのなせる業だが、プログラムにはやや風変わりとも言える一群の人々が属していた。アメリカの外交政策に対して、よく考え抜かれた激しい批判を展開していたケーヒンは、この当時、アメリカの愚かで暴力的な外交政策は政策担当者の無知によるものだと考えていた。それゆえに、東南アジア・プログラムの使命のひとつは、国を啓発することにあると信じるにいたった。ケーヒンは当時ワシントンに広範な伝手《つて》を持っており、これらを利用して国務省と国防総省に働きかけ、東南アジアに配属予定の若くて有望な外交担当者や軍の士官をコーネルに一、二年ほど送らせ、普通の大学院生と一緒に勉学させるように要請した。こうしてコーネルにやって来た一団は、大学での経験によって影響を受けたことは間違いない。しかし、それは、ケーヒンが期待したほどではなかった。年を経るに連れて、それもとくにヴェトナム戦争時に、その数は大幅に縮小され、やがてキャンパスからいなくなってしまった。

驚くほど多様な背景を持つ学生たちが毎日のように頻繁に接触していたことは、いろいろな意味で重要だった。プログラムの学生の間に強い連帯の絆が育まれ、勉学終了後も長いこと維持されたが、その秘密もここにあると私は考えている。世界の東南アジア研究者の間に結束の固い「コーネル・マフィア」の伝説が聞かれるようになり、これが今日でも流布しているのは、こうした背景があってのことである。これは、また、コーネル大学の東南アジア・プログラムが後発の他の東南アジア研究のプログラムやセンターとは異なる特徴的なところで、一般的に後者では留学生の数は少なく、アメリカ人の学生が圧倒的に多かった。

## 東南アジア・プログラムの批判的省察

私のコーネル大学における経験に基づき、アメリカの東南アジア研究の草創期について語ってきた。コーネルの状況を一番よく知っているということ以外に、コーネルの制度を基に語ったのにはそれなりの理由がある。第一に、コーネルの東南アジア・プログラムは、その多彩で優れた教授陣、最大の東南アジア関係図書コレクション、非常に広範な国々をカバーする言語教授課程ゆえに、アメリカだけでなく、世界でも最高のプログラムと見なされてきた、ということがある。第二は、一九六〇年代になって同様のプログラムが他の大学でも設置されると、これらのプログラムに雇われた若い教授陣の多くが、コーネルで学位を取得した人たちだったということである。したがって、以下でコーネル大学の東南アジア・プログラム、とくに草創期のそれを批判的に省みるわけだが、それは多くの点において、後発のプログラムにも通じる批判だと考えてよいだろう。

第一の批判は、ディシプリン間の明らかなアンバランスである。今日に至るまで、一握りの優秀な人口学者を除き、東南アジアを研究する社会学者は存在しないに等しい。そのために、現代東南アジアの研究はもっぱら二つの柱、すなわち政治学と人類学に委ねられてきた。二つの学問の間には、知的な繋がりも希薄なら方法論的な共通性も欠如しており、また、長いことそれぞれ国家レベルの政治エリートと農村ないし少数派エスニック集団の研究に焦点を合わせてきたため、両者の狭間には研究されることのない大きなギャップが残されることになった。この点での最大の例外は、傑出した中国研究者でもあった社会学者Ｇ・ウィリアム・スキナーだった。スキナーは毛沢東の中国を訪れることができず、かといって台湾に興味を抱くこともできなかったことから、シャムとインドネシアの華人コミュニティを研究し、その成果を本に著した。出版から半世紀が経過した今日でも、これらは依然として貴重な研究成果である。社会学者の不在は、コーネル大学東南アジア・プログラムの誤りというよりは、アメリカ社会学全体の問題だったと言える。アメリカの研究に専念する傾向が強く、なおかつ統計学的手法に依拠した研究が主流だったことから、信頼するに足る統計資料が乏しい国では研究が難しかった。

二番目のアンバランスは社会科学と人文学との間に見られた。つまり、人文学的関心の停滞である。このアンバランスの背景には、「東南アジア」という概念そのものが介在していた。この概念は、他とは明確に区別される共通性が東南アジアに認められることを示唆している。しかし、こうしたものは、現実には存在していなかった。東南アジアには比較的大きな国が八つ存在しており、一部はムスリムの国であり、他は仏教徒、カトリック、あるいは半儒教・半道教の国だった。植民地化の歴史をみると、古いものは一六世紀にスペインによって植民地化され、他には一七世紀にオランダ、一九世紀にイギリスとフランス、二〇世紀にアメリカによって植民地化された国々があり、独立を守ったシャムでさえも、イギリスによる半植民地化に等しい状態を経験していた。重要な文芸作品は、ビルマ語、モン語、タイ語、クメール語、ヴェトナム語、タガログ語、マレー語、ジャワ語、古ジャワ語、サンスクリット語、アラビア語などの言語で書かれ、お互いの作品を読もうにも読解不能だった。この状況は東アジアと好対照だった。東アジアに含まれるのは中国、朝鮮《コリア》、日本の三国だけであり、倫理的規範、宗教観、文芸ジャンル(仏典、注釈書、史書、漢詩など)において多くを共有していた。南アジアと比較しても、この地域に含まれる主要国はインドを始めとして四つであり、時には敵対的な状況があったとはいえ、宗教、経済、古典文芸面での長期にわたる相互関係が存在しており、また植民地化も同一帝国権力によるものだった。

もし「東南アジア」という地域概念が制度化されることがなかったとしたら、ヴェトナムは一〇〇〇年に及ぶ中国との関係から推して東アジア研究に組み入れられたことだろう。残りの東南アジアの国々の大部分は、サンスクリット語とパーリ語に深い影響を受けた固有の文化基盤を持つことからして、南アジアに結び付けられたとしても不思議ではない。フィリピンはといえば、旧スペイン領アメリカの研究に組み込まれたかもしれないのである。

実際のところ、コーネルでは多くの学生に中国研究を「副専攻」とするように奨励していた。それは東南アジア諸国において華人移民社会がきわめて重要だったからだ。しかし、現実に中国語を学ぶ者は非常に限られていた。他方、スリランカやインドについて学ぶように奨励した事例、いわんや中東について学ぶことを奨励した事例は皆無に等しく、東南アジア・プログラムの中でアラビア語やヒンディー語を真剣に勉強した学生を一人たりとも思い浮かべることはできない。

東南アジアの古典文学、古典音楽、古典塑像美術についての教育、ひいては人文学についての教育を極端に難しくしていたのは、右に述べたようなこの地域のとてつもない多様性だった。それは、最も優秀な学生をも苦しめるに十分なものだった。ジャワのガムラン音楽が持つ世界的な名声ゆえに、一九七〇年代になると、この分野については天分豊かな一群の学生が育つにいたった。しかし大学の音楽学部は一般に極端に保守的なため、これらの学生たちのうちで苦労の末なんとか終身在職権を得ることができたのは、コーネルならびにいくつかの大学においてだけだった。ガムランでもこのような状況だったからには、タイやビルマ、ヴェトナムの音楽については言わずもがなのことだった。古典文学の研究はサンスクリット語ないし漢文の知識を必要とするもので、これらの知識を持つ者は、通常はインドや中国の研究に専念することを好んだ。美術史は非常に限られた大学でしか教えられておらず、そうした所でもきわめて近年まで、その内容はインドネシアとシャムに特化していた。

しかしながら、最近一五年ほどの間に重要な変化が起こりつつある。植民地時代と異なり、今日では、古典《アンティクウィティ》への学問的関心はあまり見られない。しかし、現代《モダニティ》の特種な表出については関心が見られる。それは主として、イギリスにおけるアメリカ大衆文化の影響に関するカルチュラル・スタディーズ的関心に触発されたもので、とくに音楽、映画、文芸作品やイギリス語訳された文芸作品への関心である。これによって、これまでとは異なる新しい内容の授業——「東南アジアの大衆文化」「東南アジアの小説」「現代東南アジアの美術」など——を(イギリス語によって)行なうことが可能になった。ただし、このことの負の側面として、古典に関する多くの知識が継承されることなく失われつつある。

古典に関する同様のことは歴史学についても言える。コーネル大学では長いこと、東南アジアの歴史は古代史《エインシェント》(前植民地史)——その授業は、イギリス人オリエンタリストのオリヴァー・ウォルタースによって確固たる威厳をもって主宰されていた——と近現代史に分かれ、二人の教授によって教えられていた。今日では、教授間の歴史の分担は時代区分にはよらず、地理的区分によっている。つまり、大陸部近現代史と島嶼《とうしょ》部近現代史に分けられている。同じような区分は、アメリカにおける他の東南アジア・プログラムについても見られるところである。これは、大きくは、現在のアメリカで一般的に見られる傾向と連動していると感じざるをえない。つまり、現代のもの、最近のもの、大衆向けのものや、アメリカ的尺度で理解可能なものへと研究関心が収斂《しゅうれん》しつつある傾向を反映している、と。言ってみれば、クアラルンプールの暴走族はアメリカ的な尺度で理解可能だが、バリに見る火渡りの儀式は現代性に欠け、なおかつアメリカ的了解の構造に絡め取ることができないゆえに、研究関心から零《こぼ》れ落ちてしまうということである。

ディシプリン間のアンバランスに次ぐ二つ目の問題は、退職して久しく、すでに年を取った私の感慨に基づく指摘である。それは東南アジア研究に見る一国主義的研究関心のことで、その背景には、植民地研究の一国主義とは異なる要因が潜んでいる。

一九五〇年代の「東南アジア研究」の魅力のひとつは、それがまったく新しいものと感じられたことだった。これを学んでいた学生たちは、それまで知られていなかった社会や地域を実地踏査する探検家のような気持ちだった。それというのも、アメリカの高等学校の教科書には、フィリピンについてと、第二次世界大戦時のそこでの戦闘について若干の記述があるだけで、これ以外に東南アジア地域が言及されることはほとんどなかった。他方で、この時代は脱植民地化と新しい独立国家の誕生の時代で、それもスカルノ、ウー・ヌ、ホー・チ・ミンといった世界的に有名なナショナリストの指導者が東南アジアで活躍していた時代だった。おそらく不可避的に、私たちのほとんどは、自分たちが研究対象に選んだ国のナショナリズムに親密な感情を抱くようになっていた。この感情は語学によって影響を受けたものでもあった。東南アジアの主要国のうちで、インドネシアとシャムは、イギリス語ないしフランス語だけでは本気で研究することのできない国だった。それぞれの国の言葉の習得が不可欠だった。インドネシア研究の仲間と私は、自分たちがインドネシア語《バハサ・インドネシア》を流暢《りゅうちょう》に話せる先駆者《パイオニア》だということをこよなく誇りに感じていた。これは、タイ語を学んでいた学生たちも同様だった。言葉に対する特別な思い入れは、私たちをそれだけより密接に「自分たちの国」に結び付けるものだった。ビルマやマレーシアを研究していた仲間は、イギリス語でなんとかなったし、フィリピンならアメリカ語、ヴェトナムならフランス語とイギリス語でなんとかやることができた。タガログ語、ヴェトナム語、クメール語、ビルマ語などに流暢な若い学徒が出てくるのは、もっと後になってからのことだ。

「自分たちの国」への思い入れ、肩入れは、当時これに気が付いていたわけではなかったものの、政治的な結果を伴っていた。私のインドネシア研究仲間は、程度の差はあれ一般に思想的には左翼であり、それというのも、革命後のスカルノのインドネシアの雰囲気がそうしたものだったからだ(あるいは、左翼的政治思想ゆえに、私たちはインドネシアに惹かれたのだろうか?)。シャムに研究に出かける学生はもっと保守的だった。なぜなら、シャムでは、「町で唯一の試合」、つまりファシズム、ソーシャリズム、コミュニズムの崩壊後に残っていた政治主体をめぐる選択は、唯一、保守的な軍＝君主支配だけだったからだ。両国の研究者間に見るこの相違は、ヴェトナム戦争が激化した時期に深刻な結果をもたらすことになった。このとき、インドネシアやヴェトナムの研究者はほぼ全員戦争に強く反対した。これに対して、シャムの研究者は当初これを支持したのである。教授たちの間で戦争の是非をめぐって二極化が進んだことは、東南アジア・プログラムの志気に深刻な影響を及ぼし、これはその後も長いこと尾を引くことになった。研究面での一国主義との関係でいえば、自分たちが研究対象とする国への思い入れは、新たな言語の習得に伴う困難とは別の次元で、「自分の国」以外の国の研究を心理的に困難とするものでもあった。

この点で、私はスハルト将軍に奇妙な恩義があると言わざるをえない。スハルトが一九七二年にインドネシアから私を追放し、九八年の政権失墜時まで締め出してくれたおかげで、私は自分の関心を、七四年から八六年にかけては主としてシャムへ、八八年から現在に至るまではフィリピンへと広げざるをえなかった。一国という「ヤシガラ椀」

の下から私を引きずり出してくれたことについては、スハルト将軍に対して心底有難いと思っている。追放されなかったとしたら、『想像の共同体』を書くこともなかったかもしれないのである。しかしながら、私の世代ではこうした地域的関心の拡大はきわめて稀であって、マレーシアとビルマを研究した人類学者ジェームズ・スコットのような例を除き、つい最近まで、一人の研究者はひとつの地域ないし国について研究するのを常としていた。

## 東南アジア研究のその後の展開

以上、個人的体験を基にコーネル大学のプログラムを中心にしながら、アメリカにおける東南アジア研究の草創期を見てきた。ここでは、時間的、空間的な枠を広げ、東南アジア研究のその後の発展について跡づけることにしたい。

コーネルやイェール大学の東南アジア・プログラムは、このプログラムで学位を取得した者が国内外の大学で教職や研究職に多く就いたこともあり、長いこと影響力を保持し続けた。しかしながら、一九六〇年代になると、それはもはやユニークな存在ではなくなっていた。この間に、両者に比肩しうる強力なプログラムがバークレー、ロサンゼルス、シアトル、ホノルル、マディソン、アナーバーといった地の総合大学にも作られるようになったからだ。また、国外では、コーネル大学で学んだ留学生が、帰国後、各々の国で東南アジア研究を発展させていった。日本からの留学生――永積昭、後藤乾一、加藤剛、倉沢愛子、白石隆、白石さや、のちには山本信人など――は、日本における東南アジア研究、中でもインドネシア研究の復活と変革に重要な役割を果たした。オーストラリア人の元コーネル卒業生たちも、故ハーバート・フィースを先頭に、母国にコーネル・モデルに依拠したプログラムを作り、これらのプログラムは、一九七〇年代末から八〇年代にかけて見られたアメリカ人研究者の流入(これについてはのちに述べる)により、教授陣を強化させた。ロンドンでは、有名な東洋アフリカ研究学院(SOAS)が植民地時代の過去を振り払い、その教授内容を旧イギリス植民地の外へと拡大させていった。私の先輩で俊英なるルース・マクヴェイは、この変革における中心的な人物だった。フランス、オランダ、ドイツ、スカンディナヴィアの国々もイギリスと同様の方向へと進んだ。こうした発展の結果、一方で「東南アジア研究」は徐々に国際化され、他方では、一言で「東南アジア研究」と言っても、それぞれの国で異なる伝統と専門化を見せるようになったのである。ついでに言えば、この過程で、学生陣ならびに教授陣における女性の割合が、どこにおいても大幅に増加した。

　ここで再びアメリカに目を転じ、東南アジア研究の歴史について簡単に回顧しておくことにしよう。第二次世界大戦後のアメリカは、世界中にその力、野望、恐怖症《フォビア》を拡大させるようになり、それがために、この国の東南アジア研究は、他の国のそれに比べると、国際情勢の変化に連動して非常に劇的な歴史を歩んだ。まず、一九四〇年代末、五〇年代初頭という早い時期に、東南アジア研究がどうしてアメリカで始まったかの理由だが、そのひとつは、この地域が中国に隣接していたからである。これが重要だったのは、中国では一九四九年末までに毛沢東が権力を掌握し、「西」を実質的に追い出したことだ。おまけに同じ時期に、東南アジアのほとんどの国では、強力でしばしば武装した地元共産党が急速に勢力を拡大させていた。この点で、東南アジアは、世界でもユニークな地域だった。この奇妙な特徴を生んだ決定的な要因は、短期間ではあったがきわめて重要な「日本軍政期」にあったことは疑いの余地がない。日本人はこの地域の全ての植民地権力を打ち倒しただけでなく、白人の植民地人たちを辱しめ、牢に入れ、そして各地でアジアの一体感を促進した。日本人はまた、己の目的のためではあったが、それぞれの国でナショナリズムを鼓舞し(東京の言うことに従順である限りにおいてだが)、戦争努力のために民衆を動員し、地元民の補助兵員を採用してこれを武装・訓練し、さらに戦前の経済秩序を大きく破壊した。日本軍の蛮行と経済的資源の収奪は、動員された民衆を徐々に反日へと向かわせ、左傾化させていった。広島と長崎への原爆投下後に日本が突如として降伏したとき、東南アジアには力の空白が生じ、これは全体として日本帝国軍と協力しなかった左翼勢力の拡大に有利な状況を生み出した。世界の中でこうした歴史的横顔《プロファイル》を持つ地域は他には存在しない。

アメリカは、右のような傾向を阻止しようと積極的に行動し、一九五四年に反共軍事同盟である東南アジア条約機構（SEATO）――メンバーはパキスタン、フィリピン、タイと欧米五カ国――を結成した。さらに、ビルマ、インドシナ、インドネシア、フィリピン、のちにはシャムに対してさえ、直接・間接の干渉をするようになった。アメリカ政府・官僚・マスコミ関係者の間の東南アジアをめぐる不安は、一九六〇年代になると急速に増大した。これは悲惨なヴェトナム戦争によるもので、戦争はやがてラオスとカンボジアをも巻き込むことになった。戦争にはアメリカの東南アジア研究者の多くが反対したが、皮肉なことに、戦争は潤沢な資金に裏付けられた東南アジア・プログラムがアメリカ国内で数多く立ち上げられる切っ掛けとなった。しかし、一九七五年から七六年にかけてアメリカが戦争に敗れた後は、広範囲にわたる揺り戻しが起こり、その後、長いあいだ、東南アジアのことを考えたいと思うような人はおよそ現れなくなった。そして、国ならびに民間からの助成金も先細りするようになる。いかに優秀であっても、不運にも一九七〇年代末から八〇年代初頭にかけて博士号を取得した学生の間では、アメリカの大学に職を得ることは極度に困難となり、そのため多くの者がオーストラリア、イギリス、ニュージーランド、カナダへと移り住んでいった。そうでない者は、官公庁、外交団、国連機関、あるいはビジネスやCIAにさえ職を求めざるをえなかった。それだけでなく、この頃までには、ヴェトナム、ラオス、カンボジアに加えて、ビルマさえもアメリカ人に完全に門戸を閉ざすようになったため、東南アジアでフィールドワークに従事する機会が激減した。大学院への入学者数は低迷し、入学しても修士号の取得に関心を示す者が多くなり、学問的キャリアよりは、医学や開発援助などにおける専門職のための実務的訓練に照準を合わせるようになった。東南アジア研究がようやく復調を遂げ始めるのは、一九八〇年代末になってからのことで、この地域が――比較的限られた期間、それも一部の国においてだけだが――日本、韓国、台湾に続く目覚ましい経済発展を遂げつつある新興タイガーとして浮上してからのことだった。例えば、政治学について言えば、この時期以降、「政治経済学」が大流行するようになる。

ある分野の研究の発展を考えるとき、研究者の世代交代は重要な検討課題である。東南アジア研究は、他の地域研究、例えば中国研究や日本研究に比べると比較的歴史が新しく、それもある時期に急速に拡大したこともあって、世代交代の点で深刻な構造的問題を抱えていた。一九八〇年代の末にプログラムの創設者世代の学者――数は決して多くなかった――が退職し始めると、よく見られたのは、大学ないし学部当局はその空きポストを埋めようとはせずに、むしろ他の分野や領域に人的資源を振り向けたことである。さらに重要なのは、東南アジア研究者の大多数が、ヴェトナム戦争の「大ブーム」時代に若くして採用された人たちだったということだ。この世代の人の退職は、ほとんどの場合、二〇世紀末まで始まることはなかった。つまり、創設者世代と「大ブーム」

世代の間には、ある種の「失われた世代」が存在した。したがって、学問的条件が全て整っている非常に優秀な若者でさえ、教授陣の年齢構成が頭でっかちなピラミッドになっていたため、自分の資格と能力に相応しいポストになかなか就けなかった(もしこれが、すでに長いこと確立された分野や領域だったならば、通常、教授陣の年齢構成も標準的なピラミッドに近いもので、優秀な若者が職を得るのに困難はなかったであろう)。このため、一九九〇年代の初頭にアメリカ各地の東南アジア・プログラムでよく見かけたのは、著名な老齢教授たちがいる一方で、若い優秀な教師たちがおり、しかしその中間世代があまり見られない、というものだった。世代交代にまつわる問題は、ごく最近になってようやく軽減されつつある。

## 個人的な思い出

この章では、第二次世界大戦を挟んでのグローバルな政治経済的変化や、アメリカの政府、財団、大学などの大きな組織、あるいは国の教育政策などを参照しながら、東南アジア研究の歴史を中心に考えてきた。私の成人期までの教育体験を綴った第一章と、東南アジアの三つの国で行なったフィールドワークの個人的体験を語る第三章との橋渡しの意味で、この章の終わりに東南アジア・プログラムの個人的な思い出についていくつか述べることにしたい。

コーネル大学で勉学を始めた当初、私はまったく途方に暮れていた。「政府学部」で学部生レベルの講義の教授補助者を務めたわけだが、その講義題目は「比較政治学」「アメリカ政治」(アメリカはどうやら比較不能なものらしい!)、「政治理論」といったもので、教師の授業補助の役目でありながら、授業の内容は私のほとんど知らないものばかりだった。おまけに、これらの分野について大学院の授業も履修しなければならなかった。自分は二一歳になったばかりのまだほんの「赤ん坊」で、政治学やそれ以外のことにも無知であり、いわんや東南アジア諸語についてはまったく何の知識も能力も持ち合わせていなかった。

有難いことに、プログラムに属する学生間の連帯意識は驚くほど強固だった。年長の学生は実の兄や姉のように接してくれ、辛抱強く勉学の手助けをし、導いてくれるとともに、私を時としてからかい、ともすると挫けそうになる勉学心を高めてくれた。私たちは教室でも図書館でも、そして当然、飲み屋でもいつも一緒だった。今から振り返ると、教室か研究室でしかなかなか会うことのできない先生たちから当然多くを学んではいたが、それに劣らず多くのことを、仲間の学生たちから学んでいたことに気づかされる。先生たちはとても親切だったが、非常に多忙であり、勉学上の悩みや質問であまり煩わせたくはなかった。

東南アジア・プログラムには、コーネル大学の他の大学院課程やプログラムと比べて特別な点があった。ケーヒンがまたとない素晴らしいアイデアを実現させていたからだ。キャンパスに男子学生クラブ《フラタニティ》寮の古い建物が一軒あり、老朽化が激しかったために長いこと使用されずに打ち捨てられていた。ケーヒンは、昵懇《じっこん》だった当時の学長に交渉し、これをインドネシア関係の研究・出版促進を目的とする、コーネル・モダン・インドネシア・プロジェクトのためのオフィスとして使用する許可を得たのだ。学生たちを動員して地下室に鉄筋の柱を立てさせ、たわんでいた床を支えて建築上の安全性を確保すると、建物にも手を入れて全体を使用できるようにした。ケーヒンは一階に自分のオフィスを構えた。三階建ての残りのスペースはプログラムの古参学生たちに開放して、インドネシア研究専攻であるかどうかにかかわらず、スペースが許す限りここで博士論文のための研究や執筆ができるようにした。また、「茶色の袋」ランチ会合もこの一階で開催された。このおんぼろ建物は、その所在地の住所から「西通り一〇二番地《ワンオートゥー・ウエストアベニュー》」と呼ばれ、東南アジア研究者の間では伝説的な存在となった。信じられないことに、この建物は、一九八〇年代に取り壊され、跡地が駐車場となるまで三〇年近くにわたって存続したのである。いずれにしても、私たちは独自の溜り場を持っていたわけで、これは学生間の交流面や心理面においてとても大きなことだった。

　私がコーネル大学に到着したとき、ケーヒンは古参の学生たちの間に執筆チームを編成し、自分の編集の下で *Governments and Politics of Southeast Asia*, 1959〔『東南アジアの政府と政治』)という本をまとめつつあった。このようなテーマの本は、それまで世界のどこでも出版されたことがなかった。かくして「赤ん坊アンダーソン」は、しばしば「西通り一〇二番地」で雑談に興じたこともあって、先の本の執筆に参加していた古参学生と毎日のように会い、話を聞く機会を得ることができた。その中にはヴェトナム、ビルマ、フィリピン、インドネシアから帰国したばかりの者も含まれていた。彼らの体験談は信じられないようなものばかりで、それを熱っぽく語ってくれるのだった。建物の中心的な住民は、しかしインドネシア研究者だった。ハーバート・フィース、ジョン・スメイル、ルース・マクヴェイ、ダン・レヴ、そしてセロ・スマルジャンなどである。セロ・スマルジャンは当時すでに中年に達していた。インドネシアでの仕事はジョグジャカルタのスルタンの秘書で、思慮深く親切であり、非常に親しみの持てる人だった。建物の住民の中で飛び抜けて目立ったのがルース・マクヴェイである。その知性と広い学識——彼女はもともとソ連研究者でロシア語が堪能だった——のためだったが、女性だったからでもあった。この当時、東南アジア・プログラムのメンバーの九〇パーセントは男だった。誰もが「赤ん坊」に親切にしてくれた。

この時代の私の知的生活と関連して、もうひとつ言及しておきたいことがある。それは、今日では想像し難いことだが、この頃、東南アジアに関するイギリス語で書かれた良質の書はほとんど存在しなかったということだ(当時、私はまだオランダ語ができず、これはインドネシアに行ってから学んだ)。もちろん、既述のケーヒンの名著があり、これまでに紹介したベンダによる著作があった。そして、一九六〇年に人類学者クリフォード・ギアツが、彼の著作中の最良の書 *The Religion of Java*〔『ジャワの宗教』〕を出版し、同じ著者による短いモノグラフ的刊行物も出版されていた。この三人のうち、ケーヒンもベンダも格別ジャワに興味があったわけではなく、またジャワ語を知っていたわけでもなかった。しかし、ギアツは、「文化」に対して私の目を見開かせてくれた。それもとりわけ、私がイギリスで受けた「文化的教育」、すなわち人文学的教養重視の教育と共鳴しうるジャワ文化に、私の目を大きく開かせてくれたのである。これら以外にも、ウィリアム・スキナーのシャムならびにインドネシアの華人コミュニティの研究があった。しかし、独立後のビルマ、マレーシア、ヴェトナム、カンボジアについての一級の研究と言えるものは、いくつかの論文はあったものの本の形では存在していなかった。国家を枠組みとして政治を研究しようにも、イギリス語による先行研究の蓄積はまだあまりにも乏しかった。結果的に、私たちは、外部の人にまだ知られていない地域社会を、好奇心と観察力、お喋りを武器に学ぶ人類学者のような立場に置かれることになった。おそらくこれが、その後の人生を通じて、私が人類学関係の読書を続け、人類学によって大きな影響を受けることになった理由のひとつであろう。

一方、この間、私はジョン・エコルズとインドネシア人学生二人の指導の下でインドネシア語の授業を大いに楽しんでいた。アジアの言葉を学ぶこと、それも「私のヨーロッパ」に存在しない規則と音を持つ言葉を学ぶことは、なんと幸せなことだったろうか！　当時は理解しておらず、のちに知ることになるのは、三年間の教室での語学学習は、当該国における半年間の日常的言語漬けの生活には敵《かな》わない、ということだった。

一九六一年のこと、ケーヒンが、そろそろ博士論文調査のための計画を作成する時期だと私を説得しにかかった。どうしたものかと躊躇していると、日本による占領について、とくにインドネシアの社会と政治に対する占領の影響について調べたらどうだ、と言う。ケーヒンの企みは分かっていた。彼の『インドネシアにおけるナショナリズムと革命』の中で唯一説得力に欠ける章は、日本占領期についてのものだった。ケーヒンの博士論文執筆時、この時代についての公刊資料はまだ出ておらず、そのためにケーヒンはフィールドワークでのインタビュー、それも限られたインドネシア人とのインタビューに多くの情報を頼らざるをえなかった。

この提案を聞いて、「よし」と思った。占領はたったの三年半のことだ、扱い易いだろう！　おまけに一〇代の頃から、私は表面的ではあったが日本に興味があった。母と私は穏やかながらもこのことでよく喧嘩をした。母は猛烈な中国贔屓《びいき》で、日本に対する評価は辛かった。他方、私はといえば、一〇代の反抗児として、そして『源氏《ゲンジ》物語』に魅せられた者として、日本は中国よりもはるかに面白いと、母に主張せずにはいられなかった。

# 第三章 フィールドワークの経験から——インドネシア・シャム・フィリピン

ほとんどの研究者にとって、最初のフィールドワークの経験ほど決定的なものはないだろう。ショック、興奮、どこか違う、何かが変だ——その時に味わうこうした感覚を、二度と再び同じように感じることはない。学問的キャリアの後年になって、私はシャムとフィリピンで何年も過ごし、これらの地で学び、暮らした。二つの国それぞれに魅了されて、私はこれらの国を愛するようにもなった。しかし、インドネシアが、私にとっての真の初恋だった。タイ語もフィリピンの国民語タガログ語も、話し、そして読むことはできる。だが、インドネシア語こそが、私にとっての第二の言語であり、滑らかにそれも大いなる喜びを持って書くことのできる唯一の言葉だ。今でも時々この言葉で夢を見る。

## カルチャー・ショック

ジャカルタに到着したのは一九六一年の一二月で、六四年の四月まで滞在した。私の乗った飛行機が着陸したとき、それは闇の中で、すでに雨季が始まっていた。飛行場から街へと向かった。乗った自動車の窓は全て開《あ》いていて、この時のことは今でも鮮明に覚えている。私をまず襲ったのはにおいだった。雨に洗われたみずみずしい緑濃い木々、尿、線香、煤《すす》けた灯油ランプ、ごみ、そして何よりも表通り沿いに並んだ小さな屋台群で売っている食べ物。

大学の先輩ダン・レヴが、インドネシアでの調査を終えてコーネルに戻る前に、私のジャカルタでの寄宿先を手配してくれていた。最高裁判事だった人の未亡人の家だ。家主婦人はとても親切で、私を温かく迎え入れてくれた。当時の「高級住宅地」の通り、インドネシアの国民的英雄の一人ディポヌゴロ王子にちなんで命名された通りの突き当たりにあり、大きくて快適な家だった。子供たちは全て成人していて、そのうちの二人だけがまだ同居していた。他には料理人とメイドが一人ずつ、そして庭掃除兼走り使いの少年だ。

到着の翌日、今は亡きオン・ホクハムがブラリとやって来た。インドネシア研究者にはよく知られた人物で、当時はまだインドネシア大学歴史学部の学生だったが、ウィリアム・スキナーの調査助手をしたことがあった。大学の旧キャンパス、ラワマングンの男子学生寮にジャワ人の友人三人が住んでおり、そこに遊びに行かないかと誘いに来たのだった。自分はインドネシア語が達者だといった幻想は、寮に着くやたちどころに消し飛んだ。ジャワ人の友人たちもイギリス語はほとんど解さなかったため、なんとかお互いの努力で意思の疎通を図った。オンは、私はアメリカの大学で学んでいるがアメリカ人ではなく、アイルランド人だと彼らに説明した。これは、私の紹介として大きな助けとなるものだった。三人ともに、アイルランドは独立のために戦わざるをえなかったことを知っており、他方、当時の多くのインドネシア人ナショナリストと同じように、アメリカ人を何かと疑いの目で見ていたからだ。

　話しているうちに、簡単だが美味しい夕食を用意してくれた。しかし、チャベ・ラウィットについては意図的に教えてくれなかった。小粒の青色唐辛子のことで、食べると舌が火事になるあれである。私が勇敢にも、口に含んだ唐辛子を吐き出すまいと必死に堪《こら》えている様子を見て、友人たちは大いに感心した。そのうち、暫く止んでいた雨が豪雨となって再び降り始めた。オンが言うには、寄宿先に戻るのは無理だし、電話も近くにはない。ここに泊まっていこう、とのことだ。小さなタオルと余分なサロン(腰布)を寝巻き代わりに貸してくれ、インドネシア式の洗面所兼手洗いの使い方も教えてくれた。私は「水を得たアヒルの如く」、サロンがすっかり気に入ってしまった。今でも寝る時はサロンを愛用している。蚊の大群がいたにもかかわらず、丸太のように眠った。

　翌朝、「我が家」に戻り、インドネシア到着二日目にして早くも無断で外泊したことについて、家主婦人にひたすら謝った。しかし、彼女は謝罪などいいのにと、これを払い除けるような仕草をしただけだった。モンスーン時の雨はそんなものだし、雨が降り始めたらどこで足留め状態になるか分からない、それに何と言っても若い男の子のことだし。これが、私にとっての最初の「カルチャー・ショック」だった。自分のヨーロッパ的基準に照らして無作法をしたと思ったのだが、彼女はまったくそのようには感じていなかったのだ。のちに、私は、未婚の男女の社会的扱いには大きな違いがあることを知るにいたった。若い男は、自分のしたいことをいつでも自由にすることができる。しかし、若い女性は、見守られ、庇護され、できるだけ家から出ないように注意されてもいる、ということを。

二番目のショックはこれとは違ったもので、とても愉快なものだった。寄宿先の家の前に雑草と土に覆われた三角形の空き地があった。午後になると、八歳から一二歳ぐらいの路地裏《カンポン》に住む男の子の一団が、よくそこにサッカーをしに来た。まずコインを投げて裏表を当てる。そして、負けた方はおもむろに半ズボンを脱ぎ始める。下には何も着けていなかった。勝った方はズボンを穿《は》いたままだ。裸になるか、服を着たままでいるかが、敵味方を区別するやり方だった。もちろん、ゴールポストやネットなどはない。しかし、四人の小さな弟妹たちを連れて来ていた。それも、這い這いの年齢の子供たちで、走ることなどはできない。この子たちが常時移動式のゴールポストだった！　この経験は、インドネシアのごく普通の子供たちの生活について二つのことを教えてくれた。ひとつは、思春期になるまでは男の子が公衆の面前で素裸であっても問題にならないことで、これはアイルランドやアメリカでは想像もできないことだった。二番目は兄弟姉妹《きょうだい》間の親密な関係だった。幼い時から子供たちは弟や妹の面倒を見るように教えられており、逆に年少者は兄や姉の言うことをよく聞くように教えられていた。家主婦人は、この習慣をこんなふうに説明してくれた。年上なら、弟や妹に折れて、欲しがるものをあげてやり、可愛がり、守ってあげなければいけない。年下は、姉や兄の言うことを聞かなければいけない。論理的には矛盾するように思うのだが、この教えは実際効き目があった。私のインドネシア滞在中、滅多に兄弟《きょうだい》姉妹喧嘩を見ることはなかった。これは自分自身の経験とは大いに違っていた。弟と私はパブリックスクールに寄宿するまで、家でしょっちゅう喧嘩をしており、母はとても困惑し、どうして仲が悪いのかと落胆もしていた。

三つ目のショックは一風変わったもので、狂気との出会いだった。ある日、人出で賑わっていた市場を歩いていた時のことだ。男の子たちの群に取り囲まれた奇妙な人の姿に気づいた。子供たちはクスクスと笑い、時に叫び声を上げている。囲まれていたのは素っ裸の若い女性で、身体は垢だらけ、もつれた髪の毛は腰の長さまで伸び放題だ。市場にいた人は、ほとんどが彼女に関心を払う様子はなく、気が向いた人がちょっとした食べ物を与えていた。市場で商いをしていた女性に、彼女は何者なのかと尋ねた。「可哀相に！　男に裏切られて気がふれてしまったのよ。親たちは服を着せようとするのだけど、いつもビリビリに引き裂いて脱ぎ捨ててしまうものだから」とのことだった。のちになってから、気のふれた男たちを見かけたこともあった。同じように裸で垢だらけの姿だ。こうした男たちについても、人々の説明は同じだった。私は彼我の状況を比べるようになった。こうした気の毒な人は何の害をなすわけでもない。インドネシアでの扱いは、欧米におけるものより彼らにとってよほどよいのではないか。この当時、欧米では、こうした人たちは何年にもわたり孤立した施設に隔離されるのを常としていた。インドネシアでは、こうした人たちはどこにでも自由に行くことができ、からかうのは悪戯っ子たちだけで、慈善といった構えた姿勢ではなく、ごく自然に食べ物を与える人々がいた。

## 言葉の苦労

当面の問題はもちろん言葉だった。コーネルで学んだ礼儀正しいインドネシア語は教科書言葉で、ややかしこまった場面でしか使われないということはすぐに分かった。新しい友人たちは私が口を開くたびに笑い、子供たちは私が何を言っているのかほとんど理解してくれなかった。三カ月ほど経ったがまったく進歩がなく、本当に落ち込んだ。のちになって、それは自転車の練習と同じようなものだと分かった。練習し始めの頃は倒れてばかりいる。ところが、ある日、突如として魔法が利いたかのような日がやって来て、自転車に乗るコツが飲み込め、手を離して乗ることさえできるようになる。四カ月目のこと、突然、自由に、そして淀みなくインドネシア語を話している自分に気づいた。とにかく嬉しくて、泣きたいような気分だった。いよいよインドネシア語でインタビューし、人から話を聞くことができる。私は簡単には赤面しない方だ。しかし、あるとき、インタビューをしていた相手の老婦人が、「あら、インドネシア語の〝ところが《パダハル》〟の使い方が上手なこと。それはね、インドネシア語でものを考えているということよ」と言ってくれた。嬉しさで顔が紅潮するのが自分でも分かった。ただし、言葉の苦労はこれで終わったわけではなかった。

彼女の同世代の教育を受けた人たちがそうであったように、家主婦人は自分の子供たちや友人たちとはオランダ語で話をしていた。私に知られたくないことを話す時も、私の両親がフランス語で話したと同じように、オランダ語で話をした。この頃のコーネル大学では、オランダ語の授業は常時は開講されておらず、私はこの言葉を勉強していなかった。そこで、ジャカルタでオランダ語を独習することにした。会話ではなく、読むことをだ。オランダ語の多少複雑な形とも言えるドイツ語を知っていたおかげで、これはさほど難しくはなかった。どのように勉強したかというと、後年スペイン語を独習した際に再度用いた方法を、この時に使ったのである。

大部で難解ながら興味深い本を手に取り、大きな辞書を片手に、つかえながらも一語一語、一行一行、読み進めるのだ。そのために選んだ本——結果的に他のどれよりもインドネシアについて私に深い影響を与えることになった本——は、一九三〇年代に出版されたピジョーの記念碑的・百科事典的な著作、*Javaanse Volksvertoningen*〔『ジャワの大衆芸能』〕だった。ピジョーはどう見ても好感の持てる人間ではなかった。クレア・ホルトの愛人ストゥッテルヘイムの名声に嫉妬し、「反道徳的行為」との名目で、クレアがインドネシアから追放されるようにと植民地政庁に働きかけたりしたことがあった。しかしピジョーは、偉大な学者だった。右のタイトルは本の内容を正当に表現してはいない。それというのも、ジャワ人の近隣の諸民族、すなわちスンダ人、マドゥラ人、バリ人についても比較の資料を大量に取り扱っているからだ。おまけに、この本は、民話、伝承、仮面と仮面舞踊、精霊憑依、人形劇、旅興行一座、道化師等に関する知見の驚くべき編纂物なのだ。それは、王宮の外に存在した伝統的ジャワ文化の奥深さと複雑さを教えてくれるもので、その存在は私には予想外のことだった。さらに良いことには、ピジョーは、地域ごとに見られる特殊性、専門性、相違についてまで詳しく記していた。コーネル大学で学んだことのどれひとつとして、この本に書かれているような世界が存在することを、前もって私に教えてくれたものはなかった。

## ジャワに恋して

私は二度目の恋に落ちた。今度はインドネシアではなく、「ジャワ」にだ。ジャワにどうして引用符を付けるかというと、「私の」ジャワはジャワ全体ではないからだ。九〇パーセントのジャワ人は正式にはムスリム、つまりイスラーム教徒だ。「正式に」とは、ムスリムの儀式に則り割礼(とくに男児は)を受け、結婚し、埋葬されるという意味だ。しかし、とりわけジャワ島の内陸部と南海岸地帯には、シャーマニズム、アニミズム、ミスティシズムの息の長い影響が強く見られ、それとともに壮大なヒンドゥー＝仏教時代の歴史的残滓《ざんし》がまだ色濃く残っていた。ジャワの人々は、しばしば互いに反目し合う「白」(敬虔なムスリムで宗教実践を行なう人々)と「赤」(名目的なムスリムで基本的にジャワの伝統に基づき生活している人々)のジャワ人のことをよく口にする。私はたくさんの敬虔なムスリムのジャワ人と知り合いになり、古いモスクをよく一緒に訪れたりするようになった。しかし、「私の」ジャワは明らかに「赤」だった。後年、多くの研究者が、的確にも私のこの偏向《バイアス》を批判することになる。

博士論文のテーマとはまったく関係がなかったが、西洋で教育を受けた最初の偉大なジャワ人のジャワ学者、プルボチョロコ教授から雅言《がげん》ジャワ語について手ほどきを受けることにした。ジャワ語には言葉の雅《みやび》さの違いから雅言と俗言《ぞくげん》があり、雅言の方が敬語の体系などにおいて俗言よりもはるかに複雑な言葉だ。最初にプルボチョロコ教授の質素な家を訪れたとき、書斎の白い漆喰塗りの壁のひとつが、まるでたった今、恐ろしい殺人が犯されたかのようにいくつもの真っ赤な滲みで染まっているのに気づいた。数分後に謎は氷解した。親切に話してくれている口元を見ると、いくつか残っている歯が真っ赤に染まっている。そう思う間もなく、教授は赤い唾を、一条の太い筋のようにして壁に向かって吐き出したのである。東南アジアに古くからある嗜好品シリ（アレカの実、石灰などをシリと呼ばれるコショウ科の木の葉で包んだもの）を嚙んでいたのだ。

間もなくして、プルボチョロコ先生の弟のパ・コドゥラットから、ジャワのガムラン音楽の個人レッスンを受けることにした。同世代の中で、最高の音楽家二人のうちに数えられるほどの優れた演奏家だった。それとは意図せずに、パ・コドゥラットは、本ではなく実生活の場面を通して、ジャワ文化とジャワ語が持つ複雑さを私に教えてくれることになった。私は彼とはインドネシア語で話し、呼称としては年長者に対するインドネシア語の尊称「パ」を使っていた。他方、暫くのあいだ、パ・コドゥラットは私を何と呼んだらよいのか明らかに決めかねていた。それというのも、ジャワ語で考えていたからで、ジャワ語では大人を個人の名前で呼ぶことはしない。パ・コドゥラットは、私の祖父と言ってもよい年齢で、私のことを「アナ」ないし「ナ」（両方とも子供を意味する）と呼ぶことが可能であり、本来そうすべきだった。私は彼のことをとても敬愛していたので、もしそう呼んでくれたなら限りなく嬉しかったことだろう。しかし、私は彼の目から見れば肌が「白く」、「教育程度の高い」人間だった。おまけにレッスン料さえ払っていた。私がいかに彼のことを慕っているかが分かり、また彼も私のことを気に入ってくれるようになったところで、パ・コドゥラットに解決策が浮かんだ。私のことを

「プトゥロ」と呼ぶようになったのだ。この語は文字通りには「息子」を意味するが、それは雅言ジャワ語、つまり封建的なジャワ語において階級の低い年長者が貴族の子供に対して使う呼称だった。私はこの言葉がひどく嫌だった。しかし、老師は頑としてこれを変えようとはしなかった。

右のような活動以外に、ジャワ島のあちこちを繰り返し訪れ、ジャワ音楽、舞踊、影絵芝居、仮面舞踊、精霊憑依等の上演を見るために数え切れないほどの時間を過ごした。私は一九七二年にインドネシアを訪れた時に国外退去となり、その後二七年間にわたり追放されたわけだが、この間、ジャワの音楽を聞くのは耐え難かった。懐かしさが募り、それはあまりにも辛かった。

言葉や音楽を学び、頻繁に旅行に出かけ、なおかつ調査をすることができたのは、運——私にとっての運のことだが——が好かったからだ。インドネシアに行くに際して私が得たのは少額の研究助成金だけだった。一年間だけなんとかなる額で、本格的な研究をするには馬鹿げたほど短い期間だ。ましてやジャワ語を勉強し、これを身に付けることなど考えられないほどの短さだった。ところが一九六二年に、インドネシアはインフレの波に襲われ、それも毎月その率は高くなるばかりだった。ドルは当時まだ安定していて立派な通貨だった。他の外国人がそうしたように、ドルを闇で交換することによって、私は一年間の助成金を二年半持たせることができたのである。この長期に及ぶフィールドワークへの没入が、何かと私を支え博士論文調査の進捗状況を気に掛けていたケーヒンの心配を軽減し、他方で当時の政治状況の進展に関する情報を集め、さらには私のジャワ「熱《マニア》」を満足させることを可能にしてくれたものだった。もっと後になってからのことだが、この「複線的な《ダブル・トラック》」フィールドワークは、結果的にとても価値のあるものだと分かった。インドネシアについての私の仕事の大部分が、政治と文化の関係に向けられるようになったからだ。私の世代ではこれは非常に新しいことだった。コーネルの仲間や近しい友人たちは、主として民主主義、法律、共産主義、憲法、経済変容などといったことに関心があった。人類学者はといえば、ほとんどが地方の文化、なかんずく人類学的意味でのそれ(社会規範、伝統等)に興味を持ち、政治にはあまり関心がなかった。インドネシアでの「複線的な」時間の過ごし方は、書籍や文書を通してだけでなく、私を人々と直接的、個人的、感情的に結び付けることになった。それだけではなく、『想像の共同体』に見られる「文化主義的」傾向の基礎を築くことにもなった。

博士論文調査そのものとの関係では、国立博物館通いとインタビューにもっぱら時間とエネルギーを費やした。博物館には、一九四〇年代に出版された虫食いだらけの膨大な新聞と雑誌類が保管されていた。ここで二つの発見をした。ひとつは、写真を多く載せた『ジャワ・バル』、新ジャワという雑誌だ。日本占領期に軍政監部の宣伝部によって出されたプロパガンダ誌である。その性格を持ってすれば当然のことだが、雑誌は馬鹿馬鹿しい嘘で一杯だった。とはいえ、何と美しい雑誌だったことか。おそらく、それまでインドネシアで出版された雑誌の中で最も美しい雑誌だったに違いない〔この雑誌は倉沢愛子編で一九九〇年代初めに龍溪書舎から復刻出版されている〕。半ズボン姿の上半身裸身で木製ライフルないし竹槍を持つジャワ人少年の隊列、火山を背景に田植えをするインドネシアの農村女性、日本語を勉強している子供たち、飛行機とその操縦席の中のパイロット、礼拝をするムスリム群衆などなど。このような状景は、オランダ時代には見られなかったか、見られたとしても写真に撮られることはなかった。奇妙なのは日本人そのものの表現のされ方だった。片方では、飛行機の操縦席から微笑む若くてハンサムな飛行士のロマンティックな写真があり、富士山や桜の写真があった。その一方では、東条英機のような魅力のない日本の将軍たちが、眼鏡を掛け、妙な口髭を生やし、締まりのない帽子にだぶだぶの軍服姿で写っているという、おぞましい写真があった。

にもかかわらず、オランダ植民地時代の写真と異なり、この雑誌に見る写真には真に芸術的な趣があった。インドネシアとインドネシア人の美しさが写し出されていたのだ。雑誌『ナショナル・ジオグラフィック』に見る冒険家的、旅行家的写真の美しさではない。それは版画や黒澤明を思い起こさせるものだった。そして、日常的に見られた日本軍による残虐な行為にもかかわらず、インドネシア人と日本人の間には互いに惹かれ合う何か純粋な要素があったのではないかと、私に気づかせてもくれた。日本軍政期についてインドネシアでよく聞いたのは、日本人はインドネシア人に対してこの上なく尊大であること、そして礼儀正しいことの両方において、オランダ人のはるか「上」をいっていたということだった。この二面性は多くのインドネシア人を困惑させたが、他方でインドネシア人の間にも、独立のための手段として日本を受け入れ、利用したのだという、通常よく言われる功利的な側面とは別に、日本人への強い親近感も存在していたのではないかと感じさせられた。雑誌に日本語とインドネシア語の両方で書かれていた文章も、じっくりと考えるべき内容を多く含んでいた。それは、日本の帝国主義的シニシズムと誠実な汎アジア主義的連帯とが、何とも奇妙な形で混ぜ合わさったものだった。「日本語を読めたなら！」と、どれだけ思ったことか。

## インタビューの楽しさ

フィールドワークで最も楽しかったのは、もちろんインタビューである。この当時、ジャカルタは旧植民地首都の前史を持つ小さな町で、しばしば民族別に構成された居住区から成っていた。醜い超高層ビルはまだなく、国が貧しかったため、実のところ新しいビルなどほとんど建設されていなかった。自動車もバスもあまりなく、高架道路も有料道路もなかった。輪タク《ベチャ》がまだ使われており、それも地位の高い人を含めて誰もが(少なくとも近距離の用事には)これを利用し、交通量の多い通りでも営業が認められていた。あの忌むべきジャカルタ知事アリ・サディキンが、輪タクを多くの道路から締め出し、自動車を所有する官僚や中産階級の便を図ったのは、スハルト時代初期になってからのことである。私は小さなヴェスパのスクーターを購入し、すぐにジャカルタのほとんどの地域を走り回り、その隅々までよく知るようになった。ジャカルタは今や「自分の町」だと感じた。

ジャカルタはまた「民主的な」町でもあった。外国人(白人)の数はきわめて少なかった。戦前期、ナショナリズム運動の基本的なメッセージのひとつは市民の平等で、それはインドネシア語を独立後の国民語とすると決めたことによく象徴されていた。インドネシア語は、異なる民族間の交易のために使用されていた、共通語《リンガフランカ》のマレー語を基に形成された。この選択の大きな利点は、この言葉が本質的に平等主義的であった(例えば雅言、俗言の区別がない)ことと、いかなる民族言語集団の占有物でもなかったことだ。平等主義への希求は、一九四五―四九年の革命(独立戦争)の過程でさらに強化された。革命は社会の平準化装置として働き、封建的諸伝統への攻撃を促進した。私がジャカルタでインタビューをしていた当時、革命時代に流行った「兄弟《ブン》」という言葉は、同輩の男たちの間でまだ呼称として使われていた。金持ちのインドネシア人は少なく、メンテン地区の高級住宅に住んでいたのは、一九五七年にオランダ人が最終的に追放されたあと、こうした家屋をそのまま接収してそこに住むようになった高級官僚たちだった。この平等主義のひとつの表れは、私が寄宿していた場所近くの通りにも見られた。暗くなると、突如として歩道がチェスを指す人々で一杯になる。この人たち(当然いつも男だった)は、社会のあらゆる階層の出身者だった。実業家が事務員とチェスを指し、高級官僚が輪タク引きと指す、といった具合だ。チェスには私もしばしば加わった。ゲームそのもののためというよりは、チェスを指す合間に相手とインフォーマルなインタビューをする機会があったからだ。スハルト体制下ではこのような平等主義は消えてしまった。しかし、存続していたあいだ、それは素晴らしいもので、私の人生経験にはないものだった。

　私は一〇代を連合王国《イギリス》の階級的・階層的社会で過ごした。どの階級の出身者かは、話し言葉のアクセントを聞けば直ちに知ることができた。上流気取りが社会に溢れており、貴族、中産階級の上層と下層、そして労働者階級の文化は明確に分かれていた。アイルランドは、そこまでひどくはなかったが、しかし階級構造は文化と日常生活に大きな影響を及ぼしていた。それゆえに、私にとって、インドネシアは社会的に言って、ある種の天国だった。自分の出身階級などを意識せずに誰とでも気楽に話すことができ、そして誰もが——内閣の閣僚、バスの運転手、軍の将校、メイド、実業家、ウェイトレス、学校の先生、女装の男娼、ちっぽけなギャング、政治家を問わず、誰もが喜んで私と話をしてくれた。じきに分かったのは、最も率直で面白いインタビューは、徐々に生まれつつあったエリートとではなく、市井の人々とのものだということだった。

この当時、インタビューにはもうひとつ意外な楽しさがあった。私が滞在していたインドネシアでは、一九六三年五月まで戒厳令が敷かれており、選挙は実施されず、新聞も一部検閲下にあった。だが、政治犯の数は一握りであり、その生活も惨めなものではなかった。しかし、政治的に国は分裂していて、雰囲気は時に非常に緊迫したものになった。にもかかわらず、私は政治的色合いを越えて、いろいろな人――共産主義者、社会主義者、左と右のナショナリスト、異なる種類のムスリム(中には武装反乱罪の服役から戻ったばかりの人もいた)、華人、警察官と兵士、地方王族、年配の官僚――から話を聞くことができた。インタビューで会う人には、自分は日本軍政末期と革命初期の研究をしていると伝えたが、この二つの時代はほとんどの人にとって、まだ記憶に鮮明な時代だった。

インタビューの過程で多くの奇妙な経験をしたが、ある二人の兄弟とのインタビューほど変わったものはなかった。兄の方は共産党政治局のメンバーで、弟は軍の情報部部長だった(このようなことは「西洋」ではおよそ想像し難い)。兄のサキルマン工学修士《インシニョール》は、背が低く小太りで小柄な男だったが、革命時代の中ジャワで民衆に人気のあった左翼の武装民兵団を率いていたことがあった。当初、彼は私のことを疑わしげな目で見ていた。しかし、私が純粋に彼の若き日の政治活動に関心があると分かるや胸襟を開いてくれ、いろいろなことを話してくれた。弟のパルマン将軍は、見た目は兄と似ていたが、他の点ではまったく違っていた。アポイントメントを取るために彼の家を訪ねたとき、驚いたことに彼は車庫におり、それも高価で大きな電気機関車と線路の模型を広げ、まるで一〇歳児のように嬉々として遊んでいる最中だった。彼が言うには、夜に自動車で迎えに行くから、とのことだった。車内が見えないようにガラス窓に色付きの薄い幕《フィルム》を貼った古いフォルクスワーゲンでやって来ると、タナ・アバン地区の家に連れて行かれた。後で分かったのだが、これは情報機関の隠れ家だった。外からは荒れ果てた倉庫のように見える。話し始めてすぐに、私のことをＣＩＡの人間だと勘違いしているのが分かった。それというのも、自分は共産党の中に優秀なスパイをたくさん抱えていて、党の決定はどんなものでも決定時から数時間のうちに知ることができる、と自慢したからだった。自分は学生であってスパイではないことを理解してもらうまでには、やや時間が掛かった。ひとたびこれを理解してくれると、インドネシア人兵士から成る兵補における彼の軍事経験について整然と分かり易く話してくれた。兵補は、日本占領軍の補助軍事組織として作られたもので、時には太平洋での戦いに駆り出されたこともあったが、より頻繁にはインドネシア内の防衛施設建設のために労働力として動員された。パルマン将軍は兵補の経験をかなり楽しんだようだった。のちになってからのことだが、私にとって最も教わることの多かったインタビューのいくつかは、インドネシアの軍人で戦争中に日本軍により防衛義勇軍、(連合軍上陸に備えた)ゲリラ、諜報員などとして訓練された人たちとのものだった。彼らの全てが、訓練時の日本人教官に対して大きな尊敬の念を抱いていた。しかし、他方で、明白なナショナリスト的理由もあって、占領そのものについては徹底的に否定的だった。何年も後のこと、ある将軍の滑稽な回顧録で読んだのだが、日本軍の軍事教練で唯一嫌だったのは、山の渓流を利用した共同便所だったという。日本人は上流で用を足すと言い張り、そのために将軍の言うところの臭い「ソーセージ《ソシス》」が、川下で用を足しているインドネシア人のところに流れ下りて来たからだ。

最初から私を悩ませたことが、ひとつあった。それは人種だった。自分自身のことを「白い」と思ったことなどなかったが、近年になって植民地支配から解放されたばかりの社会では、私はしばしば「ご主人《トゥアン》」と呼ばれた。これは、オランダ植民地主義者たちが白人への呼称として強要したものだった。人によっては、何ら重要でもない一介の学生に対して、単に肌の色ゆえにこちらが恥ずかしくなるほど恭《うやうや》しく接しようとさえした。やがて、このことが切っ掛けとなって、インドネシア語に対して、私は小さいながらも永続的な貢献をすることになった。自分の肌の色を見ているうちに、実際には白ではなくピンク掛かった灰色、アルビノ動物(白化変種の水牛や牛など)の皮の色に近いことに気づいた。インドネシア人はアルビノのことを、意味中立的な言葉で「ブレ」と呼ぶ。そこで、若い友人たちに、私や私のような人間はブレと呼ぶべきであって、「白《プティ》」と呼ぶべきではないと伝えた。みんなこのアイデアが大いに気に入り、周りの学生たちにも触れて回った。徐々に、この言葉は新聞や雑誌にも広がり、やがて日常用語の一部になったのである。

それから一〇年以上も後のこと、ニヤリとさせられたことがあった。オーストラリアの同僚が、悪気のないやや愚痴っぽい内容の手紙をくれた。いかにインドネシア人が人種偏見的かということと、自分はブレと呼ばれるのが大嫌いだと言うのだ。そこで、自分の肌の色を洗面所の鏡で見るように伝え、むしろ白人の「ご主人《トゥアン》」と呼ばれたいのかと尋ねた。同時に、ブレという表現を作ったのは自分で、それは一九六二年か六三年のことだとも伝えた。そんなことは信じられないとの後続の手紙だった。そこで、「インドネシア史の専門家なのだから、一九六三年以前の出版物に、ブレを〝白い〟人の意味で使った用例があるかチェックしたらどうだ。そんな用例はないことに一〇〇ドル賭けるから」と返答した。賭けに乗ってはこなかった。[1]

## ジャカルタの外へ

ジャカルタの外に出かけてインタビューをするのは、ジャカルタでのそれよりもさらに楽しかった。バリに数回行き、北スマトラにも一度だけ、二週間ほどだが行ったことがある。だが、ほとんどのインタビューはジャワの中だった。バリを除いてのことだが、当時ジャワ島の外へ旅行するのは非常に困難だった。船の数は限られており、それも危険なほど老朽化していて、おまけに許容量を越えて人や荷物を詰め込み運行していた。一九五八年の春にスマトラやスラウェシで起こった地方反乱は、まだ完全には鎮圧されていなかった。航空会社は国営の一社だけで、座席の多くが軍関係者や多忙な官僚に押さえられてしまうため、席を確保するのが難しかった。ジャワにおいてさえ、急進的なムスリムを中心とするダルル・イスラーム反乱派が、一〇年以上を経てもなお、西ジャワの高地地帯でまだ勢力を維持していた。西ジャワのバンドンに行くこと、とくに夜に行くことがいかに危険かをしょっちゅう言い聞かされた――「ダルル・イスラームにきっと殺されてしまうぞ」。しかし、実際にはまったく危険なことはなく、私は何度もバンドンへ出かけた。ダルル・イスラームと軍の間の無言の協定により、日中は軍が主要道路を支配し、夜はダルル・イスラームがこれを支配していたからだ。

ジャワの旅行には我慢強さと創意工夫が必要とされた。鉄道以外にあらゆる種類の交通手段が用いられていた。バス、トラック、一頭立ての馬車、馬、牛車、カヌー。ただし、山の上の方では馬しかなかった。馬狂いのアイルランドで育ったこともあり、私はもちろん馬に乗るのは楽しかった。しかし、最も気に入った交通手段はトラックだった。コーネルにいた間に、私はワシントン、フィラデルフィア、ニューヨーク、ボストンなどへの長距離旅行のために、よくヒッチハイクをするようになっていた。強姦魔や連続殺人鬼の恐怖は当時まだ存在していなかった。金も自動車もない若者は、ヒッチハイクで簡単に自動車に乗せてもらえ、それも自動車に乗せてくれた人に殺されるかもしれないなどと考える必要はなかった。遠い昔のこの当時のジャワでも、ヒッチハイク(「ンゴンプレン」と言った)はごく当たり前のことだった。それに、トラック運転手も、若いブレが道路脇で親指を突き上げてヒッチハイクをしている様を面白がっていたのだと思う。もし運転手一人だけなら、運転席の横に座り、幽霊、悪霊、サッカー、政治、悪徳警官、女性、呪《まじな》い師、闇の富籤《とみくじ》、占星術といったことについて何時間でもお喋りを楽しむことができた。もしそうでなければ、トラックのうしろにある幌なしの荷台によじ登り、風を正面から顔に受けながら荷台の前方に立って楽しむことができた。これは、とくに、夕陽が沈んだ後は爽快だった。

ある夜のこと、親切な運転手が私と何人かの友人をトラックに乗せてくれ、ボロブドゥール遺跡から三キロほどのところまで連れて行ってくれたことがあった。遺跡までの残りの道は満月の光に照らされながら歩き、その夜は「悟りを開きし者」の像が並ぶ場所のすぐ上段、鐘型状の大塔のある一番高いテラスで、みんなして夜明けまで眠った。番人もいなければホテルもなく、喧《やかま》しい音楽も、物売りも入場券もなかった。一〇〇〇年前にそうであっただろうように、こよなく静謐《せいひつ》だった。別の機会には、厩肥《きゅうひ》なのか、汚臭の酷《ひど》いものを運んでいるトラックに乗せてもらったことがあった。運転手がゴザを何枚か出してくれ、その上に座ったり寝たりしたので服が汚れることはなかった。途中、何度も検問所で止められたが、臭いを嗅ぎ、若いブレが汚物の上でうつらうつらしているのを見ると、警官は何も言わずにトラックを通してくれた。東ジャワのマランの外れで降りる時になって、運転手は可笑しそうにしながら、私たちの助けに感謝する、と口にした。三〇センチほどの厩肥の下に、とてつもない量の未乾燥のゴムを延ばしたシート（バスタオルほどの大きさでこれも酷い臭いがした）を重ねたものが秘かに隠されていたのだ。当時、ゴムの輸送と輸出は厳重に管理されていた。かくして、私は、密輸について最初の実地レッスンを受けたのだった。

ここで、当時の私のインタビューについて、具体的なことを若干だが述べておくことにしよう。まず言葉だ。当時インドネシア語は、誰でもが少しは話せる一般的な言葉となっており、私はほとんど全てのインタビューをこの言葉で行なった。オランダ語で教育を受けた人は、インタビューの途中に自分の地位の高さを示そうとオランダ語に切り替えたり、オランダ語の単語を差し挟むことがあった。こうした場合、オランダ語をまったく知らない振りをするのか、実際以上にオランダ語が分かる振りをするのか、どちらにするかを決めるのはなかなか厄介な問題だった。ジャワ人とインタビューをする時にはジャワ語やジャワ語の表現を所々で口にすると、これはしばしば座を大いに助けた。オランダ語やジャワ語を使う最善の方法は、ジョークに使うことだった。多くのインドネシア人はユーモアのセンスが豊かで、インドネシア語にオランダ語やジャワ語の単語を混ぜたジョークは、どんな場面でもよそよそしい雰囲気を溶かしてくれた。

当初、女の人は男よりもインタビューをするのが難しいだろうと思っていた。しかし、それは、女性の社会的な重要性と女性が重要な理由を知るまでのことだった。東南アジアのほとんどの地域と同じように、ジャワにおける出自は双方(双系)的である。したがって、母方の親族は父方の親族と同様に重要であり、また新郎は通常、新婦の両親と一緒に住むため、新婦の家族は義理の息子を「買う」ことになる。(調査当時、離婚は非常に簡単でもあった。)子供はほとんど常に自分の名前——しばしばひとつだけだが——を持っており、一部の貴族たちを除いて、子供の名前は親の名前とは何の関係もなかった。大人のことを「……の父」「……の母」というように、子供を軸とするテクノニミーという呼称法が一部の地域では一般的だった。例えば子供が生まれてサミンと名づけられると、親は社会的には自分たちの名前で呼ばれることはなくなり、サミンの父、サミンの母と呼ばれるようになる。女たちは一般に自分の収入があり、それを自由に使うことができた。こうしたわけで、女性にインタビューをすることは難しくなく、それも彼女たちは(政略)結婚や家系図のことになると、またとない情報源でもあった。

当時ラップトップのコンピューターはなく、電動タイプライターさえなかった。フィールドワークにテープレコーダーを持って行ったとしても、それを使うことは率直さや寛《くつろ》いだ場の雰囲気を壊すことに繋がりかねない。私自身はテープレコーダーを使うことはまったくなかった。したがって、二つのことをしなければならなかった。インタビューの内容を全て記憶することと、終わった後は「自分の家」にすぐさま戻り、手動タイプライターないし手書きでそれを記録することだ。記憶と記録のために工夫したことは、尋ねることをトピックごとに事前に考え、聞いたことの簡単なメモをインタビュー中にさりげなく手帳に書き留めることだった。例えばオランダ人の習慣、善良な日本人、金銭、武器、ラジオ、汚職等々である。耳と記憶の訓練に、これほど優れたもののやり方はなかった。

## 前田精元海軍少将とのインタビュー

振り返って考えると、私にとって最も重要なインタビューは、一九六二年四月の前田精《ただし》元海軍少将との二度にわたる長い会話だった。それはやたらと蚊が多い、植民地期の古風な建築物、オテル・デザンドゥ（ホテル・デス・インデス）においてだった。戦前に前田は武官としてイギリスに駐在したことがあり、イギリス語はよく話すことができた。また、戦争中にジャカルタの海軍武官府の責任者として勤務した折に、何がしかのインドネシア語を学んでもいた。そこで、私たちは、二つの言葉を混ぜながら話をした。当時、前田は、日本が関わっていたインドネシアの石油開発に関係した仕事でジャカルタに滞在していたのではないかと思う。

前田は、私が実際に話したことのあるほとんど初めての日本人で、これ以上に幸運なことはなかっただろう。私が持っていた源氏＝黒澤ファンタジーを全て満たしてくれるような人物だった。乾季の最も暑い盛りで、褌《ふんどし》姿だった。にもかかわらず、信じられないくらいに威厳があり、真の紳士であり、謙虚かつ率直で、そして魅力的だった（若い白人《ブレ》のことを彼がどう思ったかは神のみぞ知る、である）。ケーヒンの記述では、前田はどちらかというと邪《よこしま》な陰謀家だとされていた（ケーヒンは前田と話す機会を得ておらず、この評価は、ケーヒンが共感を抱いていた反日的なインドネシア社会党関係者からのインタビューに基づいていた）。前田は、戦争は愚かな大惨事だったと、きわめて率直だった（これは、戦争は陸軍の愚行だとの海軍の見方でもあった）。そして、ジャカルタ海軍武官府の責任者としての自分の役目は、アジアを征服して日本帝国に組み入れるのではなく、当初の計画に沿ってその解放を促進すること、なかんずくインドネシアの独立を手助けすることだと考えていたと、これまた率直に語った。

二度のインタビューで最も良かったのは、非常に困難な状況の中で、彼が何をしようとし、何をするのを失敗し、何を成し遂げることができたかを詳細に語ってくれたことだった。一九四五年八月一七日にインドネシアが独立を宣言するにいたるまでの複雑な過程において、自分自身が果たした役割については非常に謙虚だった。彼が誇りとしたのは、インドネシア人が自らの決断を下すことができるように、独立宣言に反対する陸軍の介入を排すべく行動したことだった。独立宣言文は、陸軍が介入し難《にく》いように前田の海軍武官公邸で検討、作成されたが、インドネシア人ナショナリストたちが宣言文の最終案を練り、決定する場面では、意図的に座を外したという。後日、前田や海軍武官府と仕事をしたことのあるインドネシア人をインタビューしたとき――その中には一九六五年にスハルト体制によって殺された心の優しい共産主義者ウィカナも含まれていた――、私は、彼らが占領期を嫌悪する一方で、前田には大いなる尊敬の念を抱いているのを学んだのだった。

前田と話したことは、三つの異なる理由で私にとって重要だった。第一に、彼との話から、私は日本のことを、それまでよりももっと複雑な形で考えさせられることになった。私の師ジョージ・ケーヒンは、不運な日系二世を助けるために最善を尽くした。しかし、彼は日本と戦うように訓練された人であり、『源氏《ゲンジ》物語』を読んだこともなければ、小津の映画を観たこともなかった。一方、(イギリス、アメリカにとっての)第二次「世界大戦」時、私はまだ子供だった。この世代的・文化的な違いは、私の最初の本格的な学術論文"Japan, the Light of Asia," 1965(「日本、アジアの光」)に表れることになった。それは、占領期の残虐性と搾取を描くとともに、日本の役割を抜きにしてインドネシアの革命はなぜ理解不可能かを示すものだった。二番目に、前田との会話を通して、私は社会的力《ソーシャル・フォーシズ》に加えて、初めて「個人」について考えさせられることになった。そして最後に最も重要なことだが、前田との出会いによって、私は博士論文のトピックを再考えさせられ、徐々にこれを変えることになったのである。

博士論文の当初の計画では、日本占領期を、末期オランダ植民地主義・日本占領・革命・議会制民主主義・指導される民主主義という、インドネシア現代史における一連の時代区分の中の自己完結的な短いエポックとして扱っていた。この時代区分的な理解に自ら反抗するようになり、定型的な歴史認識をいかに打ち破るかを考え始めた。日本占領期と革命期との関係を考えなければならなかった。これが、完成させた博士論文において、私が両期に跨《またが》る期間を取り上げ、意図的に一九四四―四六年に焦点を当てた理由だった。学問的な関心がもっぱら指導層のエリートに当てられている限りにおいては、革命と日本占領を正反対のものと考えるのはそれなりに理解できる。しかしエリートより下のレベルではどうなのか？――私の「青年革命《プムダ・レボリューション》」という概念が生まれたのは、この問いからだった。その骨子において、正しいにしろ間違っているにしろ言わんとしたのは、革命の背後にあった潮流《タイダル・フォース》の力は、ナショナリストの政治エリートでも社会階級でもなく、日本の帝国主義的支配下における複雑な経験によって形成された、ある特定の世代だということだった。私の博士論文は、ケーヒン著『インドネシアにおけるナショナリズムと革命』で展開された論点のいくつかに反論を唱えるものだった。そのような論文を用意した学生を強く支えただけでなく、それが速やかに出版されるように惜しみなく支援してくれたことは、ケーヒンの学生たちへの愛情とともに、彼の謙虚さ、知的寛大さを何よりもよく示していた。このような師を得たことは、何と幸運だったことか。そして、前田精海軍少将と長時間話すことができたことも、何たる幸運だったことか。

## 民主化期のシャムへ

すでに何回か言及したが、私は一九七二年四月にインドネシアを訪れ、そのまま国外退去の身となった。その原因の一部は、一九六六年一月の第一週に、コーネルの研究者何人かから成る小グループが、"Preliminary Analysis of the October 1, 1965 Coup"［「一九六五年一〇月一日クーデターの予備的分析」］という秘密の非公開文書を大急ぎでまとめ、私もその報告書の執筆者の一人だったからだ。報告書の完成は私が三〇歳の誕生日を迎える八カ月前、博士論文を仕上げる一年前のことだった。インドネシアにおける左翼系の人々の虐殺は、私たちが調査を始めた段階でもまだ続いていた。暫定的ではあったが、分析の結論は、「クーデターの試み」とされるものはスハルトとその仲間が言うような共産党によるものではなく、インドネシア国軍内の内部闘争によるものだというものだった。そのため、私たちは報告書を非公開にすることにした。公開すれば、インドネシア人のコーネル卒業生や、執筆メンバーの友人として知られるインドネシア人たちが、場合によっては逮捕され、拷問にかけられ、あるいは殺されるかもしれないと恐れたのである。こうした人たちの誰として、私たちが行なっていることについて何も知らなかったにもかかわらず、そのような可能性は否定できなかった。しかし、「予備的分析」は二カ月後に外部に漏れ、スハルト一派とアメリカ国務省(スハルトを積極的に支持し、共産党の壊滅を喜んでいた)は激怒した。暫くのあいだ、私たちが考えを変えて許しを請うのではないかと期待し、スハルト一派は対抗措置を執るのを延ばしていたようだ。しかし、私たちはそうすべき理由を何ら見出すことができなかった。

ひとたび追放されてしまうと、再び入国を許されるまでには、長い時間が掛かるだろうことは分かっていた。次に何をするかを考えなければならなかった。一時は子供時代に読んだ本の影響もあり、スリランカに研究の場を移そうかと真剣に考えたこともあった。しかし、一九七三年一〇月に、学生に先導された大規模なデモがバンコクで発生し、それに対する軍の容赦ない報復があり、次いでタノーム、プラパート両将軍下で敷かれた軍事独裁政権の崩壊が続いた。そして、タムマサート大学学長サンヤー・タムマサック教授に率いられた文民政権が任命された。新政権は検閲を廃止し、労働組合、農民組合、学生に組織化の自由を与え、民主的憲法制定のための準備を開始した。それはタイ人にとってだけでなく、インドネシアの軍事独裁政権に制裁を受けたばかりの人間にとっても、非常に興奮に満ちた時代だった。私には、かつてコーネルやコーネル近くの大学で学んだことのあるタイ人の友人がたくさんいた。その中には、のちに短期間だが、タムマサート大学の学長になったチャーンウィット・カセートシリも含まれていた。一九七四年度の学年歴に予定していた一年間の研究休暇が近づきつつあった。そこで、この期間にシャムに行き、言葉を学び、何か研究を始めることにしたのだった。

それは、一九六二—六四年にインドネシアに行った時とはまったく違う経験だった。すでに四〇歳近くになっており、もはや気楽な学生ではなく多忙な大学教授だった。タイ語はひとつも知らず、コーネルで学んだシャムの歴史や文化の知識もきわめて薄っぺらなものだった。それにもかかわらず、教えるのではなく再び勉強に戻るのは楽しかった。毎朝オートバイに乗り、バンコクの都心部にあるAUA(「アメリカ大学卒業生」)という組織が運営するアメリカ式の語学センターに通い、何人かの外国人と一緒に小グループの語学レッスンを受けた。同じグループの生徒は日本人、アメリカ人、イギリス人等だ。いつものことだが、女性は間違えてもあまり恥ずかしがることがないため、男性よりも上達が早かった。

レッスンを受けている過程で、それまでまったくと言ってよいほど気が付かなかったことを意識するようになった。アメリカ人が東南アジア諸語の教授法をどのように組み立てているかということだ。レッスンは全て、日常的に役立つ会話に集中していた。「郵便局はどこですか?」「散髪はいくらですか?」「あなたの息子さんは可愛いですね」。

タイ語の読みを学ぶのは後のことで、それも任意だった。その理由を知るのは難しいことではなかった。中年の日本人ビジネスマンを除き、同級生の誰もローマ字ではない文字体系を学んだことがなく、したがってタイ文字は例外的に難しく思われたのだ(子供時代に学校でギリシャ文字とロシア文字を学んでいたおかげで、私はタイ文字に恐れをなすよりも、むしろこれを習うことにわくわくした)。語学学校はタイ文学にはおよそ関心がないだけでなく、タイ語が持つ「美しい」部分のいかなるものについても関心がなかった。ヨーロッパにおける語学教授の方法は、これとは対照的だった。古典ギリシャ語やラテン語は、もはや話されることのない「死んでいる」言葉で、したがってイギリスでの学校時代、私たち子供は読むことのみに集中し、それも高い文学的価値のある作品を読むようにと教えられた。フランス語、ドイツ語、ロシア語も同じような精神《スピリット》の下で教えられていた。私のフランス語の読み書きは達者な部類に入るが、会話の力はきわめて初歩的なレベルだ。

ＡＵＡで多くのことを学んだが、常に満たされないものがあった。最終的に友人たちの助けを借りて、タイ語が読めるようになるための勉強を自分ですることにした。幸運なことに、私はチャーンウィット(今はチャーンウィット教授だが)の家に寄宿し、彼や彼の妹、義理の弟、姪たちと一緒に暮らしていたため、みんなに学習を助けてもらうことができた。のちに一九八五年になって、私が著すことになったシャムについての唯一の本は、いくつかの現代タイ語小説のイギリス語訳とその分析で、深層部における社会的・経済的な状況と、現行の政治紛争やアメリカの影響に呼応して、それらの小説がいかに変化してきたかを考察したものだった。これをまとめるにいたった背景には、戦後生まれの作家の小説等を教材にしてタイ語の読み方を独習したことが存在していた。

## シャムでの「フィールドワーク」

シャムに一年滞在していたあいだ、本格的なフィールドワーク、あるいは何かに集中した調査を行なったとはとても言えない。タイ語の能力はまだ初歩的なもので、滞在中の時間とエネルギーの大部分を語学レッスンに振り向けることになった。これ以外でしたことと言えば、シャムについてのイギリス語文献を限なく読むことと(この当時、イギリス語文献はまだそれほど多くなかった)、新聞を読み、将来の政治学的論考の執筆のために記事の切り抜きをしたことくらいだった。既述のように、一九七三年末から七五年初頭にかけてのこの国の政治には、人を高揚させるものがあった。一九四七年以来、右翼軍事政権によってほぼ継続的に押し付けられてきた抑圧は、結果的に短期間のことではあったが、とりあえず取り払われた。独裁者によって禁止された重要な左翼系書籍の多くが今や再版され、徐々に広く受け入れられるようになっていた。政党がキノコのように増殖し、そのうちの二、三は、程度は異なれ中道より左寄りの政党だった。記憶にある限りでの最初の自由な選挙が実施されたとき、自転車に乗ってキャンペーンを行なった若くて貧しい学校教師が、選挙に当選することがこの時は可能だった。このようなことは二度と再び起こらなかった。コーネル時代の級友の何人かは有名な政治家として頭角を現し、私にとって嬉しいことに、彼らはいくつかあった革新政党のメンバーだった。その中には、社会学者ブンサノーン・ブンヨータヤーン博士も含まれていた。学生たちは活発な政治活動を展開し、それらもまた左翼的な方向においてだった。この時代は新しい種類の大衆音楽、「命のための歌」と呼ばれる社会批判的なフォークソングが流行った時代でもあった。社会的不正や人々の困窮に抗議する歌を私たちもすぐに覚え、共に歌った。

しかし、他の面で明るかった政治的空模様に二つの大きな暗雲が見られるようになった。そのうちでもより暗いものは、ヴェトナム戦争でのアメリカの敗戦が近づきつつあったことだ。バンコクでは、もしインドシナの国々が共産主義に倒れるようなことがあれば、次に倒れる「ドミノ」は一九六〇年代末以来、共産ゲリラが勢いを増しているシャムだとの言葉を、ＣＩＡの現場責任者が撒き散らしていた。このような状況は、王宮を含む右翼系諸グループの間に恐慌をきたし、それは徐々に膨れ上がるばかりだった。彼らは一九七五年半ば以降ますます暴力的な手段を用いて反撃を開始した。

二つ目の暗雲は、巨大なアメリカのプレゼンスだった。五万の軍人と、タイプも規模も異なる何十もの軍事基地の存在である。これらは、主として、ラオス、ヴェトナム、カンボジアにおいて共産主義者に支配された地域を重爆撃し、これらの国の右翼系グループを支援するためのものだった。このプレゼンスがもたらした社会的結果は明らかだった。かつては存在しなかった薬物中毒が広がるようになり、望まれざる混血児が生まれ、前代未聞のスケールで組織化された売春が行なわれ、大衆文化がアメリカ化され、等々といったことである。日本とアメリカとの密接な関係(競争的側面もあったが)は、日本企業へのアンチ・キャンペーンや、「産業規模」のマッサージ・パーラーならびに「セックス観光」に反対するキャンペーンへと繋がっていった。こうした状況の中から、左翼、右翼を問わず新種のナショナリズム、「心配性《アンクシャス》のナショナリズム」が生まれた。アメリカの存在に対して何かしなければならないとのプレッシャーに押されて、保守穏健のククリット・プラーモート首相は、アメリカ軍撤退の道筋をつけ、「赤色」中国との国交正常化を推進したほどだった。

私がアメリカへと発ったあと、革新的労働者や農民組織のリーダー、左翼系学生、さらには若干左翼寄りの政治家といった人々の暗殺される事件が頻発していった。穏健なタイ社会主義党の書記長だったコーネル出のブンサノーン博士も、一九七六年の春にバンコク郊外の自宅の外で銃により殺されている。終局は一九七六年一〇月六日にやって来た。私服の国境警察(王宮の支援を受けていた)と右翼のならず者たちから成る組織化された暴徒が、白昼、タムマサート大学を襲撃し、何十人という若者を惨殺したのである。政権の座にあった穏健な文民政府は軍によって倒され、国王一家に非常に近い最高裁判事に率いられた保守急進派の政府がこれに取って代わった。何百という人が逮捕され、さらに何千もの人が地方に逃れて共産ゲリラに庇護を求めた。アメリカのタイ専門家に声を掛け、『ニューヨーク・タイムズ』紙に載せてもらうため軍の行動に反対する強硬な抗議文を送ろうと提案したとき、非常に印象的だったのは、ただの一人として同意する人がいなかったことだ。最終的に抗議文に署名したのは、私以外に、私が尊敬する師ケーヒンと、イェール大学のジェームズ・スコット——当時はマレーシアの研究者で、ちょうど東南アジアにおける農民の抵抗に関する一連の比較研究を開始しつつある時だった——だけだった。声を掛けたほとんどのシャムの研究者は、殺人を嫌悪したに違いない。しかし、このことについて口を開けば、最愛のシャムに入国が許されないのではないかと恐れたのである。それから数年後のこと、スハルトが旧ポルトガル領の東ティモールを併合するべく血なまぐさい侵略を敢行した時も、私は同じ教訓を学ぶことになった。アメリカのインドネシア専門家の間で、この件について批判的なコメントを公表した人は片手で数えられるほどで、理由はシャムの場合と同じだった。「幸運」なことに、私はすでにインドネシアへの入国を禁じられており、東ティモールのために執筆し、ロビー活動をするのは難しいことではなかった。

しかし、歴史は常に意外性に満ちている。私はシャムへの入国が当然禁止されるだろうと予測していた。これは、とくに、"Withdrawal Symptoms: Social and Cultural Aspects of the October 6, 1976 Coup"（「禁断症状――一九七六年一〇月六日クーデターの社会文化的側面」）というタイトルの、軍の暴挙について長文かつ辛辣な分析を公表したあとではなおさらのことだった（この論文は、*Bulletin of Concerned Asian Scholars* 誌の一九七七年九巻三号に発表され、その後だいぶ経ってから、この論文のいわば続編としてシャムについての唯一の自著 *In the Mirror: Literature and Politics in Siam in the American Era*, 1985〔『アメリカ期シャムの文学と政治』〕を出版した）。ターニン・クライウィチエン判事の保守急進派政府は、一九七七年に異色の軍人クリエンサック・チャマナンに率いられた穏健派の将軍たちによって打ち倒され、新政権は直ちにヴェトナム戦争に勝利したハノイと国交を樹立し、鄧小平をバンコクに招待し、政治犯を釈放し、武器を捨てることに同意したゲリラに完全な恩赦を約束した。一方、ゲリラ側の左翼的連帯と自信は、ヴェトナムによるカンボジアへの侵略とポル・ポト政権の崩壊（一九七八年末）、北京による虚しくも道義性を欠く北ヴェトナムへの侵略の試みによって著しく損なわれた。かつての学生たちの多くは、クリエンサックの恩赦の提示を受け入れた。コーネルの東南アジア・プログラムは、この一連の動きから多大な恩恵を受けることになる。これら「帰還者」のうち知的に最も優秀な人たちの少なからぬ部分が、一九八〇年代初頭にコーネルに留学してきたからだ。

これとほぼ同時期にタイ共産党が崩壊し、国は保守穏健派の手に委ねられる形になった。それ以来、シャムには、左翼系の政党はひとつたりとも存在したことがない。

シャムに行くことを「強制」されることによって、私は比較の枠組みで考えることを「強制」された。シャムについて気が付いたことは全て、インドネシアについての新たな問いへと私を導くものだった。シャムは植民地化されたことがなく、仏教が中心で、君主制であり、多くの点で保守的だった。他方、インドネシアは植民地としての長い歴史を持ち、宗教的には主としてイスラームで、政体的には共和制であり、一九六五年までは一般的に中道よりも左寄りだった。インドネシアは、シャムにはほとんど見ることのない民衆に浸透した誇り高いナショナリズムの伝統を持っていた。二つの国をどのように比較するのか、そしてどのような枠組みの下でそうするのか？　一九八三年、四七歳の時に『想像の共同体』の初版を出版することになったのは、このような二つの「フィールドワーク」の経験があったからのことだった。

## フィリピンとの出会い

一九六〇年代以来、コーネルには優秀なフィリピン人学生が学んでおり、彼らは非常に強力な一団だった。日本のフィリピン研究者なら、ジョエル・ロカモラ、レイナルド・イレート、ビセンテ・ラファエル、フィロメノ・アギラー、キャロル・ハウといった名前は当然よく知っていることだろう。

一九六四年にインドネシアからアメリカに戻るまで、私はそれほどフィリピンに関心があったわけではない。大学で教え始めた頃(六七年)、ジョエル・ロカモラが変わったプロジェクトを携えてコーネルにやって来た。当時、東南アジア出身の学生が出身国以外の国について研究しようなどというのは、およそ聞いたことがなかった。しかし、ジョエルは若きナショナリストであり、スカルノと、そしてインドネシアの長きにわたるナショナリズム運動に感銘を受けていた。それだけでなく、スカルノの失脚以前に、実際にインドネシアを訪ねてもいた。ケーヒンは指導下の学生がすでに多すぎたことから、ロカモラの指導をするようにと私に伝えた。私たち二人は年齢が近かったこともあり、すぐに仲の良い友達となり、互いにインドネシア語で話したりしながら多くの時間を一緒に過ごした。一九六〇年代末の「狂乱《ワイルド》」の時代、二人で一緒に数多くのパーティに出かけた。ジョエルはマリワナを教えてくれ――残念ながら私には何の効果もなかった――、この頃のパーティでは飲むだけでなく踊る(社交ダンスではない踊りだ)のが普通だったことから、私でも踊れるとの自信を持たせてくれた。これは、私にとっては大きな文化的壁の突破を意味していた。彼を通して他のフィリピン人学生たちとも知り合いになり、フィリピンの歴史と政治に関心を持つようになった。そして、私は、ジョエルのインドネシア国民党に関する優れた研究を指導する立場にいることを、大きな誇りとした。

振り返ると、フィリピンでのフィールドワークの始まりは、一九七二年春のこと、インドネシアに行く途中、休暇がてらの二週間をこの国で過ごしたことにあったと思う。フィリピンの雰囲気は張り詰めていた。憲法で許されていたマルコス大統領の最後の任期が終わりに近づいており、多くの人は、マルコスは独裁者として無期限に君臨するつもりだと確信していた(これは実際に九月に起こった)。ロカモラは従兄弟《いとこ》のフランシスコ・ネメンソ(彼はイギリス留学時に、私の弟のペリーに会っていた)に引き合わせてくれた。ネメンソは、当時合法化されていた親ソ派のフィリピン共産党(ここからフィリピン大学講師ホセ・マリア・シソンが袂を分かち、新たに毛沢東派の新フィリピン共産党地下組織を立ち上げ、侮り難いゲリラ勢力を組織した)の青年組織の長だった。ネメンソは私に、ヌエバ・エシハ州のカビアウに行き、二日間過ごしたらどうだと言った。かの地ではまだ共産党の勢力が強く、また日本占領期と戦後暫くのあいだ、フクバラハップ抗日左翼ゲリラの重要な基地でもあった場所だという。「そこに行けば、もの凄いベテラン革命家に会うことができる。また、その時には、中核幹部たちに向けて演説をするように頼まれるだろう」とのことだった。そして、私をそこに案内するべく、気立てのよい一〇代の少年二人を付けてくれた。「安全」のために、私たちは夜、北へと向けて移動した。

フィリピン農村での初めての夜のことを、私は決して忘れないだろう。ベテランたちは歓迎ムード一色だった。酒が振る舞われ、夜中過ぎまであれこれと話をした。ベテランたちはイギリス語を少し話し、また二人の少年は教育程度が高くイギリス語ができたので、熱心に通訳をしてくれた。多くは懐旧談で、話の中にインドネシア語やジャワ語に似た単語を聞き取ることができた。言葉の意味を尋ねると、ほとんどの場合、それは「インドネシア側」の意味と同じだった。これにはお互い驚き、大いに盛り上がった。

翌日、案の定、演説をしなければならず、緊張でピリピリした。私はスハルトによるインドネシア共産党の虐殺について話し、マルコスも同様なことを企んでいるようだと、場の雰囲気を汲み取りながら、外交的意味合いを込めて次のように付け加えた。「左翼系フィリピン人は今から用意おさおさ怠りなきよう!」。演説は受けたようだった。その夕方にはさらに陽気な宴会が続いた。夜に少年たちと宴会の場をそっと抜け出し、マニラに戻った。何年か経ってからのことだが、何とも恐ろしく遣《や》り切れないことに、ネメンソがのちに共産党と関係を絶ったあと、二人の気立てのよい少年は共産党のベテランたちによって殺されたと知ったのだった。

## フィールドワークの意味

マルコスが権力の座にある限り、私はフィリピンに戻るつもりはなかった。一九七二年九月に戒厳令が施行され、ロカモラは逮捕されて牢に入れられた。彼の義理の父親は裕福なユダヤ系アメリカ人で、当時のアメリカ上院外務委員会委員長と昵懇《じっこん》の関係にあり、この義理の父親の陳情活動のおかげもあって、ロカモラは不承不承ながら釈放を許された。釈放後、ロカモラはアメリカに戻り、長いことシソンの毛沢東派新共産党――短期間だが彼はこの党の中核メンバーとなったことがある――のための組織活動を行なった。ロカモラがアメリカにいたことから、私たち二人は連絡を取り合うことができ、彼はフィリピンで何が起こっているかについて、私に逐一教えてくれた。一九八〇年代の半ばには、私の指導下にあった最も優秀な学生の多くが、マルコスがいずれ失脚することを予測し、フィリピン研究を開始していた。遠からず大きな社会的・政治的変動が起こり、フィールドワークも、より自由に行なえると期待してのことだった。一九八六年二月にマルコスが実際に失脚すると、これらの学生たちはマニラへと急いだ。この頃までには、シャムの政治状況は静かになっており、私はこの国について何かを書こうという気には当面なれそうもなかった。そこで、フィールドワーク中の学生たちの様子を見るために、フィリピンに二度目の短期訪問を行なった。この時の経験に大いに興奮し触発されて、この国について何か研究をしようと本格的に考えるようになった。

この決断には理論的な動機も含まれていた。フィリピンは言語的にインドネシアときわめて近く、両国ともに共和制であり、さらにナショナリズムと革命の長い伝統を有する点でも共通していた。しかし、二つの中心的な点で著しく異なっていた。そのひとつは宗教だった。キリスト教のカトリック宗派が四世紀間にわたりフィリピンのほとんどの地域に深い根を下ろしていた。私はカトリックのアイルランドで育ったことから、これにはある意味で興味をそそられたが、同時に嫌悪するところでもあった。私の両親はカトリック教徒ではなかった。しかし、カトリシズムのきわめて保守的なものがアイルランドを完全に支配していた。したがって、カトリシズムは私にとって馴染み深くはあったが、かといってカトリシズムが魅力的だとは思えなかった。これは、第一章で述べた「オゴーマン二兄弟」(父の母の祖父とその弟)にローマ教皇ピウス九世から下賜されたという嗅《か》ぎタバコ入れが、小さい時に家に飾ってあったにもかかわらず、である。このタバコ入れは、ダニエル・オコンネルのカトリック教徒協会に対する二兄弟の功労に報いるもので、箱の蓋に教皇の肖像画が配された、高価だが醜い代物だった。私のアイルランド人の英雄(主に文学上の英雄だが)はといえば、プロテスタントか無神論者だった。それゆえに、アイルランドの「東南アジアの従兄弟」が一体どうなったのか、それを知るのは面白かろう!

二番目の点は、フィリピンは二度、それもまったく異なる帝国に植民地化されたということだ。ひとつはカトリックのスペインで、この国は一九世紀に崩壊した唯一のヨーロッパ帝国だった。もうひとつは、プロテスタントで世界覇権国家のアメリカだ。そして、私はアメリカ在住者ゆえ、アメリカ的な帝国主義の形態がどのようなもので、その帰結がいかなるものかを学ぶべきではなかろうか？

　一九八七年、五一歳の時に、私はコーネルの優秀な先生たちに付いてフィリピンの国民語、難しいタガログ語の勉強を始めた。五〇代で新しい言葉を学ぶのは骨が折れる。私はいまだにタガログ語を楽に読むことはできない。会話も基礎的なレベルに留まっている。しかし新しい言葉を勉強するのは楽しかった。次の年、コーネル東南アジア・プログラムの責任者《ディレクター》を五年続けて務めたあと、一年半の間コーネルを離れてフィリピンで最初の本格的な研究をする許可をもらうことができた。この時までには、私はもはやアメリカの植民地主義や帝国主義について何かを書こうという気にはなれないことに気が付いていた。イギリス語で書かれた研究は、そのほとんどがアメリカ時代とその余波に焦点を当てたものだった。アメリカ人研究者は、主要史資料が自分たちの言葉で書かれているという言語的な理由と、複雑な感情――アメリカはフィリピンを植民地として支配したが、他の植民地宗主国よりは善い支配者だったとの自己賞賛と自己批判の入り雑じった感情――に根差すナショナリズムから、右のような焦点を持つ研究を好んだのだった。一方、フィリピン人研究者もアメリカ期の研究に集中していたが、これには一部でアメリカ人と同じような理由があったのと、増大する反アメリカ感情に基づくものだった。それ以外では、何人かの日本人研究者による成果があったが、これは私が読むことのできない言葉で書かれていた。スペイン人研究者は、フィリピンにはまったく興味がないも同然だった。

三〇年前、スペイン北海岸で「わいせつ行為」で逮捕されて以来ずっと、私はスペインについての本を読むのを楽しみとしており、いつかスペイン語が勉強できたらと願っていた。東南アジアについて教え始めた当初から、ホセ・リサールがスペイン語で書いた素晴らしい小説、そのイギリス語訳を、私は常に学生に読ませるようにしていた。今こそ失われた時間を埋め合わせる絶好の機会だ。そこで、独学でスペイン語を(話すのではなく)読む勉強をすることにした。二〇年前に『ジャワの大衆芸能』を読むことによってオランダ語を独習したように、辞書で身を固めると、リサールの『ノリ・メ・タンヘレ』(『わが祖国に捧げる』井村文化事業社、一九七六年)と『エル・フィリブステリスモ』(『反逆・暴力・革命』井村文化事業社、一九七六年)を一行ずつ読み始めた。ラテン語とフランス語の知識があったおかげで、それは思ったよりも楽な作業だった。つまり、私のフィリピンでのフィールドワークは、基本的に歴史的なものとなり、マニラにあるいくつかの図書館で多くの時間を過ごすことになった。私が何よりも試みたかったのは、アジアで最初の戦闘的なナショナリズム運動の背後にいた、スペイン語で読みスペイン語で話していたインテリや活動家の偉大な世代、その彼らの思考と感情の襞《ひだ》に分け入り、それを理解することだった。

とはいえ、探検と冒険への情熱を失ったわけではなかった。幸いなことに、アンベス・オカンポという、私の意見では一九世紀フィリピンについての真の百科事典と言えるほど、飛び切り上等な師と出会うことができた。私たち二人はルソン島の有名な史跡、そしてより一層好ましいことには、それほど知られていない史跡を数え切れないほど訪ね歩いた。いわば歴史に風景を戻してやる行脚《あんぎゃ》だ。当時、オカンポはあらゆることに興味を持ち、現在もこれを持っている——建築、絵画、詩、民俗文化、食、旧習、偽造文書、宗教、殺人、そして政治。スペイン語にも堪能であり、もちろん現在でも堪能だ。のちには、私の偉大な友人ヘンリー・ナヴォアとフィリピン中を旅行した。ナヴォアは学校教育はあまり受けていなかったが、頭が非常によく、私に普通の人々の日常生活を理解するための術《すべ》を教えてくれた。

私は、フィールドワークに内在する根源的な意味に気づき始めた。何かというと、自分の「調査プロジェクト」にだけ集中するのは無益だ、ということだ。むしろ全てに対して不断の好奇心を持ち、自らの目と耳を研ぎ澄ませ、そして何についてであれ、それこそあらゆることについて書き留めておくべきだ。そうすることによってこそ、フィールドワークから大きな恵みがもたらされることになる。何か違う、何かが変だという経験は、私たちの五感を普段よりも鋭くし、そして比較への思いを深めてくれる。実は、フィールドワークが、自分が来たところに戻ってからも意味がある理由は、ここにこそある。フィールドワークを通して観察と比較の習慣を身に付け、やがて自分の文化についても、「何か違う、何かが変だ」と考え始めるように促され、あるいは強いられるようになるからだ。前提となるのは、注意深く観察し、絶え間なく比較し、そして人類学的距離を保つ、ということだ。コーネルに戻ってからの私について言えば、アメリカ、それも日常的なアメリカにようやく興味を抱くようになった。

## 不在の中のフィールドワーク

私を含むほとんどの研究者は、定期的か不定期的かは別にして、最初にフィールドワークを行なった研究先の国——たとえ調査村や町あるいは地域そのものではないにしても——を再訪していることだろう。この再訪ほど、知識の拡大と深化、そして新しい視点の展開を促してくれるものはない。こうしたプロセスに関係して、私が知る最も印象的な例は、着目するデータ類や方法論的着眼点において、今や革命的な人類学者と言えるジェームズ・シーゲルである。シーゲルは、最初のフィールドワーク地のインドネシアのアチェについて二冊の本をまとめることにより著作活動を開始し、のちにはジャワの旧王都のひとつ、スラカルタに移り、これについても本を著している。その中で、ギアツ以来継承されてきたジャワの社会と文化に関する一般的理解の多くを覆すにいたった。ひとつ例を挙げると、ジャワ語の雅言はインドネシアの民主化が進むとともに消滅すると予想されたが、経済発展期の新興ブルジョア階級により、自らの文化的洗練度を示す印として積極的に使用されている様子を描いた。より最近では、ジャカルタに拠点を置き、「スハルト新秩序体制の人類学」について三冊の魅力的だが陰鬱な本を著している。私がシーゲルを革命的な人類学者だと形容するのは、ジャカルタに関する本の中に見られる、例えばタブロイド紙の同一紙面の中で犯罪とスハルトの演説がどのように扱われているかについての、彼の人類学的比較研究を念頭に置いてのことである。

もしフィールドワークを継続できないとしたら、つまり右のような再訪が叶わないとしたら、一体どうなるのだとよく聞かれることがある。私の場合、シャムとフィリピンには頻繁に戻ることができたが、インドネシアからは二七年間にわたって締め出された。その間、いかにしてインドネシアと関係を保ったのかと若い人に聞かれたとしたら、五人の人物のおかげだったと答えることになろう。

五人の最初は、カリマンタン出身でンガジュ・ダヤク人のベン・アベルである。彼はきわめて尋常ではない状況下でコーネル大学にやって来た。もともとは、カリマンタンの地元の経済学部の学生だったが、演説草稿を書くのが上手だったことから、学生の身分のまま学長のアシスタントを務めていた。ところが、ンガジュ・ダヤクのフィールドワークのためにアメリカから来た学生に付き添い、通訳兼調査助手を務めるようにと学長に(多かれ少なかれ)命じられた。この学生は、コーネルに提出する博士論文のための調査をするべく、当地を訪れた女性だった。やがて二人は結婚し、フィールドワーク終了後にコーネルに一緒に戻ってきた。結婚は長くは続かなかった。ベン・アベルはガソリン・スタンドで働くなどして糊口《ここう》を凌《しの》いだが、精神的落ち込みは甚だしかった。そこで、この窮状を何とかしようと、彼がコーネル大学図書館のエコルズ東南アジア・コレクションに職が得られるように手助けをした。ベン・アベルは「水を得たアヒルの如く」に仕事に取り組んだ。それだけでなく、図書館の仕事の一環として、収蔵のために送られてくる膨大なインドネシア語資料に目を通すようになったのである。自分の国のあらゆる側面に興味を持っていたことから、人と情報のやり取りを頻繁に行ない、個人的コンタクトと情報源のネットワークをインドネシア内外にわたって広く張り巡らすまでになった。今日では、ベンは世界で最もよく知られた東南アジア図書司書だと確信している。やがて、ベンは、エヴェリン・フェレティと幸せな結婚をし、今では私の隣家に移り住み、二人の可愛い悪戯好きのドイツ・インドネシア・アメリカ系の男の子二人を育てている。彼は、私が時勢に遅れないようにとインドネシアの最新情報を逐一教えてくれ、彼の出身地のカリマンタンをジャワ研究者の私のレーダー網の範囲に入れてもくれた。そして今では、数え切れないほどのアイデアや考えの糸口を与えてくれる存在となっている。最近では、京都大学東南アジア研究所の理解と配慮によって、ベンは外国人客員研究員として京都で六カ月を過ごすことができ、自分の研究に従事するとともに、多くの関係方面の研究者や学生と知り合いになることができた。

二番目と三番目の人物は、チルボン出身の若い兄弟で、ベニーとユディである。二人は、私が学生時代に知り合ったインドネシアの古い友人の息子たちだ。二人を養子として引き受け、アメリカに呼び寄せると、高校高学年時から大学を終えるまでのあいだ学校に送った。二人のイギリス語が満足なものになるまでのあいだ、私たちは長いことインドネシア語で会話をした。それもあって、私のインドネシア語は錆《さ》びつかずに済んだのである。二人の兄弟はジャワの小さな地方都市の出身で、スハルト体制下で育ったこうした若者たちの経験と考えを、会話や行動の節々から垣間見せてくれた。それは、ベニーとユディなくしては私にはまったく分からないことだった。私たちは幸せな長い年月を共に過ごし、二人がいたがゆえに、私のインドネシアに対する長年の愛情は強固なものであり続けることができたのだった。

四番目と五番目の人物は、ピピット・ロヒャット・カルトウィジャヤとイ・グスティ・ノマン・アリヤナ(別名「コマン」)だ。二人のインドネシア人は、ベルリン在住の「万年学生」だった。彼らに最初に会ったのは一九八〇年代半ばで、私が「一九六五年一〇月クーデター」についてアムステルダムで講演をした時に、遠くベルリンからわざわざ自動車でやって来たのだった。スハルト政権が「クーデター」と称したものは、インドネシア共産主義者と他の左翼系の人々の大量虐殺をもたらし、スカルノの追放と監禁へと繋がり、さらにはスハルト体制の成立へと導くことになった「事件」だ。二人の風貌と出で立ちは、講演会場の聴衆の中で私の目にすぐに留まった。ピピットは黒ずくめの服装で、老練な「騒動請負人《トラブルメーカー》」とでも言わんばかりに、茶目っ気たっぷりの笑みを浮かべていた。ハンサムなバリ人の「コマン」(「三番目の子」の意味)は、黒々とした潤沢な長い髪の毛に顎鬚《あごひげ》、口髭を生やし、一九世紀末のアナーキストか二〇世紀初頭のボリシェヴィキのような風貌だった(のちに彼のことを私たちはアリヤノヴィッチと呼ぶようになった)。二人は私に、彼らのところに来て同じ話をしてくれないかと頼み、やがてベルリンで二人をもっとよく知るようになった。

この当時、つまりソ連や東ヨーロッパ共産主義の崩壊以前、そして東西ドイツ統一以前の時代にあっては、ベルリンはとても奇妙な場所だった。東西がまだ壁で遮られており、それは腐敗しつつある東ドイツに囲まれた「楽しさ一杯の島《アイランド・オブ・ファン》」の観があった。西ドイツから遠く離れており、その将来も定かではなかったため、西ドイツの政界・経済界のエリートはこれにあまり関わろうとはしなかった。そのためにベルリンの西半分は概ね学生町となっていた。戦前の古い豪華な館が借り手市場に出されており、とくにコマンは、ドイツ人の妻と一緒に複数の部屋がある立派なアパートに住んでいた。スペースが広かったことから、ここが不平分子のインドネシア人学生の溜り場となっていた。スハルト独裁政権を代表していたのは、腐敗に満ちた小さな領事館だけで、領事は通常、バキン、つまり国家情報局の軍人だった。

コマンの強力な支援のもと、ピピットは、世界を見回しても唯一と言える効果的な反スハルト体制運動を組織し、それも受け身ではなく、こちらから打って出る運動を展開していた。インドネシア領事が、反政府的な学生に圧力を加えるために、彼らのパスポートの更新を何回も遅らせた時には、ピピットは結婚していた友達から小さな赤ん坊を借り受け、まだ授乳されていないことを確認すると、赤ん坊と一緒に領事館に出かけた。赤ん坊のお尻をそっとつねると、空腹とつねられたことへの怒りから、赤ん坊は火が付いたように泣き出した。領事館の係員は慌てふためき、平穏と静寂を取り戻さんがために急いでパスポートを更新して手渡したという。真夜中に掛かってくる匿名の脅迫電話の標的になった時には、ピピットは、こちらも真夜中に国家情報局の男とその妻に別々に電話をし、それぞれに夫ないし妻が不倫を働いていると知らせた。すると匿名の電話はピタリと止まった。二人と友人たちは、謄写版刷りのゴシップ誌を洪水のように出版した。スハルト一派にまつわるスキャンダル情報や皮肉たっぷりな論説、風刺画を満載したもので、これらをまず領事館スタッフに先に送り(ゴシップ誌を非常に面白がっていたという)、暫くしてから領事本人に送った。

ピピットは、驚くほど才能豊かな、そして恐れを知らぬ風刺作家だった。彼は「何でも口にすることが可能だ」と信じており、それを実行するだけの勇気を持っていた。彼の著述は、かしこまったインドネシア語、ジャカルタ俗語《スラング》、ジャワ語の俗言を織り交ぜて書かれていて、さらにジャワの影絵芝居《ワヤン》の話、インドネシア＝中国風のカンフー・コミック本、糞尿考《スカトロジー》、明け透けな下ねたジョークを余すところなく利用したものだった。それを読んで彼の友人たちは大笑いし、一方で領事館の敵どもはどうすることもできない怒りに震えるのだった。

ピピットの著述のうち最も重要なものは、のちに私がイギリス語に訳した“Am I PKI or Non-PKI ?”, 1985〔「私はＰＫＩ《ペーカーイー》か非ＰＫＩか？」〕である。皮膚に押された焼印のように、消すことのできない個人的体験を綴ったもので、この中でピピットは、ブラックユーモアを豊富に交え、一九六五年の左翼の虐殺との個人的な遭遇を語っている。彼の心優しい父親は敬虔なムスリムで、東ジャワにあった国有砂糖大農園のマネージャーだった。そのため、共産党に支配された砂糖労働者組合の地元支部に責め立てられ、悩まされることが多かった。父親思いの若者として、ピピットはＰＫＩ〔インドネシア共産党〕に強い憤りを感じていた。彼の高校時代の友人の中には、六五年秋に虐殺の執行人側に回った者さえいたほどだった。この時のぞっとする経験を、彼は長いこと忘れることができなかった。著述の中では、地元の売春宿の入り口の扉には、切り落とされた複数の共産党員の男性性器が釘で打ち付けられていたこと、それを見た宿の常連が通うのを止めたこと、さらに彼の住んでいたクディリ町を流れるブランタス川には、切断された共産党員の屍体をうず高く積んだ筏《いかだ》が流れており、それも何台も流れていたことが想起され、語られている。もともとピピットは電気工学を学ぶためにドイツに留学した。しかし、友達になった急進的なドイツ人学生に影響を受けて学業を放棄し、代わりにスハルト体制の声高な敵としてのキャリアを歩むことにしたのだ。のちに彼は、西ベルリンで影響力のあった社会党の人々との人脈・友情を活用し、政府方針とは異なる行動を取るインドネシア人学生を罰しようとの領事館の動きを、未然に防ぐ上で大きな力となった。

ピピットとコマン、そして彼らの友人たちとの邂逅《かいこう》は、私にとって素晴らしくも心を高揚させる出会いだった。私たちは親しい友人となり、その関係は今日まで続いている。ピピットとコマンから、人を惹き付けるようなインドネシア語で書くにはどうしたらよいかについて多くを学び、やがて私はピピットのように、いくつかの言語スタイルをない交ぜにし、皮肉を利かせたインドネシア語で文章を書くようになった。お互いに意見をひとつにしたのは、スハルト体制下の政治状況を考えると、政治的なことは全て性的関係に置き換えて表現し、性に関わることは全て政治的言語で表した方がよい、ということだった。例えば、インドネシアの民衆はスハルトによって強姦された、ベニー・ムルダニ(一九八〇年代半ばのインドネシア国軍最高司令官)は副大統領になれるかもしれないというので勃起した、といった具合である。こうしたことの結果として、軍情報関係によって取り締まられるまでの短い期間ではあったが、私は風刺コラムニストとしてインドネシアの週刊誌に執筆するようにもなった。やがて、「学問的」な論考さえも、こうしたユーモアを込め、俗語を散りばめた複数言語の交ぜ合わせスタイルで書けるようになっている自分に気づいた。三人の間の手紙のやり取りでは、私たちはペンネームを捻《ひね》り出すにいたった。今でも、ピピットは私のことをOK《オーカー》(Om Kolonel, 大佐おじさん)と宛名書きし、自分の名をアバン・セルサンないしその略のアブセル(Abang Sersan, Abser, ブラザー曹長)と署名する。「大佐おじさん」は、私が一九六七年にイギリス語訳したスディスマン(一九六五年の「クーデター」に関連して逮捕され、のちに処刑されたインドネシア共産党幹部)の裁判での自己弁護演説から取ったもので、その中でスディスマンは、国軍でなかなか将官に昇進できない大佐のことを「苔生《む》す大佐」(コロネル・ルムタン)と形容していた。ピピットたちと出会ったとき、私は五〇歳になったところで、彼らに冗談交じりに、自分はこの「苔生す大佐」と同じ「大佐おじさん」だと言ったことに始まったものだった。それに対して、それでは自分は年下だから「ブラザー軍曹」だとピピットが応えたのだった。一方、コマンとの間では、バリの影絵芝居の道化師の二人組、年少のトワレンと年長のムルダの名前でやり取りをしている。

　これら五人の人物——成人男子もいれば少年もいる——は、私に友情《フレンドシップ》と「父情《ファーザーシップ》」を与えてくれ、政治的同盟者となり、さらには多くのことを教えてくれた。彼らのおかげで、追放されていた二七年の間でさえ、或る種の意味あるフィールドワークをインドネシアについて続けることができたのだった。

# 第四章　比較の枠組み

この章では、比較という研究の枠組みをめぐる個人的な経験を語るわけだが、その前にアメリカの大学における「比較」の位置づけについて、歴史的、制度的に振り返ってみたい。その過程で必要に応じ、ヨーロッパの学問的状況を合わせ鏡としながら、この問題を考えることになろう。

## 学問的制度の中の「比較」

私がコーネル大学の学生だった頃、「比較」という言葉ないし概念の使用は、まだ限られたものだった。それと意識しての比較や、より一般的にはそれと意識しない形の比較を含めて、比較がなされていなかったと言いたいのではない。むしろ、比較は、理論的ではなく実質的な形で、そして大々的というよりは小さな規模でなされていた、ということである。今日でも、コーネルの文理大学部(カレッジ・オブ・アーツ・アンド・サイエンシズ)には、この語を名称の一部とする学部は「比較文学部」ひとつしかなく、それもこの学部は、私がインドネシアに発つ一九六〇年代初頭にはまだ存在していなかった。歴史学者も、人類学者、経済学者、社会学者も、比較について系統立てて考えることはまずなかった。この点、政治学(政府学)は部分的な例外をなしていた。政府学部には

「比較政府学」(比較政治学)という分野が存在し、これは私が学生時代に所属した分野でもあった。しかし、私と級友たちが学んだ比較は、主として西ヨーロッパの比較だった。比較がこの地域に集中したことについては、それなりの理由があった。ヨーロッパ諸国の間には何世紀にもわたる相互交渉や相互学習があり、さらには相互競争があった。それも、これら諸国は、ギリシャ＝ローマの古典古代《アンティクウィティ》とユダヤ＝キリスト教に基づく文明をお互いに共有していると信じていた。比較は容易であり、かつ妥当でもあった。

私にとってすこぶる奇異に感じられたのは、「比較政府学」がアメリカそのものを含まないことで、これは「アメリカ政府学」(アメリカ政治学)という別の分野で扱われていた。ある意味でこの区別は、実際的な観点からして理解するのは難しくなかった。政治家、官僚、法律家などのキャリアを志望する学部生は、何よりも自国の政治をめぐる授業に関心があったからだ。このような「ナショナリスト的」な関心のあり方は、日本、シャム、フランス、ブラジルの大学でも見出せることだろう。学生たちの要望に応えるためもあって、私の学部の教授陣はアメリカ研究家《アメリカニスト》で占められていた。

もうひとつの、しかしこれほど明白ではない区別の要因は、私が「公定ナショナリズム」と呼ぶものが生み出す「ヤシガラ椀の下のカエル」的物の見方《メンタリティ》の蔓延だった。アメリカには、メキシコとカナダという二つの重要な隣国が存在する。しかし、両国の政治に関する授業は開講されておらず、二〇〇一年に自分が引退するまでの経験として、学生にメキシコの大統領やカナダの首相の名前を尋ねても、それに答えられる学生は稀だった。

歴史を通してアメリカのナショナリズムの中心的な神話のひとつは、「例外主義」とでも呼べるものである。それは、アメリカの歴史、文化、政治のありようは、定義上からして比較不能だとする認識のことだ(例外主義が例外的でないことは、例えば「日本人論」神話を想起すれば分かるだろう)。アメリカはヨーロッパのようではなく、ラテンアメリカのようでもなければ、いわんやアジアのようではまったくない、というのだ。言わずもがなだが、このような思い込み《ファンシー》は馬鹿げている。比較対象に応じて異なるやり方にはなるが、アメリカは何ら問題なく比較可能であり、中でもヨーロッパ、南アメリカ、日本、そしてかつてのイギリス自治領(カナダ、オーストラリア、ニュージーランド、南アフリカなど)との比較は十分に可能だ。例外主義のもうひとつの側面は、深く染み付いた地方気質《プロビンシャリズム》だ。今日においてさえ、パスポートを保有するアメリカ人、あるいは外国を訪れたことのあるアメリカ人は少数派に過ぎない[1]。ほとんどのアメリカ人はアメリカ製のテレビ番組だけを観賞し、大体においてハリウッド映画のみを楽しみ、そして外国語はひとつも解さない。つまり、私の知る一九六〇年代の状況として、そして実際にはそれ以降も長いあいだ、アメリカ政治を教えていた教授たちは外国のことを知らず、外国を気に掛けることすらなかった。こうした事情ゆえに、アメリカ政治を「比較政府学」に含めようとの筋の通った話にも、強い抵抗が存在したのである。

これら以外に、おそらくよりアメリカ的な要因として、もう二つ付け加えることが可能だろう。ひとつは、アメリカにおける政治研究の制度的な歴史だ。その紛れもない名残は、かなりの数の「政治学《ポリティカル・サイエンス》」の学部が、まだ「政府《ガバメント》」学部を名乗っていることである。これらの学部(ハーバードやコーネルが含まれる)の系譜は、法律(大体は「憲法」)と行政――両者ともに政治の実際面と密接に関係している――が融合したところに発している。ヨーロッパでは、系譜はこれとはかなり異なっていた。哲学、社会学、経済学、政治思想から発し、それもこれらは、ニッコロ・マキャヴェリ、アダム・スミス、バンジャマン・コンスタン、デイヴィッド・リカード、ゲオルク・ヘーゲル、カール・マルクス、アレクシ・ド・トクヴィル、マックス・ウェーバーといった知的大伝統に基づいたものだった。私が学んだ学部には「政治理論」という分野もあったが、この当時、これは常にヨーロッパ人が教えていた。授業はプラトンとアリストテレスから始まりマルクスまでを扱うもので、アメリカ人の思想家はまったく含まれていなかった。

もうひとつのアメリカ的な要因は、この国の人は実際的かつ実務的な人々であり、やや誇張して言えば、大理論《グランド・セオリー》の構築には生来的に向いていない人たちだということだ。これは、社会科学や人文学における「偉大な知性の持ち主」を思い浮かべればよく分かるだろう。過去一〇〇年から一五〇年間を取ると、哲学にはニーチェ、ウィトゲンシュタイン、ハイデガー、デリダ、フーコー、ハーバーマス、レヴィナスがおり、歴史学にはブロック、ブローデル、ホブズボーム、ニーダム、ジョン・エリオットがいる。社会学にはウェーバー、ジンメル、モスカ、パレート、マイケル・マンが控えており、人類学にはモース、レヴィ＝ストロース、デュモン、マリノフスキー、エヴァンズ＝プリチャードが、そして文芸評論にはバフチン、バルト、ド・マンといった人々が存在する。これら近現代《モダン》思想の形成に貢献した人たちは、全てヨーロッパ人である。アメリカの偉大な例外はノーム・チョムスキーで、言語学における世界規模の研究によって革命を巻き起こした。チョムスキーほどではないが、経済学におけるミルトン・フリードマンも挙げてよいかもしれない。ただし、最近のサブプライム・ローン問題に端を発するフリードマン流の市場原理主義的経済学の失墜を待たなくとも、この分野ではヨーロッパ人のケインズの方がより長く生き残るだろうが。

　右のように語ったからといって、今日のアメリカの大学が「理論」に取り憑《つ》かれていないというわけではない。むしろ、「理論」は、アメリカの外からやって来たか、社会科学の中でも最も理論志向が強く、現代社会の働きを理解する上で非常に重要な経済学の理論をモデルとしているか、あるいはアメリカのよき平等主義に支えられている、と言いたいのだ。最後の点は、いわば「誰でも理論家になれる、誰でも理論家になるべきだ」という意味での理論志向だ。しかし歴史が示すのは、真に理論的才能がある人は稀少標本と同じほど珍しいということだ。

コーネルにおける私の経験は、「政治学理論」が明確に定着する以前のものだった。一九六七年提出の博士論文は、内容的には歴史学部で書かれていたとしてもおかしくなかった。しかし、私が博士論文を提出する頃には、政治の研究を「科学的」なものにすると理解された行動主義が影響を増しつつあり、これはのちに「行動主義の勃興」として記憶されるようになる。この時代は、また、ほとんどの学部が「政府学」ではなく「政治学」を教えていると主張し始めた時期でもあった。

私がコーネル大学政府学部の教授として過ごした三五年間は、アメリカについて二つの興味深いことを教えてくれた。一番目は明らかに後期資本主義の様式を反映したもので、普遍的と理解される「理論」には、実は高級品のように陳腐化が組み込まれているということだった。Xという年には、学生たちはYという理論について文献を読み、多かれ少なかれこの理論を崇《あが》めなければならない。と同時に、盛《パッセイ》りを過ぎた理論Wを攻撃するべく牙を研ぐ必要がある。しかし、それほど年を経ないうちに、Y理論への攻撃の牙を磨くように言われ、そしてZ理論を賞賛し、W理論は問題にもしないようにと言われる。二番目に学んだのは、バリントン・ムーアの研究に代表されるような重要な例外もあるにはあるが、多くの場合、政治学理論の比較政治学への応用は、意識的か否かを問わず、アメリカの事例を中心に行なわれる、ということだった。アメリカの自由、遵法精神、経済発展、民主主義等に近づく形で、他の国がいかに前に進んでいるかを計るのである。その好例が、今日では信じ難いほど「廃《すた》れてしまった」近代化理論の急速な興隆(と同じように急速な没落)だった。言う必要もないだろうが、こうしたアメリカを中心に据えた理論の裏には、しばしばあからさまに口にされた冷戦上の目的——マルクス主義は根本的に間違っている！——が存在していた。これまた言うまでもないだろうが、この「私に注目して《ルック・アト・ミー》」理論は、無邪気なことに、アメリカに都合の悪い事実には目をつぶることが多かった。非常に高い殺人発生率や離婚率、人口比率に比べて不釣合いに高い黒人刑務所人口の割合、減らない非識字率、かなりの程度の政治汚職の蔓延など、である。〔2〕

そうはいうものの、大学院生時代の経験が、のちに取り組むことになる比較研究へ向けて、無意識のうちに心の準備をさせてくれたことは間違いない。「アメリカ政治」や「(ヨーロッパの)比較政治」の授業で教授補助者《ティーチング・アシスタント》を務めたことは、これがなければ読まなかっただろう類《たぐい》の本をたくさん読まされることに繋がった。この頃の学部生は九〇パーセントがアメリカ人で、ヨーロッパのことはほとんど何も知らなかった。こうした学生を教える過程で、アメリカ、イギリス、フランス、ドイツ間の比較を頻繁に行なうことが、彼らの理解を促進するのに役立つことも分かった。私自身、学生としてソ連、「アジア」、アメリカ合衆国、西ヨーロッパについての大学院の授業を履修し、これらの国や地域について学んだ。そして、最後に、第二章で述べた東南アジア・プログラムの「国別ゼミ」の形式《フォーマット》は、比較の観点からこの地域の複数の国について考えることを強いただけでなく、ディシプリン〔学問領域〕を横断するような読書、とくに人類学、歴史学、経済学の文献を読むことを強いるものでもあった。当時、こうしたことについて格別に意識的だったわけではない。イギリスで古典学を学んだ私には、全てが新しい経験であり、とにかく楽しかったのだ。

## 比較への第一歩

比較の枠組みによって物事を考える方向へと徐々に導かれたとはいえ、インドネシアに行くまでは、それはもっぱら読書を下敷きにした「知的な」ものだった。第三章で、それまでの経験とはまったく異なる社会に放り込まれ、そこで体験することになったいくつかの「ショック」(ほとんどが常に楽しいものだった)について語った。かの地で初めて、個人的な感情や政治志向といったものが、自分の知的活動に影響を及ぼすようになった。しかし、その主たる結果は、一般的ないかなる意味においても以前より理論的に物事を考えるようになった、ということではなかった。むしろ、自分がある種のインドネシア・ナショナリストあるいはインドネシア゠ジャワ・ナショナリストになるのを感じた。威張り散らすのが好きなアメリカ人高官に偶然に出会いでもすると、自分でも苛立たしくなるのが分かった。こうした高官たちは明らかにインドネシア人を見下しており、スカルノを相手にしている時間などなく、そして非常に反共的だった。スカルノが有名な反アメリカ的台詞、「お前の援助などクソ食らえ！」と憤りをもって叫んだとき、私は拍手喝采したい気分だった。

私にとっての明示的に比較研究的な最初の仕事、一九七二年出版のクレア・ホルト編 *Culture and Politics in Indonesia*〔『インドネシアの文化と政治』〕に "The Concept of Power in Javanese Culture"〔「ジャワ文化における権力観」〕という長文の論考を発表したのは、このような知的・感情的な姿勢においてだった。この論考は意外な起源を持っている。ある日、コーネルで教え始めたばかりの頃だったが、戸を開けたまま研究室の机に向かって仕事をしていた時のことだ。二人の年長教授が大きな声で話しながら研究室の前を通り過ぎた。ちょうど昼食時のことだ。話をしていたのはほとんどがアラン・ブルームだった。これよりよほどのちになってからだが、右翼系思想のベストセラー『アメリカン・マインドの終焉』〔みすず書房、一九八七年〕を著した人だ。ブルームはなかなか興味深い人物で、人を威圧するようなところがあった。人目を憚《はばか》ることなく女性的であり、明らかに女学生よりも男子学生を依怙《えこ》贔屓《ひいき》していた。頭脳明晰で保守派思想のカリスマ的な教師であり、「政治理論」分野〔プラトンからマルクスまで〕における第一級の研究者だった。シカゴ大学での学生時代、ブルームはレオ・シュトラウスの教え子の中でもトップに数えられる学生の一人だった。シュトラウスはナチス・ドイツからアメリカに逃れてきた有名な政治亡命者であり、主義の一貫した哲学的な保守主義者だった。彼の学生の多くが、とくに頭がよく野心的なユダヤ系の学生たちが、やがて最優秀の大学において新保守主義運動を先導することになる。レーガン大統領と二人のブッシュの下でのことだ。

ブルームが甲高い、ほとんど若い娘のような声で、「ところで知ってる？　古代ギリシャ人は、プラトンやアリストテレスのような人でも、今日、私たちが親しんでいるような意味での〝権力《パワー》〟の概念は知らなかったのを」と言っているのが聞こえた。この何気ない昼食時のコメントは私の心に沈潜し、そのまま消えずに留まることになった。「西洋思想」の創始者として常に敬うように教えられた二人の哲学者が、権力という観念《アイデア》を頭に思い描くことなどなかったというのは、それまで思ってもみなかったことだった。当初、ブルームの言っていることが信じられなかった。そこで図書館に行き、古典ギリシャ語の辞書で確認してみた。「専制政治」「民主主義」「貴族政治」「君主制」「都市」「軍隊」などの言葉は見つけることができた。しかし、抽象的、一般的な概念としての権力は見つけることができなかった。

右の経験は、私の考えをジャワならびにインドネシアへと向かわせた。この出来事の少し前のこと、雑誌『エンカウンター』上で、著名なスイス人政治評論家ハーバート・ルーティーとクリフォード・ギアツの間で熱い論争が繰り広げられたことがあった。一九六五年末から翌年初頭にかけての時期、すなわちインドネシア共産党によるとされるクーデターが起き、共産党員やそのシンパが虐殺されていた時期のことだ。誌上での論争の切っ掛けを作ったのはルーティーで、インドネシアの政治のあり方や言説に見る「理性の欠如」について刺々《とげとげ》しいエッセイを書いたのだった。もっともなことに、このエッセイに苛立ったギアツは、「インドネシア人は気がふれているのか?」というエッセイを認《したた》め、ルーティーに対して痛烈に反論し、理論的というよりはジャワにおける長期のフィールドワークの経験に基づき、インドネシア的理性のあり方を強く主張した。ギアツはこの頃すでに有名になっていて、アメリカ人類学界において大きな影響力を誇る人物だった。インドネシア研究においても、ケーヒン、ベンダと並び、年長格の最重要研究者三人の一人に数えられていた。良きインドネシア・ナショナリストとして、もちろん私はギアツの意見に与《くみ》した。しかし、ブルームの言うことを聞いてからは、政治学理論に基づきつつ、「理性」についてより体系的、歴史的に考え始めるようになった。

たまたまのことだが、一九六〇年代半ば、私と最も気の合ったインドネシア人の学生は中年の白髪頭の歴史家で、名前をスマルサイド・ムルトノといった。仲間内では親しみを込めて「マス・ムル」と呼んでいた。「マス」はジャワ語の呼称である。「兄貴」よりややあらたまった呼称だが、感じとしてはこれに近い。彼は本当の意味での古風なジャワ紳士で、優れた歴史家だった。優しくウィットに富み、生まれついての民主主義者で、おまけに微笑ましいまでに子供のようなところがあった。よく聞かせてくれたのは、コーネル大学のあるイサカで、朝起きて町が雪に覆われているのを初めて見た時のことだ。これまで見たことのない奇妙な美しさにすっかり心を奪われ、ベッドから飛び出すと裸足とサロン（腰布）のまま階下に駆け下り、雪が氷のように冷たいことも忘れて雪の中を飛び跳ね、楽しくて仕方がなかったという。私たち二人は院生研究室が隣り合わせだったこともあり、時間を見つけてはよくお喋りをした。あるとき、自身の修士論文の草稿を見せてくれたことがあった。内容はジャワの伝統的な王権支配に関するものだった。この修士論文は、一九六八年に *State and Statecraft in Old Java*〔『前近代ジャワにおける国家と治国術』〕として出版された。マス・ムルはジャワ語の資料を熟知しており、彼が参照した文書《もんじょ》の中にはビックリするような奇妙なくだりが何十とあった。その中でもとくに奇妙だったのは、疑いもなく某年代記に厳かにも記されていた物語で、一七世紀末の非力なジャワの王様、アマンクラット二世の一七〇三年の死に際して何が起こったかを語るものだった。

生前、王は継承者を指名していなかった。そのため、継承者たらんと欲する者たちや廷臣たちが王の死の床を取り囲んでいた。やがて、王位継承の野心を抱く者の一人、プゲル王子が、亡き王のペニスが屹立しており、その先端に一滴の液体が光り輝いているのに気づいた。王子はすぐさま王の亡骸に駆け寄り、その液体を飲み下した。するとペニスは屹立を止め、鎮まった。年代記編纂者が付け加えていうには、この出来事は、テジャないし王権を体現する神秘的な光が王子に伝えられたことを意味しており、かくして王子はアマンクラット三世となったのである。

ジャワ人は他の人々と同じように理性的だと確信していた私は、この奇妙な物語を理に適ったものとしているに違いない前提とは、一体何なのだろうかと思い惑った。ブルームを思い出し、プラトンと同じように、もしかしたらジャワ人は、厳密に人間関係だけに当てはまる権力という抽象概念を持っていなかったのではないか、と思い当たった。ムルトノと話してみると実際そのようだと分かった。しかし、同時に、ジャワ人は「具体的な」力《パワー》を示す明確な概念、宇宙に内在する一種の超自然力《マナ》のような概念を有していたのであり、それは神秘的物体、霊、人間(性器を含む)に宿ることができるのだとも教わったのだった。私は、これこそが鍵だと思った。この鍵は、ジャワ的な理性への扉を開けてくれるものであり、これを通して徐々に、異なる社会分野(官僚機構、外交政策、税制、農業等々に見られる人間の関係性)におけるジャワ的理性のあり方を理解し、ひいてはルーティーが理性に欠けると貶《けな》した諸行動や野心を説明する上で大きな助けとなるのではないか、と考えたのである。しかるのちに西洋に立ち戻るならば、それもマキャヴエリ――「神聖」ないし「神秘的」なるもの全てを自己の思考から排除した西洋で最初の政治哲学者――が登場する以前の時代に戻るならば、ジャワと多くの類似性を発見することになるのではないか（マキャヴェリの理性は、一体どのような前提から発したものなのだろうか？）。また、アジアの他の多くの地域でも、前近代ジャワのそれとあまり違うことのない権力観を見出すのではないか（例えば、Maruyama Masao, *Thought and Behaviour in Modern Japanese Politics*, Oxford University Press, 1963, Chapter 9〔丸山眞男『現代政治の思想と行動 下』未來社、一九五七年、第三部六 政治と権力の諸問題〕を参照）。何とも奇妙に思えたのは、ブルームとムルトノは同じ時期に同じキャンパスにいながら、それぞれの存在にまったく気づいていないことだった。

比較政治哲学の研究として構想された「ジャワ文化における権力観」の最終稿を書いていたとき、多くの西洋人読者からすぐさま提示されそうな批判を予期し、それに対して機先を制しておきたいと考えた。何かというと、「ふむ、ジャワ人は昔も今も原始的だが、我々は違う」というものだった。幸運にも、私には偉大なドイツ人社会学者マックス・ウェーバーの助けがあった。彼が近代社会学に導入した「カリスマ」――それが何かを明確かつ系統的に説明するのにウェーバーはてこずったが――という概念の存在である。ヒトラー、レーガン、毛、エビータ・ペロン、ド・ゴール、スカルノ、ガンディー、フィデル・カストロ、レーニン、ホメイニー――彼らが人々の想像力を捉えて止まなかった背景には、一体どんな理性が横たわっていたというのか？　自らを完全に近代的と信じていた文化においてさえ、その下層には古い「権力」観（「マナ」「テジャ」）が潜んでいたのではないのか?

もっと後になってからのことだが、レーガンは、自分の妻が掛かりつけの占い師に電話をしてからでないと重要な決定を下すことはなかったとの話や、今日の中国共産党の最高指導者たちは熱心に占星術師や風水師に助言を求めているのだと知り——もちろん人々に隠れてだが——、私は大いに満足したのだった。

この数ページで言わんとしたことは、次の二点に要約されよう。ひとつは、私は比較研究を、インドネシア・ナショナリストの観点に立ち、西洋オリエンタリストの間で長いこと一般的だった東洋対西洋の枠組みにおいて始めた、ということだ。ただ私の場合、比較の目的は、基本的な前提を理解しさえすれば、ジャワ人ないしインドネシア人も、西洋人を含む他の人々と同じように「理性的」なのだと示そうとすることにあった。そして、二番目は、まったくの幸運と偶然によってこの方向へと導かれた、ということである。若輩ながら自分はたまたまブルームの同僚であり、学生時代にたまたまムルトノと仲の良い友達だった。

## 二つの作品を分かつもの

次の一〇年間、比較と関係する本格的な仕事をしたわけではなかった。その後、比較の問題へと体系的に戻ることになるが、その時には、私の考え方や関心の所在は以前とはまったく違ったものになっていた。「ジャワ文化における権力観」(一九七二年)と『想像の共同体』(一九八三年)をざっと比べただけでも、両者がいかに違うか即座に見て取れるだろう。一九七二年には、三六歳の若さであり、まだ終身在職権《テニュア》を得ておらず、そしてインドネシアから追放されたばかりだった。一九八三年には、四七歳と年を取り、すでに正教授で、コーネルの東南アジア・プログラムの責任者《ディレクター》に任命されたばかりであり、シャム研究で忙しくしていた。

しかしながら、年齢が、この違いの最も重要な要因だったわけではない。ここで簡単ながら是非触れておきたいのは、先の一〇年間に三種の異なる人ないし人々から、私は強い影響を受けたということだ。以下に記す順番に特別な意味はない。また、これを記すに当たって絶えず強調したいのは、私がいかに幸運だったか、ということだ。

最初の大いなる幸運は、私よりはるかに頭脳明晰な若干年下の弟——一般的にはペリー・アンダーソンとして知られ、家族内ではもともとのアイルランド名「ロリー」で知られる——がいることだった。私がアメリカに発って以来、長いこと私たちは、母と妹を通して以外、連絡を取り合うことはほとんどなかった。オックスフォード大学で歴史学を専攻し、これを卒業してから、確か一九五九年のことだったと思うが、弟はマルキストたちの政治活動と知的活動の世界へと身を投じた。オックスフォード時代の友人と一緒に直ちに行動を起こし、刊行開始間もなかった『ニュー・レフト・レビュー』誌に参画して、覇気のないイギリス共産党の傘の下で長いこと時代遅れとなっていた連合王国のマルキスト政治を何とか再活性化し、現代化しようと試みた(仲間のほとんどは、一九六〇年代の急進的な学生政治運動に積極的に参加した者たちだった)。

この雑誌の創始者は、イングランドの農村部および労働者階級に関する偉大な急進的歴史家エドワード・トムスンと、のちにカルチュラル・スタディーズの父となった、ジャマイカ出身の社会思想家スチュアート・ホールだった。「若き反抗分子《ヤング・タ ー ク》」とホールとの関係は良好だったが、ホールとトムスンの関係は間もなくこじれ、ホールは『ニュー・レフト・レビュー』を去っていった。同様の問題は、やがてトムスンと「反抗分子」との間にも起こり、今度はトムスンが『ニュー・レフト・レビュー』を去るにいたる。トムスンは俊才な歴史家だったが、骨の髄までイギリス人で、大陸ヨーロッパの知的伝統をあまり評価していなかった。他方、弟と弟の友人たちは、イギリスは知的に孤立しており、これを打ち破る必要があると固く信じていた。第一になすべきは、海峡の向こうの主要なマルキスト——サルトル、メルロ゠ポンティ、アルチュセール、レジス・ドゥブレ、アドルノ、ベンヤミン、ハーバーマス、ノルベルト・ボッビオやその他大勢の人の著作を(翻訳し)輸入することであり、次いで、『ニュー・レフト・レビュー』で扱う諸問題をできる限り国際的なものにすることだ、と考えていた。『ニュー・レフト・レビュー』の編集に携わると同時に、ペリーは「西洋史」全体を組み立て直すという壮大なプロジェクトにも忙しく取り組んでいた。この試みは、やがて、彼の先駆的な著作 *Passages from Antiquity to Feudalism*, 1974〔『古代から封建へ』刀水書房、一九八四年〕と *Lineages of the Absolute State*, 1974〔『絶対主義国家の系譜』〕として結実した。両者は、比較を根本的な枠組みとしていた。

「良き兄」として、私は二冊の本に目を通したが、心からの畏敬と誇りを感じた。両著は、歴史に関する百科事典的な知識、イギリス語の古典的文体の習熟、そして複雑だが明晰な議論を展開しうる驚異的な論才、それも何百年の歴史と何十という国を扱いながら何百ページを通してこれを論じ切るだけの才を示していた。一九七二年以降、私は『ニュー・レフト・レビュー』を表から裏まで読むようになり、その過程で心《しん》から再教育されることになった。ここで、ヴァルター・ベンヤミンの著述と出会い、『想像の共同体』の読者ならすぐさま分かるだろうように、決定的な影響を受けることになった。ロンドンを訪問するたびに、『ニュー・レフト・レビュー』の人々と会うようになり、彼らと友達付き合いをするようになった。私が最も好意を持ち尊敬するようになった人物はトム・ネアンで、このスコットランド・ナショナリストかつマルキストは、一九七七年に素晴らしく挑発的な論争の書 *The Break-up of Britain*〔『ブリテンの解体』〕を出版した(本の題名が大《グレート》ブリテンでも連合王国でもないところは、スコットランド・ナショナリストとしての面目だろう)。この著作は大きな物議を醸し、エリック・ホブズボームからの刺すような攻撃を招いた。当時、ホブズボームは古い世代のマルキスト歴史家の間で指導的な人物だった。『想像の共同体』は、ひとつにはネアンを擁護するために、そしてもうひとつには、ヨーロッパ中心主義的歴史主義への一般的な攻撃として書かれたものだった。このような過程の中で、弟と私の関係は再び近いものとなり、これは現在まで続いている。彼は、『想像の共同体』の最終稿をまとめていた段階でも、私にとって最も重要な相談相手だった。もしペリーのような弟がいなかったならば、自分がどうなっていたのか想像もできない。弟と弟の友人たちを通して、私の考えはより国際的になり、政治化され、より体系的になったのだった。

　私にとって二番目に大きな影響は、コーネルにおける同輩の仲間であり、近しい友人でもあるジェームズ・シーゲルからのものだ。私の意見では、シーゲルは今日のアメリカで最も注目すべき独創的な人類学者である。彼はクリフォード・ギアツの最後の学生の一人で、それは、この偉大な人《グレート・マン》が、一九六〇年代末の粗暴な学生急進主義に激怒して教育を放棄し、プリンストン高等研究所という名の「山頂の要塞」のような場所へと上《のぼ》ってしまう前のことだった。この研究所では、長いことギアツが唯一の社会科学者だった。ジム〔ジェームズの愛称〕と私は学生時代のほぼ同じ時期に、インドネシアでフィールドワークを行なったことがあった。彼はアチェで、私はジャワでの調査である。私たちは一九六四年の春にスマトラの都市メダンで初めて会い、すぐに仲良くなった。彼の博士論文は一九六九年に *The Rope of God*『神の縄』という題で出版されたが、それはインドネシアについての、それまで書かれたことのないような人類学の成果だった。ジムがコーネルに来るにいたった経緯については、なかなか興味深い話がある。一九六七年頃、東南アジア関係の若手のポストがコーネルの人類学部に作られることになり、他の人々と一緒にジムもこれに応募した。当時は急進主義の時代で、最終候補者の面接はもはや教授のみによってなされるのではなく、大学院生もこれに参加した。決定の段階になって、ほとんどの教授陣はジェームズ・ピーコックを支持した。ピーコックは、東ジャワで人気のあった都市舞台芸能ルドルックについて博士論文をまとめ、それをいかにもという感じで「近代化の儀礼」と名づけた（博士論文は同名の本として出版されている）。タルコット・パーソンズ流の名づけ、それも近代化《モダニゼーション》という名づけは、すでに放擲《ほうてき》された崇拝物《フェティッシュ》だとして学生たちの間では評判が悪かった。学生は圧倒的にシーゲルに票を入れ、教授陣もこれに譲歩せざるをえなかった。のちの歴史は学生たちが正しかったことを証明している。ピーコックは生まれ故郷の南カロライナに引きこもり、再びインドネシアについて書くことはほとんどなかった。

　ジム・シーゲルは私にとって最も近しい友人の一人であり、これは現在も変わるところがない。よく一緒に授業を教えた。その中のあるゼミでは、学生全員にインドネシア語で話すように強要した！　私に「高尚《ハイクラス》」な人類学について本格的に教えてくれたのも彼である。その中にはイギリス人カトリック教徒で、知的刺激に満ちたアフリカ研究者ヴィクター・ターナーも含まれていた。ホメロスからプルーストに至るまでの西洋における「表象」の歴史を扱った非凡の書、エーリッヒ・アウエルバッハの『ミメーシス――ヨーロッパにおける現実描写』〔上下、筑摩書房、一九六九年〕を読むように言ってくれたのも、ジムだった。私たちが一緒に教えたゼミの中で最も気に入っていたのは、インドネシアの偉大な作家プラムディヤ・アナンタ・トゥールの創作《フィクション》についてのものだった。当時、プラムディヤは、スハルトの牢獄のひとつにまだ繋がれていた。優秀な学生たちと一緒に、作家の創作を注意深く詳細に読むという経験は、私にとってまったく新しいものだった。ジムのおかげで、インドネシア語文学だけでなく、自分が受けた古典ならびに西ヨーロッパ文学の素養をも加味して、どのようにしたら政治研究における「フィクション」と「リアリティ」の関係について新しい種類の分析を行なうことができるかを考え始めるようになった。

私にとって三番目の大きな影響は、東南アジア・プログラムの学生たちである。コーネル大学では、博士号を取得し若い大学教師になることを目指す大学院生は、三人の教師から成る委員会《コミティ》によって研究を指導されることになっていた。委員会の委員長は、当該学生の「主専攻《メイジャー》」の「分野《フィールド》」から選ぶ必要があったが、他の二人の「副専攻《マイナー》」の教師についてはそのような縛りはなく、学生が興味を持つ他のディシプリンから選ぶことが少なくなかった。私は「政府学」だけでなく、歴史学や人類学、そして様々な種類の文芸、とくに文学に興味があったが、東南アジア・プログラムや政府学部の同僚たちは自分の学問領域に集中する傾向にあった。そうしたこともあって、いろいろな分野の学生から委員会メンバーになってくれと頼まれることが多かった。学生が博士論文を終えるまでの期間、委員会メンバーとしての役目を責任を持って全《まっと》うするということは、五年ないしそれ以上にわたる多くの時間と忍耐を意味し、結果的に指導下の学生と彼らの研究関心について知悉《ちしつ》することに繋がった。私が博士論文指導をした学生には、ビルマ、ヴェトナム、カンボジア、シャム、インドネシア、マレーシア、フィリピンを研究した者がおり、研究関心はといえば、政治学、経済学、人類学、歴史学、社会学、農村開発、あるいは音楽や美術史さえをも含み、最終的には比較文学を専攻する者までいた。これ以前、私は本格的な意味での東南アジア研究者とは言えなかった。私が真に東南アジア研究者となったのは、この時期のことである。そして、私をそのように教育してくれたのは、自分の学生たちだった。

学生の出身国に見る多様性には、実に気分を浮き立たせるものがあった。例えば永積昭(実際には、彼は私の同級生であって、教えたわけではない)から始まり、非常に目立つ日本人学生の一団がいた。彼らの名前はすでに第二章で述べたので、ここで繰り返すことはしない。これら日本人留学生は、のちに日本で著名な研究者となった。また、ドイツ、カナダ、スイス、イギリス、オランダ、オーストラリアから来た学生がおり、東南アジアの大部分の国から若者が来ていた。とくに、シャムおよびフィリピンから一連の非常に優秀な学生たちが留学してきた。私にとって唯一の問題はインドネシア人だった。私が入国禁止となって以来、インドネシア人の学生たちはコーネルに来る前に警告を受けており、とくにインドネシア政府奨学生としてやって来た者はなるべく私を避けようとした。東南アジア研究に馴染みが深い読者なら、次のような東南アジア出身の優れた研究者の名前を知っていることだろう。ジョエル・ロカモラ、フィロメノ・アギラー、ビセンテ・ラファエル、パトリシオ・アビナレス、キャロル・ハウ(以上フィリピン)、チャーンウィット・カセートシリ、タック・チャルームティアラナ、セークサン・プラスートクン、カシアン・テーチャピーラ、アピナン・ポーサヤーノン(以上シャム)、ブルハン・マゲンダ、ダニエル・ダキデ、ブディ・サントソ神父、ジョージ・アディチョンドロ、パスカリス・ラクソノ(以上インドネシア)、フランシス・ローとペン・チア(以上マレーシア)、そしてミョー・ミント(ビルマ)といった人々である。

　時々自分で想像してみるのは、ペリーのような弟、そしてジム・シーゲルのような同僚を持つ幸運に恵まれなかったとしたら、自分には一体何が起こっていたのだろう、ということだ。同様に、もし学生との接触がなく、どこかの立派《グランド》な研究所に勤務したまま、身動きもせずにいたとしたら、一体どうなっていたのだろうか。

## 『想像の共同体』執筆の論争史的背景

右に述べたような人々からの影響は、『想像の共同体』の構造的な基盤を成す新たな種類の比較の形成に対してどのように作用したのか、そしてこれらの比較によって私は何をしようとしたのか――こうした問題をそろそろ検討するのに好い時期だろう。しかし、その前に少し脱線して、私の学問的著述の仕方に関する奇妙な癖について、簡単に触れておきたい。最初にこれに気づいたのは博士論文を書いている時だった。夏にオランダの文書館で調査をしたあと、一九六四年の八月初頭にコーネルに戻った。ジョンソン大統領が盛んに嘘を並べ立て、アメリカ議会がトンキン湾決議(これが、一九六五年初頭のヴェトナム戦争の大々的な拡大の根拠となった)を採択したばかりの時だった。その後、実際に博士論文を終えたのは二年半も過ぎてからで、六七年三月のことだった。オランダから戻って二年経っても一行たりとも文章を書いておらず、ケーヒンはお手上げとばかりに絶望していた。ところが、突如として執筆を開始した。それも、周到な執筆計画など皆無だったにもかかわらず、躊躇することなく書き始め、そして非常に速いペースで書き進めたのである。時には書いているのは自分ではなく、むしろ自分の身体を通して何か他のものが書いているという不思議な感じに襲われることさえあった。タイプライターのキーからほとばしり出てくるものに、自分でもしばしば驚かされるほどだったのである。同じことは『想像の共同体』でも起こった。この草稿は五カ月で仕上げた。そこで思ったのは、私に起こっていたのは、女性が身籠もり九カ月後に赤ん坊を産むのと同じようなことではないか、ということだった。言葉を換えると、私の意識下では多くのアイデアが静かに受精されており、その時が来ると、突如として本が出てくる、と。読者はすぐに気づくことだろうが、このような考究スタイルと執筆の過程は、学者が仕事をする一般的なイメージ、ゆっくり、注意深く、月から月へ、年から年へと仕事をするイメージとは、非常に異なるものだ。

さて、『想像の共同体』に見る典型的な諸比較についてだ。これらの比較のあり方は、以下に述べる本の論争的《ポレミカル》な意図に影響を受けたものだった。いくつかの入り組んだ理由があってのことだが、第二次世界大戦後にナショナリズムについて書かれたほとんど全ての「理論的」著作は、イギリスで書かれ、出版された(例外として、ミロスラフ・フロホの中央ヨーロッパと東ヨーロッパにおける「小ナショナリズム」に関する先駆的な比較研究、複数の国について経験的データを用いて行なった比較研究は、共産党支配下のプラハにおいてドイツ語で書かれ、イギリス語に訳されるまでには長い時間が掛かった)。そのほとんどはユダヤ人によって書かれ、人によってその政治的な立場は異なっていた。右派の中で最も右にいたのはエリ・ケドゥーリーで、バグダッドの古いユダヤ人コミュニティで生まれ育ったのち、若い時にロンドンに移り、当時イギリスで最もよく知られていた保守派政治哲学者マイケル・オークショットに影響されるにいたった。穏健右派にはアントニー・スミスがいた。イギリス生まれの正統派ユダヤ教の実践者で、その長いキャリアを通じてロンドンで歴史を教えた。ユダヤ人がネーションの中で最も古《いにしえ》のものだと確信し、近代のナショナリズムは過去から存続しているエスニック・グループから生まれたのだと一貫して論じた。リベラル左派には、哲学者・社会学者・人類学者のアーネスト・ゲルナーがいた。プラハ生まれのチェコ系ユダヤ人で、戦争直後にロンドンに移り住んだ。揺るぎない啓蒙主義的リベラルで、いわゆるナショナリズムの構築主義的見方を先導し、それは産業化と近代化の産物だと主張した。左派の最も左には、偉大な歴史家エリック・ホブズボームがいた。部分的だがユダヤ人の血筋で、植民地期のエジプトで生まれ、その教育の多くをナチスによる併合以前のオーストリアで受けた。ホブズボームは構築主義者であるとともに共産主義者であり、イギリスにおいて高まりつつあったナショナリズム論争に対して、テレンス・レンジャーと *The Invention of Tradition*, 1983〔『創られた伝統』紀伊國屋書店、一九九二年〕を編纂することによって顕著な貢献をなした。一人異彩を放っていたのがトム・ネアンである。一〇〇パーセント、スコットランド人であり、ニューレフト・マルキストの急進論者だった。

　これらの優れた知識人は全てロンドンかロンドン近くのオックスフォードないしケンブリッジに住んでおり、多かれ少なかれお互いに知り合っていた。ネアン以外は全員イギリスに愛着を持っており、それは一部には、イギリスが大方においてファシズムや暴力的な反ユダヤ主義に汚染されておらず、また連合王国《イギリス》という国家が、イングランド、ウェールズ、スコットランド、北アイルランドを含み、ヨーロッパで一般的なフランス、ドイツ、スウェーデン等のネーション・ステートとは異なっていて、むしろすでに消滅したオーストリア＝ハンガリー二重帝国のように、多重ネーション《マルティ・ナショナル》の国家ないし超ネーション《スープラ・ナショナル》の国家のように感じられたからだった。また、ゲルナーはアフリカ北西部《マグレブ》について研究し、アラビア語を学んだことがあり、他方ケドゥーリーは出身地のイラクについて多くのことを記しており、イラクで用いられているアラビア語をよく知っているというように、ヨーロッパ以外の地についても研究関心があったとはいうものの、これらの人たちは全て基本的にヨーロッパ志向だった。

つまり、『想像の共同体』が狙いとしたのは、右のようなきわめてイギリス的な言論環境だったのである。論議は、ネアンの一九七七年刊の論争的な書、『ブリテンの解体』によって実際の引き金が引かれた。この本においてネアンは、連合王国は過去の化石化した遺物、保守的で帝国主義的な遺物であり、その根底にある四つの構成ネーションへと分裂する運命にあり、その先駆けとなるのはスコットランドだと論じた。この本は激しく攻撃され、とくにホブズボームは、真のマルキストはナショナリストではありえず、マルキシズムはその初めから国際主義《インターナショナリズム》に傾注しているのだと言明して、これに反駁した。私自身は、ネアンの本がとても気に入った。本の内容そのものと、そしてアイルランド人として気に入ったのだ(南アイルランドは、何世紀にもわたるイギリス植民地支配ののち、一九二二年に武力闘争の末ようやく独立を勝ち取った)。そもそも私は、大《グレート》ブリテンという考え方そのものに対して敵対的な感情を抱いていた。また、弟のおかげでネアンを個人的に知っており、彼の勇気と知性を尊敬していた。これが、ネアンを擁護するために、そしてイギリスにおける論争に貢献するために、『想像の共同体』が構想された理由である。自分自身では、この本は厳格な意味でのアカデミックな本とは考えていなかった。また、出版当時、この本がのちに広く国際的な聴衆《オーディエンス》を得るだろうなどとは考えもしなかった。

国際的な聴衆といえば、実はこれまで多くの人から、『想像の共同体』は難しい本だ、とくに翻訳するのが難しい本だと苦情を聞かされてきた。この指摘が一部で当たっているのは否定できまい。しかし、難しさの大きな部分は、思考の領域にあるのではなく、論争に加わろうとの当初からの姿勢と、それが向けられていた聴衆がイギリスの「インテリゲンチア」だったことに由来している。「間近で己の敵を知る《クローズアップ》」ことは常に優れた戦略である。これが、私の本にイギリスの詩、エッセイ、歴史、伝説等々からの引用や、これらへの引喩がふんだんに使われている理由である。当然ながら、これらの引用等についてイギリスの読者に説明する必要はない。しかし、それ以外の読者にはきわめて馴染みの薄いものだろう。ジョークや皮肉な評言も述べられているが、これらは生まれながらにしてイギリス語を第一言語とする人だけが可笑しく感じ、あるいは苛立たしく感じる類《たぐい》のものである。論争に揶揄の意味を込めようと、イギリスの支配者については常に一般庶民のような身分上の扱いをした。例えば、チャールズ一世ではなくチャールズ・スチュアートと書いた。しかし、外国の支配者については、伝統的な形式(ルイ十四世など)を用いた。あるとき、急進的な(イギリス人)フェミニストが、この「差別」について怒りの手紙を寄こしたことがあった。もちろん私は、してやったりとほくそ笑んだ。(一九八〇年代末に、私の最も優秀な学生のうちの二人、白石隆と白石さやが、この本を日本語に訳すと決めたとき、この著作は本来、日本の読者向けに意図されたものではないことを強調した。それゆえに必要に応じて、適切な日本語文の引用、引喩、ジョークと、イギリスのそれとを差し替えても構わないと伝えた。二人は、原書のジョーク等に縛られない自由を喜んだことと思う。)

『想像の共同体』は、『ブリテンの解体』よりもさらに広い論争の枠組みを念頭に構築されたものだった。最初の標的は前述の人たちの仕事に見られるヨーロッパ中心主義で、とくにナショナリズムはヨーロッパに生まれ、これが真似された形で世界の他所に広がったとする前提だった。「インドネシア・ナショナリスト」として、そしてシャムをこよなく好いている人間として、私は何よりもアジアを論争の中に位置づけたかった。しかし、同時に明白だったのは、ナショナリズム運動はその歴史的起源が南北アメリカとハイチにあり、これらの地での運動は「民族的《エスニック》」ないし言語的な原理によっては説明することができない、ということだった。二番目の標的は、伝統的なマルキシズムとリベラリズムだった。ネアンは正しくも、この種のマルキシズムが大方においてナショナリズムを避けて通っており、ナショナリズムが持っている巨大な世界的、歴史的な力を説明できないでいると指摘した。しかしながら、ネアンは、この問題に対するマルキスト的な解決策を本気で提供しようとは試みていなかった。私は、そのような解決策は、一六世紀からヨーロッパにおいて大量に印刷・出版されるようになった書物の特性を考慮に入れれば提供可能だと確信するにいたった。本は疑いもなく、初期資本主義によって生産された商品だった。しかし、ビールや砂糖と異なり、書物は思想《アイディア》、感情《エモーション》、想像《イマジニング》の容器《うつわ》であり伝達者だった。古典的リベラリズムも、ナショナリズムについてはマルキシズムと同様の問題を抱えていた。最後の標的にしたのは、ナショナリズムを単なる「イズム」のひとつとして扱う強固な伝統だった。リベラリズム、マルキシズム、ソーシャリズム、コンサーバティズムなどと同じように、純粋に思想の体系ないしイデオロギーとして扱う伝統である。ナショナリズムをこのように見ることは、それが持つとてつもない、とてつもなく大きな情動的力、そして人々をしてそのためには命を賭すことも厭《いと》わないとの気持ちにさせる力について、説明する糸口さえも与えてはくれない。

最後にもうひとつだけ、これらほど重要ではない半標的を挙げておいてもよいだろう。それは、ある意味での偏見で、この偏見のためにナショナリズムを論じるほとんどの著者は、大国ないし「重要」な国に議論を集中させてきたということだ。『想像の共同体』の読者なら分かると思うが、この本では比較的少ない紙幅のみを、アメリカ合衆国、中国、インド、ロシア、ブラジルに割いているに過ぎない。

## 比較の比較

「ジャワ文化における権力観」では、東西対比における比較を行なった。右に記した論争史的背景の説明は、これとは根本的に異なる比較の形を『想像の共同体』ではどうして用いたかを理解してもらう一助となろう。以前は、主として相違点に関心を払っていた。それに対して、今度は、ネアンに倣い、論争を呼び起こそうと類似点に注目したのだった。南北アメリカについての長い章、「クレオールの先駆者たち」がその好例である。合衆国のナショナリズムに関するほとんどの先行研究は、単にアメリカ・ナショナリズムの例外主義を主張するか、それをイギリスの伝統に結び付けるかのどちらかだった。そこで、私は、初期のアメリカ合衆国のナショナリズムを、スペイン領アメリカ各地で見られた新たなナショナリズムのうねりと比較し、さらには、合衆国を章の始めではなく章の終わりで扱うことにしたのだった。その中で、フランクリンとジェファソンは、合衆国国境南方のいたるところで見られたパターンの延長だと言わんばかりに、彼らのことを「クレオール」、すなわちスペイン本国ではなく新大陸生まれのスペイン人クレオールと同様の意味で、新大陸生まれのイギリス人クレオールと呼び、さらにシモン・ボリバルは、ジョージ・ワシントンよりもよほど素晴らしい人物だとコメントしたのだった。これらの記述に苛立ちを覚える読者がいるだろうことを考え、秘かにニンマリしてのことだ。同様にして、帝政ロシアとイギリス領インドを意図的に一緒に扱い、ハンガリーとシャムならびに日本、インドネシアとスイス、そしてヴェトナムとフランス領西アフリカを一緒にしたのだった(何年も後のことだが、台湾ナショナリズムをクレオール・ナショナリズムの現代版と分類して悦に入ったこともある)。これらの比較は読者に驚きとショックを与えようとするものだったが、同時にナショナリズム史の研究を「グローバル化」しようとするものでもあった。これらの比較を私は今でも気に入っている。ただし、それは、「比較政府学」(比較政治学)の主流で通常行なわれていた、統計とサーベイに依拠する比較とは形態を異にするものだった。

この種の比較の根本的な問題に気づいたのは、かなり時間が経ってから、実は教授職から完全に引退してからのことだった。それは何かというと、ネーションとネーション・ステートを分析の基軸単位とすることによって、致命的にも無視している現実があるということだった。つまり、ネーションとネーション・ステートは、現実には広大な宗教ネットワークや経済的・技術的な影響、さらには「グローバルな」政治思想的潮流によって互いに結び付けられ、あるいはこれら全体ではなくとも、その一部が様々な影響や潮流によって貫かれ、繋がっているという明白な現実である。ここでいう潮流《カレント》とは、リベラリズム、ファシズム、コミュニズム、ソーシャリズムなどのことである。また、私は、ナショナリスト「だけ」である人は珍しいという現実を、もっと真剣に考えるべきでもあった。たとえどれほど強いナショナリズムの感情を抱いていたとしても、人は同時にハリウッド映画の虜《とりこ》であるかもしれず、これ以外にも、ネオ・リベラリズムやマンガ趣味、人権、近未来に起こりうる生態環境災害、ファッション、科学、アナーキズム、ポスト・コロニアリズム、「民主主義」、先住民運動、チャット・ルーム、占星術、スペイン語やアラビア語のような超ナショナルな言語、といったものに心奪われているかもしれないのである。この深刻な問題に気づいたがゆえに、その後、*Under Three Flags: Anarchism and the Anti-Colonial Imagination*, 2005〔『三つの旗のもとに――アナーキズムと反植民地主義的想像』NTT出版、二〇一二年〕において、グローバル・アナーキズムに焦点を当てただけでなく、グローバルな形のコミュニケーション、とくに電報と蒸気船に注目することにしたのだった。

私の枠組みが今や変化したことから、比較のスタイルもそれにつれて変化した。「ジャワ文化における権力観」と『想像の共同体』は互いに非常に異なる作品だとはいえ、両者は時間軸《ロンジテューディナル》の切り口が顕著である点で共通していた。読者は、前者においてはジャワの歴史を三世紀にわたって逍遥し、後者では一五世紀の出版資本主義の発明から二〇世紀半ばの反植民地主義運動までの歴史に引き合わされる。『三つの旗のもとに』では、特徴的なのは空間軸《ラティテューディナル》の切り口だ。基本的な時間枠は何世紀もの長さではなく何十年であり、それも一八六一年から一九〇一年までの四〇年間に限定されている。私が最も興味を惹かれたのは、ヴァルター・ベンヤミンがいう「均質で空虚な時間」の同一断片の中で、政治、思想、文芸面での新たな展開(例えばアナーキズムやアヴァンギャルド運動)が世界の諸地域――ブラジル、キューバ、イギリス、ベルギー、イタリア、フランス、スペイン、ドイツ、ロシア、南アフリカ、日本、中国、オセアニア、そしてフィリピン――の間でどのように連携し、連動していたかを見ることだった。

この類の研究は新しい種類の語りの構造を必要とした。伝統的な学術的歴史記述ではなく、むしろ新聞の連載小説のような語りの構造である。読者はナポリ、東京、マニラ、バルセロナ、パリ、リオデジャネイロ、サンクトペテルブルク、タンパ、そしてロンドンへと、これらの間を行きつ戻りつ誘《いざな》われる。したがって、強調されるのは、思想や政治活動等をめぐる国家《ステート》と国民《ネーション》の境界を越えた同時代的な学びとコミュニケーションならびに協調だった。例えばフランス人の中にはアメリカ人やベルギー人から学んだ者たちがおり、中国人の中にはフィリピン人や日本人から、イタリア人の中にはスペイン人やロシア人たちから、フィリピン人の中にはドイツ人やキューバ人から、それぞれ学んだ者たちがいた。主に強調しているのは同時性と類似性だが、それにもかかわらずこの本の核心は、グローバルなアナーキズムとローカルな諸ナショナリズム間の対照性の分析にあった。この対照性の最も鮮やかな象徴《エンブレム》は、この時代にニューヨーク州のバッファローから始まり満州のハルビンまで見られた、暗殺という大きなうねりの考察から浮かび上がってくる。ナショナリストの暗殺者は、常に「自分たち自身の」憎むべき国家指導者を殺したのに対して、アナーキストの暗殺者は、自分たちのローカルな抑圧者だけでなく、しばしば他の国の悪名高い政治指導者をも標的にしたのである。

## 比較とは何か

比較とは何だろうか？　それは、基本的には方法《メソッド》ではなく、学問的テクニックでさえないと認識することが重要である。むしろ、それは、語りのための戦略、どのように問題を設定しそれを語るかの戦略だ。比較を行なうに当たっては、この戦略をどのように用いるかをめぐりいくつか留意すべき事項が存在する。

まず、第一に、どのような研究においても主として類似点を追求するのか、それとも相違点を追求するのかを決めなければならない。この決定は戦略的に重要だ。例えば日本と中国ないし朝鮮《コリア》が、基本的に似ているとか、あるいは違っていると言うのは非常に難しく、それを証明するとなるとなおさらのことだ。考察する人の視角や枠組み、引き出したい結論は何かによって、どちらの議論も可能だからだ(第一次世界大戦前夜の数年間、ドイツとフランスで主戦論が横行し、両国国民がそれぞれ相手を憎むように煽り立てられていた時期に、偉大なオーストリア人マルキストの理論家オットー・バウアーは、パリっ子とベルリン子は、「中世時の」それぞれの祖先と比べると、現在の互いの間の方にこそ、よほど多くの共通点を分かち持っていると語り、両者をわざと怒らせて喜んでいた)。したがって、この章の最初の方で、役に立つ例となるかもしれないと思い、一九七〇年代初頭、八〇年代初頭、二〇〇〇年代半ばに著した自分の比較研究を紹介したのだが、それは三作品の間の変化が、視点、枠組み構成、そして(政治的)意図において互いにまったく異なるものを反映していると示したかったからだ。

二番目の留意点は、最も啓発的な比較(類似、相違のいずれの比較であるかにかかわらず)は、「妥当な議論が展開できる範囲内で」との条件付きだが、意外性や驚きのある比較だということだ。日本を中国と比較したからといって、日本人で驚く人はいないだろう。この手の比較は何世紀にもわたって行なわれてきており、よく踏み固められた道で、比較をする前から、あるいは比較を読む前から、人は通常、比較の道筋や行き先をすでに心に描いている。しかしオーストリアやメキシコとの比較ならば、読者をあっと言わせることができるかもしれない。

三番目の留意点は、同一の国を長い歴史の中で見る時間軸《ロンジテューディナル》の比較は、少なくとも複数ネーションを横切る形の空間軸《ラティテューディナル》の比較と同じほど重要だということだ。その理由のひとつは、教科書風のある種の国民の歴史《ナショナル・ヒストリー》が持つ力である。それは神話を厭うことがなく、ネーションの永続性と往古に遡る「ナショナル・アイデンティティ」に既得権益を見出すような歴史である。スコットランド人は、自分たちがイングランドに支配され、抑圧されてきたと信じかつ主張したいがために、一七世紀のほとんどの期間、ロンドンに君臨した王は実はスコットランド人だと想起させられることを好まない。そして、日本人は、国の初期の天皇たちが、その出自において朝鮮人《コリアン》かもしれないとの示唆を快く受け入れるようなことはしないだろう。それゆえに、研究者は、古代史と「中世」史について広く読むことを通して、大いに得るところがあるのである。

四番目の留意点は、比較を行なう際には、自らの状況、階級上の地位、ジェンダー、教育のレベルとタイプ、年齢、母語などに考えを巡らせるとよい、ということだ。これらは常に、変化をしている。例えば、ある国に住み始めたとして、その国の言葉がほとんど理解できない、あるいはまったく理解できないとしたら、比較を考える上でよい立場にいるとは言えない。地元の文化を知る術《すべ》をそれほど持たないことを意味し、言語的に貧しく感じ、寂しくそして孤立しているとさえ感じる。結果的に自分と同じ国の人間を追い求め、彼らとのみ連《つる》むことになる。こうした状況においても、人は何らかの比較をせずにはいられない。しかし、そうした比較は皮相的で、短絡的な偏見に彩られたものになりがちだ。やがて生活を続けるうちに、運がよければ言語の壁を乗り越え、もうひとつの世界にいる自分を発見することになるだろう。探検家のような心持ちになり、多くのことが当たり前となっていた自国での生活とは違って、全てのことに注意を留め、それについて考えようと試みる。自分の所属階級や教育、あるいはジェンダーさえも、もはや当然のものとして扱うことができなくなる。もし目を見開き、耳を澄ませるならば、そこに見ることができないもの、聞くことができないものを見つけ、聞けるようになる。そこにあるものだけでなく、ないものにも気が付くようになるのだ。小説を例に取れば、書かれていることだけでなく、書かれていないことにも注意がいくようになる。そして、この気づきは、今現在、生活している国についてだけでなく、自分の国についても向けられるようになる。

しばしば、それは、単語ないし言葉から始まる。例えばインドネシア語にはご飯の美味なることを表す言葉として「グリ」(gurih, 香りがよい美味しさ)というのがある。もしイギリスからやって来た人なら、この味をイギリス語では表現できないことに気づき、びっくりすることだろう。他方インドネシア語には、古い写真が醸し出す美しい色、イギリス語の「セピア」に対応する単語は存在しない。単語のあとには概念が続く。ジャワ語には「ロンアン」(longan)という表現があり、これは椅子やベッドなど、家具の下にある無の空間のことで、このような概念はイギリス語には存在しない。存在しないにもかかわらず存在し、存在しているにもかかわらず存在しない。あるいは、タイ語には、イギリス語の「皮肉《アイロニー》」に当たる概念が存在しない。どうしてそうなのだろうか?

この時期、つまりまだ新しい言葉と日常的に格闘を続けている時期というのは、それほど言葉が上達していないために、いまだ外国語と自分の母語との間で、自動的な翻訳置き換えが起こっていない時期に当たる。この時期は、本格的な比較を旨とする訓練を自らに課す上で、とくに適した時期だ。多くのことに気づくに足るだけのことをすでに知っており、しかしそれにもかかわらず依然としてよそ者だからだ。滞在がさらに長くなると、自分の国にいた時と同じように、物事は再び当たり前のものとなり、以前ほどの好奇心も観察癖も持たなくなってくる。「自分はインドネシアのことは、裏の裏まで知っている」と、自らに語るようになるのだ。要は、よい比較というのは、ほとんどが「何かが違う《ストレンジネス》」という感覚と、そして「あるべきものがない《アブセンス》」という経験から発するということだ。

興味深いのは、インドネシア語とタイ語は、言語学上はまったく別の語族に属するが、両方ともが「ヤシガラ椀の下のカエル」「ヤシガラ椀の中のカエル」(インドネシア語ではコドック・ディバワ・トゥンプルン、タイ語ではコップ・ナイ・カラ)という意味の慣用句を持っていることだ。これが言わんとするのは、独りよがりの地方気質《プロビンシャリズム》だ。ヤシガラ椀の下のカエルは、椀から這い出すことが叶わず、やがてカエルは、頭上にある椀の天井が天空だと思い込むようになる。

# 第五章　ディシプリンと学際的研究をめぐって

いつ、どこで、なぜ、「ディシプリン」ないし「学問領域」なるものが着想され、そして制度的に重要になったのかは実に重要な問いである。しかし、私自身、これに十分答えることはできない。一八世紀の偉大な知的成果、ドゥニ・ディドロと彼の仲間が編纂した膨大かつ包括的な『百科全書』は、今日的な学術的意味での「ディシプリン」に言及しておらず、また『全書』の寄稿者のうち大学教授は少数だった。「ディシプリン」の発展を考えるには、まず大学の歴史について、多少なりとも検討しておかなければならない。

## 歴史の中の大学

フランス革命以前、大学は数が多くもなければ、それほど重要でもなかった。一八四八年にヨーロッパ各地で大変動が起こるまでは、学生は政治において何ら重要な役割を果たしていない。この年には、マルクスとエンゲルスの『共産党宣言』が出版されただけでなく、急進主義者、自由主義者、そしてとくに若いナショナリストたちによるハプスブルク、ホーエンツォレルン、ロマノフ、オスマンの帝国に対する反乱が起こった。これらの国は、中央ヨーロッパと東ヨーロッパを支配していた保守的な帝国だった。

一般的に言って、知的世界の外縁は、かつては聖職者と、これより少ない程度ではあったが、貴族を中心とする階級構造によって形を与えられていた。聖職者も貴族も生活のために働く必要はなく、知的探究は、聖職者であれば修道院において、貴族であれば自分の資産を用いて行なうことができた。そのために必要とされた基盤施設《インフラストラクチャー》は、費用的に大きくはなかった。タイプライターもなければ、コンピューターも大実験室もなく、カメラもまだ存在していない。大きな修道院には図書施設が備わっていた。他方、貴族が個人的に書斎を構えるにしても、それほど費用が掛かるわけではなく、新聞も比較的廉価だった。ブルジョア知識人は、自分の資産がなければ貴族をパトロンとし、その支援を頼みにすることができた。一八世紀の有名なイギリス語辞書、サミュエル・ジョンソンの辞書は、今日ではおよそ信じ難いことだが、手書きでまとめられたものであり、それもジョンソン自身が手書きしたものだった。大学は眠気を催すような場所であり、素人くさい雰囲気の漂うところだった。

私が推測するに、実際に大きな変化が起こるのは、一九世紀に西ヨーロッパで産業資本主義が興り、ブルジョア階級の政治的勃興があってからのことである。間断ない科学的・技術的革新に基づく産業化の急速な発展は、自然科学《ハードサイエンス》における、より体系的で細分化された研究を必要とするようになり、情報や考え《アイディア》の交換のための専門的な雑誌《ジャーナル》の誕生を促した。物理学、化学、生物学等々のために、より多くの専門的な言葉を発展させる必要が生じ、一般の知識人には、こうした言語は瞬く間に意味不明なものになった。これら全てのことは、産業社会においてますます一般的となった分業の一側面だったと言えよう。しかし、この発展は、人文学や、今日私たちが願望を込めて「社会科学」と呼ぶものにはそれほど当てはまらなかった。二〇世紀になった時点でも、十分な教育を受けた人なら経済学、社会学、人類学、歴史学、心理学、政治学、そして哲学についての重要文献でさえ、それほど苦労なく読むことができたのである。

産業化の幕開けとともに、（近代化し、合理化しつつあった）国家の機能が大々的に拡大した。保健、教育、農業、労働、科学、文化、情報等々をそれぞれ管轄する省が設けられ、貿易、移民、都市計画などを担当する無数の「専門化された」庁や部局も立ち上げられた。貴族たちは、たとえそのように望んだとしても、爆発的に増殖する官僚機構のポストを埋めるにはあまりにも数が少なかった。したがって、人材の多くは、ブルジョアないし中産階級からやって来ることになり、これらの人々は、より近代的で質の高い教育を手に入れる必要があった。この圧力は、教育が新たな重要性を帯びるようになったこと、そして教育が改革の必要性に直面したことを意味していた。これらのことと関係して、歴史上初めて、国家が教育面で中心的な責任を担うにいたる。この点での先駆者はドイツ諸領邦国家で、ヨーロッパの多くの国々、そしてのちにはアメリカにおいても、ドイツがモデルになった。ただし、アメリカには本当の意味での貴族が存在しなかったことから、その変化は特別な形を取るようになる。アメリカの高等教育の特殊性については、いずれ後で検討することになろう。

ディシプリンなるものを「論理的に整序された」配列に並べるべく整理を試みたとしても、とくに人文学や社会科学においては、これは単純なことでも容易なことでもなかった。例えば古典学の位置づけを考えてみよう。イギリスでは、(既述のように)古典学は第二次世界大戦後までは非常に威信が高かった。「紳士」は、身分に相応しい文明的教育の一環として、自分たちの古典籍をよく知っていることが当然視されていた。しかし、古典学は、歴史学、考古学、文芸学、哲学、文献学《フィロロジー》、美術史の寄せ集めだった。東洋学は、古典学ほど威信が高くはなかったが、それでもまだ重要で、この内容も寄せ集めだった。文学はといえば、イギリス語、フランス語、ドイツ語、イタリア語、ロシア語による文学というように、きわめて非科学的に分けられていた。植民地研究、民俗学、民族学などが合わさって、マリノフスキー流のフィールドワークに基づく人類学へと発展したのは非常に遅く、基本的に第一次世界大戦後のことである。社会学は、ドイツとフランスでは長いこと一般的だったが、イギリスの大学では第二次世界大戦後まで、完全には受け入れられなかった。多くの大学では、人類学と社会学は同じディシプリンに属すると考えられていた。経済学と政治学も、デイヴィッド・ヒュームとアダム・スミスの伝統のおかげで、しばしば相互に撚《よ》り合わさり、分かち難かった。歴史学は時代と国によって分けられたが、この二つのカテゴリーに科学的な根拠は存在しない。そして哲学は、数学、言語学、思想史、政治学を少しずつ混ぜ合わせたようなものだった。

重要なことに、イギリスではきわめて近年まで、大学で教えるのに、あるいは第一級の研究をするのに、博士号が必要だなどとはまったく考えられていなかった。私が一九五〇年代半ばにケンブリッジ大学で学んでいたとき、年長の教授たちが、アメリカの博士号「熱《マニア》」を単なるドイツ的慣行の愚かな真似事だと笑いものにしていたのをよく聞いた。実際、当時のイギリスの著名な学者のうちで博士論文を書いた人は少なかった。国家統一がなされる前のドイツでは、領邦国家単位で官僚育成を旨とする大学が多数存在し、さらに大学の講師職に就くには博士号のような資格が必要とされたため、博士号所有者が多かったのである。他方、イギリスの大学では、「講座制《チェア・システム》」のため、ひとつの講座に一人の正教授しか存在せず、ひとたび正教授が任命された時点で、他の教師にとって博士号の重要性は軽減した。このような背景もあって、ドイツと、とくにアメリカで見られた博士号を一種の資格と考える「専門職主義《プロフェッショナリズム》」的傾向や、博士号を社会的上昇の手段と捉える傾向——逆に言えば、これらの国では教育は民主化や社会的平等を促進するものだった——を見下すふうがあった。

こうした態度が一般的だったひとつの理由は、経済学や社会学でさえも、厳密な意味で真に「科学的」だと言えると信じていた学者は多くはなく、むしろ東洋学とそれほど変わることのない実用的《プラクティカル》な「分野《フィールド》」だと思われていたことである。東洋学において古代ペルシャ語を学ぶとして、これをディシプリンと呼ぶわけにはいくまい。人によっては、おそらく懐旧の念を込めて、この時代の学問は基本的に学際的だったのだ、と言うかもしれない。しかし、このような主張には歴史的な誤謬《ごびゅう》がある。学際的《インターディシプリナリー》であるためには、まずディシプリンが存在しなければならない。

## 大学の制度とディシプリン

ディシプリンは、大学の制度や組織構造の中に埋め込まれるまでは学術的に枢要なものとはならなかった。この点に関係する最も重要な発展として、三つのことを挙げることができるだろう。ひとつは、専門職業者《プロフェッショナルズ》たちの集まりすなわち学会と、それに付随する学会誌の登場である。これらは、それに付けられた名前自体が、それぞれのディシプリンの全体像を「代表する」と主張するものだった。アメリカの例をいくつか挙げると、アメリカ歴史学会(一八八四年)と『アメリカ歴史学レビュー』(一八九五年)、アメリカ経済学会(一八八五年)と『アメリカ経済学レビュー』(一九一一年)、アメリカ人類学会(一九〇二年)と『アメリカ人類学者』[1](一八八八年)、アメリカ政治学会(一九〇三年)と『アメリカ政治学レビュー』(一九〇六年)、といったようにである。

参考のために、日本における学会の設立史の状況も見ておこう。[2] 第二次世界大戦前の人文学と社会科学系の主だった学会設立年だけを取り上げると、概略次のようになる。哲学会(一八八四年)、法学協会(一八八四年)、国家学会(一八八五年)、史学会(一八八九年)、時代は飛んで日本社会学会(一九二四年)、日本心理学会(一九二七年)、日本宗教学会(一九三〇年)、社会経済史学会(一九三〇年)、日本経済学会(一九三四年)、日本民族学会(一九三四年、現・日本文化人類学会)等。一八八〇年代、すなわちアメリカでいくつかの学会が設立された時代に四つ、一九二〇年代半ばから三〇年代半ばにかけて六つの学会が設立されたことになる。

前者四つの「学会」は、実際には学会というよりは研究会のようなものだった。すなわち一八七一年に文部省が設立され、その六年後の七七年に東京開成学校と東京医学校の合併によって東京大学(一八八六年に「帝国大学」に改組、一八九六年に京都帝国大学の創設に伴い「東京帝国大学」に改称)が発足し、その文学部や法学部(ただし一八八六年から一九一八年までは、学部ではなく分科大学を名乗った)に設立された内部組織だったのである。その全てが末尾に「雑誌」と名の付く紀要を刊行し(『史学雑誌』『法学協会雑誌』など)、他方で名称に「日本」を冠していないことは、当時、日本で唯一「大学」を名乗り、法理文の三学部と医学部から構成されていた総合高等教育機関にとって、「学会」の設立や紀要の刊行は、学部や学科の学問的体制を整えるための重要なステップだったと考えられる。四つの組織のうち哲学会と史学会はのちに学会となる。だが法学協会と国家学会は、現在においても東京大学法学部の内部組織として紀要を発刊し続けている(同様の「研究会」は後続の京都帝国大学などでも設立された)。他方、日本法学会に相当するものが設立されることはなかった。なお、これらの動きに先立ち、東京大学発足時の一八七七年には法理文三学部の紀要として『学芸志林』が発刊され(一八八五年に廃刊)、さらに一八七九年には東京学士会院(のちの日本学士院)が創設されており、四つの「学会」が設立された高等教育制度草創期の時代的趨勢を映し出している(東京大学百年史編集委員会編『東京大学百年史通史一』一九八四年)。

これらの組織とは趣を異にするのが国際法学会で、一八九七年に設立され、一九〇二年からは学会誌『国際法雑誌』(一九一二年に『国際法外交雑誌』に改名)を刊行し、今日に至っている。学会誌第一号の「発刊の辞」には、編集委員の名前が挙げられている。これには東京法科大学、陸軍大学校、学習院、東京外国語学校の教授の名前や、外務書記官、海軍参事官、司法官試補などの名前が含まれており、特定の大学等を越えたいわば官学共同の組織だったことが分かる。またこの辞では、不平等条約改正の先駆けとなった日英通商航海条約(一八九四年)と日清戦争(一八九四―九五年)の意義を、「我国が国際法上完全なる権利を享有するに至りたる」、「世界史上の一強国たることを表彰せる」と説明しているように、幕末期の「万国公法」との出会いによって「欧米耶蘇教国」の国際法を知った日本が、一八八九年の大日本帝国憲法の発布などを経て、いよいよ欧米諸国と肩を並べて国際舞台に(帝国主義的)進出を果たそうとした時期に、政治的な意図をもって設立されたのだろうことが推察される。

私たちが現在理解する意味での学会が戦前に多く設立されたのは、一九二〇年代半ばから三〇年代半ばにかけてである。既述の組織名から窺えるように、この時代には社会学、心理学、宗教学、民族学など西洋近代に誕生した人文学・社会科学系ディシプリンの学会が多く設立された(例外は現在の日本人類学会の前身「人類学会」で、これは先の四「学会」と同様、一八八四年に東京大学理学部に設立され、主として形質人類学者や考古学者を中心とする組織だった)。社会経済史学会を除き「日本」を学会名に冠していることは、これらが一大学の組織ではなく、当初から全国組織として設立されたことを示していよう。この時代は、二〇世紀初頭の二〇年間に推進された高等教育の整備・拡充政策の結果として、日本における旧制の高等教育機関(帝国大学・大学・高等学校・専門学校・高等師範学校・師範学校)の数、ひいては教員と学生の数が飛躍的に増大した時期に相当している(潮木守一『近代大学の形成と変容――一九世紀ドイツ大学の社会的構造』第三章第五節、東京大学出版会、一九七三年)。

さて、話題を、学会の設立と学会誌の発行によってディシプリンに何が起こったかに戻すことにしよう。不可避的に、学会誌の編集委員会を支配する著名学者――彼らが投稿論文の中からどの論文を学会誌に掲載するかを決める——は、それぞれ偏見を持ち、さらに個別の派閥を形成していた。そこで、学会誌から冷遇され締め出された学者たちは、同じディシプリンながら、違った偏見と異なる弟子や追随者を従えた自分たちの学術誌を急いで立ち上げることになる。「査読付き」の学術誌に論文を出すことは、若手教師が終身在職権《テニュア》や昇進を得る上で非常に重要であり、それもあって様々な学術誌が大量に増殖した。それらはほとんどの場合、何らかのディシプリンを主張するものだった。私の年上の同僚で近しい友人が、かつて冗談半分に計算したところでは、査読付き学術誌に掲載された論文の平均的読者数は二人から三人の間だ、とのことだった。

　学会や学会誌の発展に次いで、ディシプリンの確立との関係で二番目に重要なのは、大学内における権力の構築が基本的にディシプリンを中心とする学部を単位として行なわれたことだ。このことは、ずば抜けて大きな予算配分が学部に対してなされる財政システムに最も端的に表れている。教師の新規採用と終身在職権に関する決定も、ほぼ排他的に学部の手にあった。このような権力の集中は、多くの場合、既得権維持といったどちらかというと保守的な結果をもたらし、時には滑稽な結果さえもたらした。これには二つの理由があった。ひとつは、学部内の権力は概して年配教授に握られており、こうした教授は得てして学問的な盛りを過ぎた人だということだ。もうひとつは、年配教授は往々にしてこの事実を自覚しており、そのためもあって、新しい方法論を用い、新しい関心に取り組んでいる若手学者の研究を信用しないということだ。

三番目は、ディシプリンを中心とする学部が、次のような心地よい理解にその存立の基盤を置いていたことだった。すなわち、ディシプリンとは、学問的知識の広大な領域を科学的に分割したもので、分割された区分はそれぞれ共通の基本的な言説《ディスコース》によって特色づけられている、との理解だ。実際には、学問的知識は常に変化し、それも多くの異なる方向に変わっていくわけで、こうした理解の仕方は絵空事《フィクション》にしか過ぎない。例えば、アメリカで人類学部が創設されたとき、それは当初から考古学、人類生物史学を含み、のちに社会人類学、さらには文化人類学を含むようになった。しかし、考古学は、やがて化学を重視する高度に技術的な分野になり、さらに考古学者が「人類の起源」を求めて「ヒト科」の歴史を遡るにつれて、生物学の理解が強く求められるようになった。このような結果、人類学に共通の言説など存在しないことが明らかになった。社会人類学者はハイテク考古学を理解するのに苦労し、どちらにしてもこれに興味などなかった。文化人類学者も進化生物学者との間に同様の問題を抱えており、それは考古学者と進化生物学者が、洗練された親族研究や宗教体系の比較研究に対して感じていたものと同じだった。通常、彼らは、お互いの論文を読むことはなく、いずれにしてもそれらはまったく異なる学術誌に掲載されていた。実際のところ、このような状況の人類学部は、ディシプリンないし言説の真の共有を反映していたわけではなく、共通の学問的な中身を欠いた行政的・財政的な殻として存続していたに過ぎなかった。

右との関係で、コーネルにおける私自身の体験にまつわる逸話は、さらに示唆的かもしれない。ある日、文理大学部部長《ディーン》が、私と、私の知らない好人物の数学者を呼び出し、心理学部の深刻な問題について調べるようにと要請した。部外者による調査が必要となった直接の理由は、心理学部の若手教師からの直訴だった。この教師は学生の間で非常に人気があり、多くの学術的業績を挙げていたが、学部によって終身在職権を拒否され、大学部部長に抗議の訴えをしたのだった。しかし、この直接の理由とは別に、大学部部長が私たちに伝えて言うには、心理学部はこの一〇年間、誰にも新規の終身在職権を与えていない、とのことだった。

調べてみると非常に興味深い状況が分かった。学部ですでに終身在職権を得ている教授たちは、ほぼ同人数の三つのグループに分かれており、それも三者は、お互いに対する嫌悪と理解の欠如以外には何も共有するものがなかったのである。行動主義の心理学者たちは、ネズミやハツカネズミを相手に研究しており、生物学関連の諸科学と密接な関係を持っていた。もうひとつのグループは、フランス人臨床心理学者ジャック・ラカンの理論とジークムント・フロイトが残した業績に全面的に入れ込んでいた。自らを社会心理学者と呼ぶ第三のグループは、同じ自動車事故を目撃した人たちがどうして互いに異なる目撃証言をするのか、といったことを研究していた。この時点で、なぜ一〇年間も終身在職権を得る者がいなかったのかが理解できた。終身在職権の候補者が出ると、その候補者は必然的に三つのグループのどれかに属していると見なされ、このグループに無関心ないしこれを軽蔑している残りの二グループによって、終身在職権を拒否されていたのだ(私自身の学部においても、複雑な数学モデルや数理方程式を用いて研究する者と、プラトンやニーチェを研究している者は、お互いが書いていることを理解できず、理解したいとも思っていないことは時とともにますます明白だった)。

大学部部長がどんな裁定をしたのか、もはや覚えてはいない。しかし、私が推測するに、直訴をした若い社会心理学者に終身在職権を与え、その代わりに二つの新ポストを学部に約束する(いわば、ひとつはネズミに、もうひとつはラカンに)、というものだったのだろう。大学部部長は、たとえ学部そのものを分割することや、あるいは一部の教授陣を他のディシプリンに移すことを検討したいと思っても、一般的にこれには非常に大きな抵抗があることを承知していた。制度的惰性、予算削減の心配、短期的ないし長期的に危惧される「ポスト」の喪失――こうしたこと全てが、大学部部長と学部との駆け引きにおいて考慮せざるをえない要素となっていた。

## 大学をめぐる量的変容と質的変容

こうした問題は、大学を取り巻く二つの大きな社会変容――ひとつは量的で、もうひとつは質的変容――によって増幅された。一九〇〇年に合衆国全体で授与された学士号は三万弱であり、これはアメリカにおける大学就学年齢相当人口中、二パーセント以下の数字だった。それが、二〇〇五年には学士号授与数はほぼ五〇倍の一五〇万弱に増加し、これは大学就学相当年齢中の三六パーセントが学士号を得たことを意味していた。しかしながら、この増加は、時代を通じて決して一様に起こったものではない。一〇年単位で見ると、第二次世界大戦終了までは、大学教育はまだ主として金持ちでコネに恵まれた人の子弟が享受するものだった。しかし、その後二〇年間の繁栄の時代に、大学と入学者の数にとてつもない拡大があり(今日では、アメリカには一四〇〇以上の単科大学《カレッジ》と総合大学《ユニバーシティ》が存在する)、さらに学士号がもたらす恩恵に与《あずか》りたいとの願望が、従来よりもはるかに広範囲に見られるようになった。この変化をもたらした社会的力は、第二次世界大戦時に動員された巨大な数のアメリカ人だった。その中には歴史上初めて、それまで差別を受けていた大勢の黒人と女性も含まれていた。退役軍人たちは強力な院外政治圧力団体を形成し、元兵士たちが国家のために払った犠牲を国が認め、復員後の大学教育に対する資金援助等によってそれに応えるように要求し、これを成功させた。一九四四年に、復員兵のための特別援助立法、通称GI《ジーアイ》ビル(兵隊権章)が実現したのである。

ここで、右の記述に関連する参考文献を紹介し、同時にもう少し細かい情報を提供しておきたい。データは、Andrew Hacker, "They'd Rather Be Rich," in *The New York*

*Review of Books*, LIV: 15, October 11, 2007; Thomas D. Snyder, ed., *120 Years of American Education: A Statistical Portrait*, 1993, the National Center for Educational Statistics, of the U.S. Dept. of Education's Office of Educational Research and Development の二つの文献に依拠している。前者は書評論文である。これらの資料によると、一八七〇年には、アメリカの人口の一八歳から二四歳の年齢層のうち、一パーセントが高等教育機関に在籍していた。これが一九〇〇年には二パーセント、三〇年には七パーセント、五〇年には二四パーセント、七〇年には三五パーセントと上昇した(九三年には三四パーセントとわずかに減少しているが)。第二次世界大戦後の博士号の授与数を見ると、一九五九―六〇年が九八二九、六五―六六年が一万八二三七、七〇―七一年が三万二一〇七、七五―七六年が三万六六四、八〇―八一年が三万二四三六、八五―八六年が三万三六六三だった(したがって、一九六五年から七一年にかけて大きなジャンプがあり、その後は横ばいないし減少傾向だったことになる)。別の統計も時代によって大きく変動する様子を示している。若者人口一〇〇〇人当たりの大学在学者数に関する統計のことで、一九五〇年はこれが二〇〇であり、GIビル効果による急上昇を示している(一九四五年時の数字は五〇だった)。五〇年代後半には、すでにGIビルが「失効」していたこともあり、一五〇へと低下したが、六〇年代になると再び急上昇し、現在までの最高値、三〇〇に達している。これは、ソ連による人工衛星スプートニクの打ち上げ(一九五七年)によって

宇宙開発競争に遅れを取ったアメリカが、その後、政策的に高等教育に力を入れ始めたことと、ヴェトナム戦争拡大の結果として、徴兵を遅延ないし忌避するために大学に入学する若者人口が増えたためである。また、注目してよいのは、一九七九年は女性が初めて大学在学者の過半数を越えた年で、この状況は現在まで続いている。

アメリカにおける大学生数の増大は、その直接的な結果として教授団の急速な拡大をもたらした。すでに述べたことだが、一九五八年に私が入学したとき、コーネル大学の政府学部は小さなもので、教授陣はおそらく八人ほどであり、それも全員男だった。その後の一五年間で教師の数は四倍近くの規模に膨れ上がり、また全員が男というわけではなくなった。ちなみに一九六九年時点で、アメリカの大学教師の一七・三パーセントは女性だったが、現在では、この数字はほぼ四〇パーセントである("The 60s Begin to Fade as Liberal Professors Leave Campus to Retire," *New York Times*, July 3, 2008, p. A20)。教授陣が四倍近くに増えはしたが、コーネルの政府学部は、トップ・レベルの大学としてはまだ規模の小さな学部だった。同レベルの大学、ハーバードやカリフォルニア大学バークレー校は、七〇人ないしそれ以上の教授陣を抱えていた。学部会議を運営するのは難しく、教師間に親密な結び付きを築き、あるいはそれを維持することはさらに難しいことだった。

ここで再び、アメリカとの対比のために、日本の高等教育の量的拡大についても概観しておこう。データ源は、文部科学省ウェブサイトの平成二〇年版統計要覧と、天野郁夫の『高等教育の日本的構造』(玉川大学出版部、一九八六年、四二ページ)ならびに『日本の高等教育システム――変革と創造』(東京大学出版会、二〇〇三年、一〇四―一〇五ページ)である。[3]

一九〇五年に日本で大学を卒業した人の数は六八三人(専門学校を含めると三六二二人)で、その約一〇〇年後の二〇〇七年にはこれが五六万弱(短大を含めると六五万強)で、ほぼ八二〇倍へと増加した! 一九〇五年から三五年にかけて一九倍の増加があったとはいうものの、三五年の卒業者の実数はまだ一万二九七八人にしか過ぎず、大きな増加があったのは戦後、それもとくに五五年から七五年にかけてのことだった。この期間の五年期ごとに大学卒業者数は二五パーセント以上ずつ増え、とくに一九六五年から七〇年にかけては戦後最大の四八パーセントの増加を見ている。五五―七五年は、六四年の東京オリンピックを挟む日本経済の高度成長期に当たるとともに、人口学的に見ると、第一次ベビーブーム世代の第一陣が大学就学年齢に達したのが六六年だった。後述のように、この時代には大学の数も急増している。アメリカの場合、戦後の大学生数の増大はGIビルと学費の安い州立大学の拡大によって実現された。一方、日本では主として私立大学の増加とこれを可能にした学生納付金(とその高騰)により実現したものである(大崎仁『大学改革一九四五〜一九九九』有斐閣選書、一九九九年、二二二―二二四ページ)。人々の進学意欲がそれだけ高かったことになるが、その代償は、おそらく子供の数の急速かつ急激な抑制だった。

大学、短大を合わせた進学率を見ると、一九六〇年は一〇・三パーセント、六九年二一・四パーセント、七三年三二・二パーセント、九三年四〇・九パーセントとそれぞれ「大台」に乗せ、二〇〇〇年には五〇パーセント目前の四九・一パーセントに達した(ただし、これ以降数年、進学率は若干低下傾向にある)。ちなみに、大学院博士後期課程修了者の数は大学卒業者の数の変遷とはやや異なる傾向を示している。一九六五年の二〇六一人が二〇〇七年には一万六八〇一人へと増加し、そのほとんど(一万人以上)は一九九〇年以降、とくに九〇年代半ばから二〇〇〇年代半ばに増加したもので、九〇年代初頭に始まる国の大学院重点化政策の結果を反映している。

大学の数を見ると、一九五五年の二二八が二〇〇七年には三倍以上の七五六に増え、とくに六〇年から七〇年にかけては二四五から三八二へと最も大きな増加率(五五・九パーセント)を示した。一九九五年から二〇〇七年にかけても大学数は三三・八パーセントと大きく増加したが(これは一九八六—九二年の第二次ベビーブーム世代による一八歳人口増がすでに減少に転じた後のことである)、これにいわば対応する形で、短期大学の数が同期間に五九六から四三四へと二七・二パーセントの減少を記録している。なお、大学数の増加にもかかわらず、大学生の数自体は、少子化の影響もあって、二〇〇五年をピークにすでに減少傾向に転じている。このギャップを埋めるものとして期待されるのが外国人留学生だ。だが、日本人の海外留学も増えていることから、事はそれほど簡単ではない。二〇〇四年を例に取ると、日本の大学で学ぶ外国人留学生の数は九万一三一九人(日本国籍を持たない者を含む「外国人学生」の数は一〇万一六〇一人)で、これは一九九〇年の三・二倍だった。他方、二〇〇四年の日本人の海外留学者の数は、『タイム』誌によると八万二九二五人で、これは一九九〇年のそれの三倍だった("Japan Reaches Out," *TIME*, December 1, 2008, p. 33)。今後、日本の大学をよほど魅力的なものにしない限り――これには教育の内容とともにイギリス語をどこまで教授語として重視するかの問題も含まれるが、これは単なる言葉の問題を越えて思考様式や価値観とも関係する事柄であり、また教育内容の質が世界に見え易くなることだと理解しておく必要がある――、将来的には日本人海外留学者の数が外国人留学生の数を上回ることさえ起こりかねない。

当然のことながら、戦後の日本では大学教員の数も急増している。一九五五年の三万一〇人が二〇〇七年には一六万六三六人となっており、五〇年間で五・三倍の増加だった。大学生と大学教師中の女性の割合を見ると、一九五五年から二〇〇七年の間に、大学生については一二・四パーセントが三九・八パーセントに、大学教師については五・二パーセントが一八・二パーセントに増加した。しかし、後者の割合は前述のアメリカの四〇年前のレベルに留まっている。参考のために挙げると、短大の教員数は一九九五年に最大の二万七〇二人を記録したあと大きく減少し、二〇〇七年のそれは一万一〇二二人だった。他方、女性教員の割合は同期間に三九・八パーセントから四八・四パーセントへと増えている。短大における女子学生の割合は一九七〇年に八〇パーセントの大台に乗せたあと、その後もこれが続いており、二〇〇七年時点での割合は八八・三パーセントだった。

量的な変容についてはこれくらいにして、次にアメリカにおける質的な変容について考えてみたい。何かといえば、「専門職主義」という新たなイデオロギーが前述の量的な状況に対応するものとして登場したことである。このイデオロギーは、やがてヨーロッパ伝来の古い学問的伝統に取って代わるようになった。ひとつのレベルでは、これは大学院生に課せられた必須要件に関わる大きな変化によって象徴されている。私がアメリカに渡ったとき、私と院生仲間たちは、博士号資格試験(博士論文に向けて研究を開始する前に受けるもので、関係ディシプリンについての知識や学問的思考力に関する試験)の一環として、フランス語とドイツ語(イギリス語以外の伝統的な世界的学識言語)の読解力試験に合格しなければならなかった。一九七〇年代初頭になると、これについて選択肢が与えられた。読解力試験を二言語中のひとつに限定することが可能になり、その代わりとして統計学の授業を一年間履修することが課せられた。その後、海外でフィールドワークを計画している学生を除き、外国語要件は全て外されてしまった。

一九六一年にインドネシアに発つ前に、これも博士号資格試験の一部だが、私は五つの試験(比較政治、政治理論、アメリカ政治、アメリカ政治社会学、アジア政治)に合格しなければならなかった。これらの試験は五人の教授によってそれぞれ作成され、五日間連続で実施された。一五年後の状況はといえば、学生は政治学について二つだけ試験を受け、それもこの試験は、教授たちの委員会によって作成された共通のもので、さらに二つの試験の間に何カ月もの期間を空けることができるようになった。これらの若い学生は、私たちの時代と同様に一生懸命勉強したが、その訓練のされ方は「専門職的《プロフェッショナル》」なされ方だった。すなわち、他の優秀校のものと似た所定の標準化された講義群を履修し、これも似たような内容の文献リストに載っている本を読み、そして「最新理論」(しかし、この「理論」はじきに他の理論によって置き換えられる運命にあった)を強調する訓練である。私が「専門職的」なされ方という表現を使うのは、学生たちは一般的な意味での教育を受けていたというよりは、むしろ訓練されていたからだ。その背景にある考えは、博士論文を終えたあと、学生たちを「学問的就職市場《アカデミック・ジョブマーケット》」と呼ばれ始めたものにおいて競争できるようにする、というものだった。これらの試験に通り博士号を得ることが、専門職上の資格と見なされるようになったのだ。それは、ちょうど、医者や弁護士志望者が、医療や法律分野での開業免許を得るために、所定の専門職上の資格試験に通らなければならないのと同じことだった。

専門職化と学部の大々的な拡大は、他のレベルでは学部の文化に大きな変化をもたらした。すでに述べたように、インドネシアに発つまでの時代、私と級友たちは、毎学期、教授補助者《ティーチング・アシスタント》として働き、したがって学部生やまだ数が少なかった教授たちと親密な関わりを持ち、教授たちの研究関心や専門を基に自分の主指導教員を選んでいた。一〇年後になると、潤沢な奨学金に助けられて大学院生の数が大幅に増加した。それだけでなく、大学院生は、学部生相手の教授補助者の任に就くことをできるだけ避けるようになった。これは何も、彼らが怠惰だとか利己的だということではない。学生は自分の教授たちの振る舞いを観察し、専門職主義の文化に適応しようとしていただけのことだ。学部が大きく拡大するにつれて、学部内序列のトップにいる教授たちは、学部生のための大講義は若手教師に任せ、自分は大学院生のゼミ指導に集中するようになった。このことの帰結として、主指導教員の選択における著しい非対称性が生まれることになった。大学院生は、こうした「大物」は自分たちが職を得る上で大きな助けになるだろうと計算したた。そして、最後の変化として、他のディシプリンの講義を履修する強い動機づけがなくなってしまった。そうした講義を履修したところで、それは若者にとって就職の機会が上向くことには繋がらず、むしろ彼(彼女)を「素人っぽく《アマチュアリッシュ》」見せかねないものだった。

## 地域研究とディシプリン

右に述べたような状況にもかかわらず、「ディシプリン偏重」を相殺する重要な力も働いていた。このような力を長期間、最も顕著な形で代表したのが、教育に関心を持つ民間財団と政府によって、財政ならびにその他の点で支援されてきた地域研究だった。例えば一九五〇年代には、コーネル大学にはすでに中国／日本プログラム、東南アジア・プログラム、南アジア・プログラム、ラテンアメリカ・プログラムがあり、のちには西ヨーロッパ、東ヨーロッパ、中東などのプログラムが設置された。これら以外に、コーネルには小さいながらも戦前からアジア研究学部が存在し、主として前近代中国ならびに日本の文学、歴史、宗教システムに関心を持つ教授陣ならびに学生が構成メンバーだった。かつて文学や歴史はヨーロッパのものであり、アジアのそれを文学部や歴史学部に取り込むわけにはいかなかった。イギリスであれば東洋学に入るが、アメリカではアジア研究学部に入れられたのである。宗教については、そもそも宗教学部なるものさえなかったため、ヒンドゥー教や仏教の研究もアジア研究学部に含まれた。前述の地域プログラムは、その程度の違いはあれ、全てディシプリン横断的《クロス・ディシプリナリー》だった。多くが自前の出版物を発行し、独自の授業を開講しており、週ごとの「茶色の袋《ブラウン・バッグ》」ランチ会合を開いていた。なお、私がここで言うディシプリン横断的とは、ディシプリンを異にする教師の集合体としてのプログラムということで、大学院生は自分の委員会《コミティ》の三人の指導教員をディシプリン横断的に選ぶことができる、ということである。自らのディシプリンを持つ研究者が、他のディシプリンの理論や概念、方法論をも用いながら研究に従事する「学際的」とは別のものだ。

合衆国のレベルでは、アジア研究学会(The Association for Asian Studies, 略称ＡＡＳ)のような諸学会(および学会誌)が存在していた。ディシプリンの場合と同様に、ＡＡＳは年次大会を開催し、そこでは何十という研究部会《パネル》が設定されて、何百という研究発表がなされた。だが、その雰囲気には大きな違いがあった。ディシプリン系の年次大会の重要な側面は職探しにあった。学生たちは自分の主指導教員が、他大学で教える年長で影響力のある同僚に自分を紹介してくれ、誉めそやしてくれることを期待し、そして空きポストがあればその候補者として面接されることを期待していた。他方、ＡＡＳの大会に出席する学生には、大会の場で面接を受けようとか「重要手づる」を得ようとか期待して行く者はまずいなかった。地域研究プログラムには、それ独自で提供できる職は滅多になかったからだ。この点については、すでに第二章でコーネルを例に説明したところである。したがって、大会の雰囲気はそれほど張り詰めたものではなく、研究部会も多様であり、楽しい部分が勝《まさ》っていた。どちらかというと、一年に一度の年次休暇のような雰囲気だ。

　ディシプリンと地域研究プログラム間の力関係に見る重要な差異について、ここで再度強調しておくべきだろう。通常は、ディシプリンに立脚した学部だけが若い教師を採用することができ、のちに終身在職権と昇進を認めることが可能だった。したがって人事等においての自分たちの望むものを手に入れるについては、プログラムは大学外からの援助と、賢明なる大学執行部からの支援に大きく依存していた。地域研究プログラム自体の間にも大きな力の差があり、これは時代によって変化した。インドシナにおけるアメリカの敗北までは、東南アジア・プログラムの影響力は非常に大きく、学部生の強力な支持をほしいままにした。一九七〇年代末から八〇年代にかけては、日本の稀に見る経済的成功にアメリカが不安を感じた時代で、短期間ではあったが日本研究が好調だった。中国研究はもともと伝統的に強く、中国がアメリカ人研究者に門戸を開放してからはさらに強力になった。南アジア研究はこれらの地域よりも、かなり脆弱だった。ひとつにはこの地域は、まだ何となく「イギリスのもの」と考えられていたことと、何よりもワシントンは、この地域についてそれほど心配してはいなかったからだ。インドは、インディラ・ガンディーによる短い戒厳令体制期を除いて「世界最大の民主主義国家」であり、したがって、当時「赤い中国」と考えられていたものに対する申し分のない対抗勢力だった。最後の要因として、インドも分裂前のパキスタンも、外国人研究者、とくにアメリカ人の入国制限を強化するようになった。ビザの入手が困難となり、ますます多くの調査トピックが政治的に「微妙すぎる《トゥー・センシティブ》」と宣言された。「イギリスのもの」としての南アジア研究について少々付言すると、そもそも南アジア研究は長いことイギリス人によって担われ、史資料や研究蓄積においてもイギリスの方がアメリカより圧倒的に進んでいた。とくに人文学においては、アメリカ人研究者の出る幕はなかった。アメリカの南アジア研究は、のちに主として現代インド政治研究の形で登場してくるようになる。

地域研究とディシプリンの間の緊張はまんざら悪いことではなかったと、私は考えている。とくに一九九〇年代頃までは、資金が潤沢にあり、大学自体もまだ拡大していて、通常、両者の間には妥協と融通の余地が存在していた。両方の分野で生き生きと仕事をした学者もたくさんいた。いずれにしても最終的には、地域研究の威信は「大物《ビッグ・ネーム》」を生み出すことができるかどうかに掛かっていた。中国・日本研究であれば、エドウィン・ライシャワーとジョン・フェアバンク、東南アジア研究であれば、クリフォード・ギアツとジョージ・ケーヒン、南アジア研究ならスザンヌ・ルドルフと彼女の夫、といったようにだ。

右に述べたことにもかかわらず、アメリカの地域研究プログラムは(とくにアジア関係のそれは)、切り札となるカードを一枚、袖に隠し持っていた。その重要性は、「グローバル化」と人々が大雑把に呼ぶものが進行するにつれて増大した。切り札は「外国人学生」だ。ここでの外国人学生には西ヨーロッパ人は含まれず、彼らは「まったく我々と同じみたい」だと希望的に見なされていた。おまけに、西ヨーロッパからの留学生はそれほど多くはなかった。しかし、タイ人、ラテンアメリカの人々、インドネシア人、日本人、フィリピン人、韓国人、インド人、セイロン人、のちにペルシャ人、アフリカの人々、そしてアラブ人の学生が留学のためにますます多くやって来るようになった。

私が覚えているのは、当初、やや「土着主義者《ネイティビスト》」的な反応があったことだ。同僚教師が不平を漏らしていたのをよく聞いた。「これはアメリカ人のためのアメリカの大学だ」、そして「あのアジア人たちはイギリス語が話せず、授業に付いてこれず、教授補助者としても役立たずで、おまけに理論的に物事を考えることができない」。だが、時間が経つうちに、彼らはこうした外国人学生の存在に慣れ(中には非常に優秀な学生がいた)、そして外国人学生を好意的に見るようにさえなった。私のアメリカ研究家《アメリカニスト》の友人の中には、留学生に刺激されて西ヨーロッパやメキシコ、カリブ海地域に興味を持つ者も出てきたくらいだ。一九八〇年代末までには、私の学部はアジア人を教授に採用しさえしていた。外国人学生を招く恩恵を日本の大学が気づくまでには、これよりもっと時間が掛かった。何よりも、日本人学生自身にとっての恩恵を、だ。

なお、これまでアメリカ研究家という言葉を何回か使用してきたが、この表現の奇妙な点を指摘しておきたい。地名ないし国名に「イスト」(……を研究する人)を付けて研究家を指す表現には、一定の形が見られる。通常は地域名にイストを付ける。例えばラテンアメリカニスト、ヨーロピアニスト、イースト・エイジアニストなどである。しかし、アルゼンチニスト、ジャーマニスト、ジャパニストなどとは言わない。唯一の例外がアメリカニストである。それというのも、合衆国では、アメリカ(合衆国)が専門的な研究の対象地域のように扱われているからだ。

地域研究やディシプリンの話題からは外れるが、この二つに関係しない大学内の学問的動向について、少しだけ触れておきたい。「急進的な一九六〇年代」のアメリカの大学では多くの騒動が起こったが、その結果のひとつが、今日、私たちが「アイデンティティ政治」と呼ぶものの高まりだった。人種、ジェンダー、性的指向などにおける特定のアイデンティティゆえに社会的抑圧を受けてきた人たちが、自分たちの利益を促進するために起こした政治的活動のことだ。この点での先駆者は戦闘的な黒人学生で、大学執行部に対して、黒人研究プログラムを作ること、黒人教授をもっと雇うこと、黒人学生をもっと受け入れることを要求した。これにすぐ続いたのが、戦闘的なフェミニストと同性愛者たち(ゲイとレスビアン)だった。これらの人たちはきわめて説得的に、既存の標準的なカリキュラムが、彼らの歴史的役割や、これまで何世紀にもわたって受けてきた差別を無視するか軽視してきたと主張した。

一九七〇年代になると、様々な民族・人種《エスノ・レイシャル》少数派グループがこの潮流に合流した。具体的には、「最初のアメリカ人」(すなわちアメリカ「インディアン」)と、中央アメリカや南アメリカ、東アジア、東南アジア、南アジアの多くの国からやって来た第一世代の移民の子供で、アメリカ生まれの者たちである。最後の三つのグループの要求に応え、かつ個々のグループが比較的小さいことを考慮した上で、各地の大学は「アジア系アメリカ人研究プログラム」を設置し始めた。こうした学生は自分たちのアイデンティティに関心を持っており、大学はこの関心に合致した授業を教えられる若い教師を雇うようになった。しかし、異なる民族・人種をアジアに「融合させた」プログラムは、いくつかを除いてそれほど成功してはいない。フィリピン系アメリカ人は、サモア系アメリカ人や中国系アメリカ人、あるいはタイ系アメリカ人の学生とほとんど関心を共有することがなかった。学生たちが履修したいと思っていた授業は、主として自分たちの「出身の国」についてのものだったからである。

## 日本の地域研究とディシプリン

地域研究とディシプリンの関係を考える上で、アメリカと好対照を成すのが第二次世界大戦後の日本の事例だろう。それというのも日本では、両者は平等ではない統合、すなわちディシプリンに大きな制度的力を残したアメリカ流の統合の道を歩んだというよりは、両者が分離する道を歩んだように見えるからだ。

日本の大学で最も早く地域研究の組織を立ち上げたのは国立大学で、その嚆矢《こうし》は東京外国語大学のアジア・アフリカ言語文化研究所（一九六四年）であり、中でも重要なのが、設立趣意書で地域研究を明示的に標榜した京都大学の東南アジア研究センター（大学による学内措置としての設立が一九六三年、文部省（文部科学省）によって官制化されたのが六五年、東南アジア研究所への改称が二〇〇四年）だった。[4] これらの組織が立ち上げられた一九六〇年代前半はどのような時代だったかというと、「大東亜戦争」に負けた日本が、一九五一年にサンフランシスコ講和条約に署名し、五六年に国連に加盟して国際復帰を果たすとともに、他方では五四年のビルマとの賠償協定の締結を始めとして、五九年までにはシャム、フィリピン、インドネシア、南ヴェトナムと同様の協定を結んだ時代である。共産党政権の樹立によって中国市場を失った空白を埋めるべく、東南アジアに対する経済進出のための政治的環境がほぼ整った時代だった。アジア経済研究所が一九五八年に財団法人として設立され、六〇年に通産省所管の特殊法人となっているのも、同様の時代的脈絡に位置づけることができる。なおアジア経済研究所は、一九九八年にジェトロに統合されている。

アジア・アフリカ言語文化研究所と東南アジア研究センターであるが、両者ともに教育に携わることはなく、またディシプリンに軸足を置く学部とは別の、独立の研究機関として設置された。その背景として、国立大学、なかんずく京都大学は、少なくとも一九六〇年代には、明治時代にドイツの大学をモデルに成立した帝国大学の伝統をまだ比較的強く引き継いでおり、アメリカにおけるよりも大学の制度や学部の序列がはるかに階層的だったことが挙げられよう。学部ごとの凝集力が強く、学部間の設立にまつわる歴史的ならびに威信上の序列が明確なことから(この名残は現在でも、卒業式等における雛壇上の学部長の席次に反映されている)、コーネルの東南アジア・プログラムのように、学部を跨ぐ組織を作ることは容易ではなかった。また、こうしたプログラムを立ち上げたとしても、専任教員を擁さないために文部省からの予算の獲得は難しく、ロックフェラー、フォード、メロンのような大きな財団も存在しなかったために、プログラムのような組織の運営を外部資金に頼る道も閉ざされていた(これとの関係で、京都大学東南アジア研究センターが構想・設立されるについては、フォード財団から事前の接触があり、これに触発される形で、さらには財団の援助を期待した上で、全学的な支援体制——別言すれば特定の学部を利さない体制——が構築されたというのは示唆的である)。唯一残されていたのが、独立の地域研究組織を大学内に設置することと、その組織の官制化による専任教員ポスト・事務ポストの獲得、そして予算の獲得だった。なお、東南アジア研究センターの歴史は、『地域研究のあゆみ——東南アジア研究センター35年史』(京都大学東南アジア研究センター編、二〇〇二年)に詳しい。

どのような事情があったにせよ、ディシプリンとは別のところで組織が設立されたことは、地域研究の自律性を守る上で大きな役目を果たした。それとともにこの自律性は、それ自体の論理を発展させていくことになる。ひとつは、フォード財団の支援を受けた大学内の新参の組織であり、ディシプリンや学部と明確な関係を持たない地域研究機関は、大学内の階層関係において高い地位を得ることはできなかった。ちなみに、教育機関でも「研究所」でもなかった東南アジア研究センターの所長が、京都大学の評議委員会のメンバーとなり、さらには部局長会議の一翼を担うにいたるまでには官制化後一四年以上を要している。国政にたとえれば、当時の京都大学における評議委員会は大学の国会、部局長会議は内閣に似た位置づけにあった。

個人レベルでいえば、当初から地域研究組織で働くことを望んだ人もいたかもしれないとはいえ、少なからぬ数の研究者が、出身学部に職を求めることができなかった「はみ出し者」であった可能性が高い。こうした人たちは、組織そのものの存在理由と、研究者としての己の存在理由の確立を目指したことであろう。それは、ディシプリンではありえない。ディシプリンは学部に属しており、ディシプリンで勝負することは己のアイデンティティを危うくするだけでなく、ディシプリンや学部の亜流として位置づけられてしまう恐れがあるからだ。存在理由追求の目標は、地域研究という独自の分野とその方法論の模索・確立以外にはありえなかった。フィールドワークの重視とともに、日本の地域研究に見られる二つの「伝統」、ディシプリンから分離した形での発展と、方法論としての学際的研究《インターディシプリナリー・スタディーズ》の強調——両者は表裏一体の関係にある——には、少なくとも一部には、このような地域研究組織の制度史的特徴が介在していたと言えよう。逆にアメリカには、こうした制度的背景は存在しなかった。

京都大学東南アジア研究センター設立時からの『所報』(一九六三／六四年—一九六六／六七年)と『要覧』(一九七一年—)をチェックする限り、最初から「学際的研究」が言及されていたわけではない。当初は社会科学と自然科学の包摂による「総合的地域研究」が標榜されていた(学問的な理由はともかくとして、「京都大学特有」の社会科学と自然科学を包摂した地域研究は、既述の「全学的な支援体制」に応えるものとしても重要だったであろう)。「総合的」と並んで「学際的研究」が言及されるようになるのは一九七〇年代半ばからであり、出版物において方法論としての学際的研究が明示的に議論されたのは、おそらく市村真一著「序論　アジア研究の方法と制度——地域研究と学際的研究」(市村真一編『東南アジアの自然・社会・経済』[東南アジア研究叢書 7]創文社、一九七四年)が最初である(謄写版刷のイギリス語版は一九七三年)。日本における研究助成の面からいえば、これはちょうど、文部省科学研究費補助金による海外学術調査の採択件数が急増し始めた時期に相当していた(『地域研究のあゆみ——東南アジア研究センター35年史』二一ページ)。その後、東南アジア研究センターでは学際的研究が直接的な議論の対象とされることはあまりなく、それはいわば所与のものとなり、組織の関心はむしろ「地域研究とは何か」というしばしば形而上学的な問い掛けへと向かうようになる。

日本の地域研究におけるいまひとつの特徴は、共同研究の重視である。しかし、これにも、国による研究助成の制度的仕組みが少なからず関係していた。自然科学的共同研究が助成のモデルとなっているため(国の研究助成予算の多くの部分は、高価な実験施設や人件費のかさむチーム実験を伴う自然科学に向けられている)、地域研究のための助成においても共同研究が暗黙の前提となっており、若手研究者を除いて個人プロジェクトの研究助成を得ることは必ずしも容易《たやす》くはないからだ。そして、民間財団による研究助成も概ね国のやり方を踏襲しているため、状況はこれと変わるところがなかった。結果的に、地域研究においても、ややもすると「無理をして」共同研究の体裁を整えるわけで(実は申請する方にも審査する方にも、「共同研究」としての申請は、これを解体した形となる個人研究よりも申請や審査の数が減るため、事務的に楽だという事情もある)、その理由づけとなるのが学際的研究、つまり共同研究による学際的研究であり、この意味で日本の地域研究では、共同研究と学際的研究は不可分な関係にあることになる。付言すると、アメリカの社会科学や人文学においては、地域研究か否かを問わず、共同研究なるものの成果に見るべきものはほとんどなく、これはアメリカの学界での一般的な見解だと言ってよい。

その後、日本では、地域研究草創期のいわば「ハングリー」な第一世代が世代交代によって退き、他方で地域研究そのものの学問的認知度が確立されるにいたった。さらに一九九〇年代に入ると、新たな研究領域を軸とする学部・大学院組織・研究組織が数多く立ち上げられたこともあって、大学内組織間の序列が従来に比べてより「民主的」になった。こうした影響もあり、地域研究機関における地域研究的方法論や地域研究をめぐる形而上学的な問いへのこだわりは薄れてきているように見える。しかし、共同研究の強調とそれに連動した形での学際的研究の強調は、研究助成制度が変わらない限りおそらく今後も続くことであろう。

## 「政府学部」での個人的経験

この時点で、コーネルの政府学部教授としての個人的経験について、多少なりとも語っておくことは意味があろう。すでに述べた教授陣の拡大の結果として、私がフィールドワークから戻る前に、中国専門家がすでに一人、学部に雇われていた。私自身が若手教師に任命された年(一九六七年)には、イェール大学で訓練されたラテンアメリカ研究者が採用された。その少しのちには、インドの専門家でフェミニスト政治に関心を持っている研究者がやって来ている。任命されて五年ほどは、自分の授業を計画・発展させ、学部生に助言するのに忙しく、スハルト政権下のインドネシアで起こっていることに遅れないように付いていくこと等だけで精一杯であり、私は学部の事柄にはあまり関わらなかった。一九七一年から七二年にかけて、終身在職権をめぐる審査が始まったとき、私を辞めさせようにもそれは難しくなっていた。ヴェトナム戦争はいまだに荒れ狂っており(つまり東南アジア研究の需要は高く)、ケーヒンは学部内で尊敬され、大きな影響力を持つスポンサーであり、そして基本要件である博士論文の刊行についてはコーネル大学から出版されることが決まっていた。しかし、のちになって、年上の同僚が私に次のように言ったことがあった。「君の本はよく書かれているようだが、最後まで読み切ることができなかったよ。あれは単なる歴史じゃないのか？　理論はどうしたんだ？　しかし、君の〝ジャワ文化における権力観〟は面白いと思った。とくに、マキャヴェリやマルクス、ウェーバーに言及しているからね」。実際のところ、ケーヒンを除いて誰も私の本に興味を持っておらず、自分はよそ者だと感じていた。これよりさらにのちのことだが、同じ同僚が次のように語っていたと学生たちから聞いた。「アンダーソンは鋭い。しかし基本的に地域研究の人間だ」。つまるところ、二流の研究者だということだった。この評価は気にはならなかった。私自身、自分は基本的に地域研究の人間だと思っていたからだ。

一九八三年に『想像の共同体』が出版された。面白かったのは、大西洋の両側における最初の反応が対照的だったことだ。この遠い時代、イギリスにはまだ「高級紙《クオリティ・プレス》」、つまり指導的インテリや学者たちが、批評家ないしエッセイストとして定期的に寄稿する良質の新聞が存在していた。驚きかつ嬉しかったことに、『想像の共同体』は、ケンブリッジ大学の有名な人類学者エドマンド・リーチ、傑出したアイルランド人政治家で政治史家のコナー・クルーズ・オブライエン、そして将来を嘱望されていたマルキスト、ウィンストン・ジェームズによって好意的に書評されたのだった。もちろん、三人ともに、イギリスにおけるナショナリズムについての長い論争をよく知っており、したがって私の貢献を「位置づける」ことが可能だった。アメリカでは、本はほぼ完全に無視された。一人の気難しいヨーロッパ人亡命者の政治学者が『アメリカ政治学レビュー』に書いたのは、人の気を惹くタイトルを除いて本は無価値だというものだった。そもそもこの本はアメリカ人に向けて書いたものではないわけで、批判はもっともだとも言えた。いずれにしても、アメリカには高級紙など存在しなかった。

この状況は一九八〇年代末、冷戦の終了とソ連の崩壊によって急激に変化した。全ての帝国と同様に、アメリカ帝国も敵を必要とする。「危険なナショナリズム」なるもの(もちろんこれにはアメリカ・ナショナリズムは含まれない)が、「共産主義の脅威」の蒸発により生じた空白を埋めるべく浮上した。今でも鮮明に覚えているのは、ケナン高等ロシア研究研究所——アメリカにおけるソ連・ロシア研究の中心的な機関——の上級職員から半狂乱の電話をもらった時のことだ。飛行機ですぐ来て、私に研究所で講演してほしいとの懇請だった。ソ連のこともロシアのこともそれほど知っているわけではなく、何ゆえの依頼かと尋ねた。彼の説明は私を驚かせるものだった。「ソ連研究は終わってしまったのです。資金はもう流れて来ないし、ここの学生は職を得られません。今日、旧ソ連にあるものと言えば、それはナショナリズムが全てなんです。しかし、まったくと言ってよいほど誰もこれを研究したことがない。あなたは、私たちの再建を助けてくれることのできる、この国にいる数少ない人間の一人なのです」。私は行かなかった。

他の要因としては、『想像の共同体』の名前が主として口コミで歴史学、社会学、人類学、そして奇妙なことに比較文学の諸学部に広がり、大学院レベルの教科書としてしばしば使われるようになったことだ。親愛なるお馴染みの政府学部は明白な例外だった。しかし、やがてここでも、ナショナリズムに関する授業の開講要求が学生から出され、これに譲歩せざるをえなくなった。驚くべきことに、このような授業はアメリカのほとんどどこの大学にも存在しなかった。

こうした結果として、五〇代の年齢になって、学部内の私の立場がまったく変わったのを発見することになった。突如として私は「理論家」になり、単なる地域研究の人間ではなくなったのだ。「ナショナリズムの理論と実践」に関する大学院レベルの授業を持ったらどうだとさえ勧められた。以前であったならば、教えることなど考えもしなかった授業だ。面白かったのは、授業を履修しようと流れ込んできた学生は、政治学からだけでなく、歴史学、人類学、比較文学、そして社会学からも来たことだった。「ナショナリズムの理論と実践」は、教えていて楽しい授業だった。何が楽しかったかというと、異なる学部から来た学生たちに、自分のディシプリンや関心対象地域とは違うものを読むように強制したからだった。人類学の学生にはルソーを読むように言い、政治学の学生には一九世紀のキューバの小説を、歴史学の学生には（国家の経済発展段階によって自由主義ではなく保護貿易主義とならざるをえないとするナショナリスト的な）フリードリヒ・リスト流の経済学を、社会学と比較文学の学生には丸山眞男を読むように言った。丸山を選んだ理由は、彼が政治学者であり、日本人／アジア人であり、多くの分野の本を読んでいる非常に聡明な人物で、ユーモアと歴史のセンスがあり、もちろん著作がイギリス語に訳されていたからだ。私に明らかだったのは、学生たちはあまりにも専門職的に訓練されていたために、お互いの学問的な用語法、イデオロギー、あるいは理論を正確には理解できないでいる、ということだった。教授上の問題は、学問的意思の疎通を阻むこうした障壁をどうやったら打ち破ることができるかだった。

この章の社会学的・歴史学的部分を、簡単な比較のメモで終えることにしたい。何よりも私が述べてきたアメリカは、まったく極端で「例外的な」事例だということだ。その巨大な国土、非常に大きな人口、並外れた富とグローバルな権力は、唖然とさせるような数の単科大学と総合大学の創設を可能とするものだった。それも、そのうちのひとつとして国家が所有するものはないのだ。学問のあり方の徹底的な「専門職化《プロフェッショナライゼーション》」と、さらにはこれにも劣らぬほどの徹底的な市場化を可能にしたのは、基本的にはこの状態――数が極端に多く、国立大学がないこと――であり、それもこれは、世界の他所ではほぼ見ることができないものなのだ。優秀校で教える教授のうち、キャリアを通じてひとつの場所に留まる者は少数派だ。学生が最初の職に就く時に恩師から奨励されるのは、給料、研究室のスペース、授業負担、研究休暇、コンピューターなどについて、大学側ととことん交渉することだ。これは、まったくもって当たり前のことと考えられている。のちに他の大学に移ることにでもなれば、給料面での大きな増加を望める。移るかどうかについて、再び交渉できるからだ。もし給与や地位、特別寄付講座教授職(この教授職は一般の教授職よりも給与も威信も高い)などとの関係で不満がある場合には、自分の要求が認められなければ他大学に移ると、もっともらしく脅かすこともできる。退職の条件さえ交渉するのだ。若者たちは、自分のキャリアを市場原理で考えるように最初から教え込まれることになる。

アメリカ以外のほとんどの国では、国家に属するいくつかの強力な名門大学が存在し、教授たちはそれほど高給を払われていないとしても、高級準公務員としての地位を享受している。大学全体の数も少ないため、真の市場条件が出現することもない。「同族結婚」(教授ポストが教え子によって受け継がれること)は、必ずしも悪いものとは見なされていない。それゆえ半封建的ながら、学生は自分の教授に忠実であるように仕向けられる。それというのも、他の大学は大学で、教授たちは自分の教え子を優遇すると学生たちは知っているからだ。大学に職を得て昇進するためには、交渉の技術や厳密に専門的な実績よりも、政治的なコネの方がしばしば重要である。おそらくこうした環境であれば、学問上の古い伝統も、アメリカより実り多い形で生き延びられる可能性が高いだろう。日本はこのよい例かもしれない。

## 学際的研究をめぐって

記憶に間違いがあるかもしれないが、地域研究との結び付きが強い日本とは異なり、アメリカで「学際的研究」(インター・ディシプリナリー)という考え方《アイデア》が盛んに語られるようになったのは、一九八〇年代末のことであろう。そもそもこの新しい関心は、学部という制度と学問分野《フィールズ・オブ・スカラシップ》との間の目立った齟齬《ミスフィット》への苛立ちを反映していたのではないかと思う。ディシプリンを代表すると主張する学部には、それまでの既得権益が絡んでいることもあり、一般に現存制度維持のための保守的な力が働きがちである。これに対して学問分野は、時代状況の変容、社会的要請や研究者の関心の変化に応じてその輪郭が移り変わるため、必ずしもディシプリンや学部の枠内にうまく収まるとは限らない。それも、変化が急速かつ激しい現代にあってはなおさらのことだ。ここに、前述の齟齬が生じ、かつそれが拡大し易い背景が存在する。

すでにコーネル大学の心理学部と人類学部を例にして、その内実に照らして学部のディシプリン名がしばしばいかに空虚なものかを語った。実はこのような「常ならざる」状態は、おそらく経済学と言語学を除いてどこの学部にも見られた。近代経済学では自由主義の重視という共通の理解が大方において存在し、(経済史研究を除き)数理統計学の強調が共有されていた。言語学では、(文学と言語教育を除いたところでの)語彙と言語構造の研究が共通関心を成していた。いずれもがきわめて技術的な学問領域であるため、同じディシプリンの中での会話がまだ成立していた。しかし、政治学はどうかというと、数学志向の教授や学生は経済学により親近感を抱いており、一方、政治理論に興味のある者たちは、デリダ的な文芸研究と比較思想史に関心があった。イギリス学部は、従来のイギリス文学とは別に、オーストラリア、ジャマイカ、インド、シンガポール、カナダ、南アフリカ、ナイジェリア、パキスタンで書かれるようになったイギリス語文学をどう扱うかで悩まなければならなかった。彼らは地域研究者と話をするべきではないだろうか？　アメリカ史の領域さえも、知的大混乱にあると多くの人が信じており、フランス人歴史家たちのアナール学派を羨望の眼差しで見ていた。この学派は熟考された非常に大きな枠組みを持ち、人類学、社会学、あるいは人口学を遠ざけることがなく、そして二〇世紀で最も著名な歴史の書き手何人かを生み出していた。その中にはマルク・ブロックとフェルナン・ブローデルが数えられた。合衆国は、これだけの質の歴史家をいまだ生み出してはいなかった。

他方で、新しい分野が登場しつつあった。スチュアート・ホールの「カルチュラル・スタディーズ」やディシプリン横断的な「ポストコロニアル・スタディーズ」の学派である。いずれもが学際的な志向を備えていた。また、学際的研究が、ディシプリンと地域研究とを繋ぐ助けになるだろうとの楽観的な見方も存在した。そして、最後に、いつものことながら、「流行」が短命ながら重要な役割を果たした。

学際的研究という一般的な考え方が魅力的だとすれば、その意味するところは非常に曖昧であり、様々な解釈を招くものでもあった。最も基本的な解釈が二つ存在した。それは大雑把ではあるが次のように形容できよう。最初のものは、ラテン語の接頭辞「インター」、すなわち「間《あいだ》」から出発したもので、学際(インター・ディシプリン)を、諸ディシプリンの「間」に存在する大きな空《から》の空間に位置づけられるもの、とする解釈だ。例えば、フィリピン人異性装者《トランスベスタイト》が用いるしばしば詩的で複雑な俗語《スラング》に関心を抱き、これをその政治的、社会的、歴史的、経済的脈絡に位置づけて研究しようと決めたとする。そうしたとして、果たして諸ディシプリンの間に、この種の研究を遂行するための十分な空間が見つけられるだろうか? あるいは、助けとなるような「ジェンダー・スタディーズ」というディシプリンが存在するだろうか? もしこれらの問いへの答えが否定的なら、それはなぜそうなのか? このような問いに導かれて研究を行なった人たちは、その場その場で適宜複数のディシプリンから借用しながら、多くの貴重で興味深いデータを提供してきた。しかし、研究の内容そのものは、往々にして逸話性に富んではいるが取り留めがなく、知的一貫性に欠けていた。こうした人々にとっては、「カルチュラル・スタディーズ」というのは名が通っていて都合のよい看板だったが、彼らは本当に良い「カルチュラル・スタディーズ」を行なうのがいかに難しいかを、およそ十分には理解していなかった。

「インター」の解釈をめぐる二番目の考え方は、これを「繋げる《リンキング》」と読むものである。これが意味したのは、二つないしそれ以上のディシプリンの基本的な枠組みと道具を体系的に結び付ける、という困難な作業だった。しかも、そうした結合は、二つのディシプリンに精通していることと、そうした結合の取り組みを可能にするような、慎重に考察された上位の枠組み《スーパー・フレームワーク》を必要とした(マルキシズムは、そうした上位の枠組みのひとつだ)。本当に例外的な知性の持ち主だけが、これをうまく行なうことができた。例えば、デイヴィッド・レイティンによる、ソマリアにおける言語政策と日常的言語使用の政治学に関する優れた比較研究は、どのようにして政治学と社会言語学を優雅に結合させられるかの好例である。言わずもがなだが、ここに素描した二つの「基本的な考え方」は、ひとつの連続体の両極を代表するものであり、多くの研究者は二極の中間のどこかで仕事をしてきた。

## ディシプリンの壁を壊す

先の日本の地域研究の例で見たように、ある国における研究の特徴を理解するためには、どのような知的文化の中で多くの若い人たちの研究が計画され、助成されているかを見てみる必要がある。この点でもアメリカは、格好の、そして極端な例を提示してくれる。博士論文の調査を支援する助成は、通常は民間財団や機関、あるいは政府組織からのものである。助成を獲得できるかどうかは、一般的に「申請内容が良くて、理路整然としており、計画がしっかりしている」かどうかに掛かっている。それというのも、こうした助成機関で審査員を務めるのは、通常は著名な「ディシプリン系」の教授たちだからだ。「申請はどうすればうまくいくか」は、噂を通じて瞬く間に学生たちに広まる。したがって、このような機関の審査委員を務めると分かるのだが、申請書はどれもこれもしばしば同じような内容になる。政治学でいえば、学生たちは申請時の翌年中に証明ないし否定することのできる仮説を考え出すことが期待される。しかし、一年間といった時間の枠組みは碌《ろく》な考えではない。難しいことを試みるには短すぎるからだ。仮説も同様に碌なものではない。最初から二つの一般的な答え、「はい」か「いいえ」しかないからだ。規模《スケール》も常に問題となる。ある学生が、明治時代の性に関するイデオロギーと実践について研究したいと考えていたとする。この学生は、おそらく次のように言われるだろう。「性に関するイデオロギーだけに専念し、明治時代のどこか一〇年間を取り上げ、そして東京だけにしなさい。そうしないと論文を終えられないだろうし、職を得ることもできない」。研究助成や就職市場における実際的な制約を考えれば、このような示唆は必ずしも分別を欠いたものではない。しかし、同時に、大胆で野心的な研究を奨励するものでもない。

面白い研究を始める理想的な方法は、少なくとも私の考えでは、自分が答えを知らない問題ないし疑問から出発することだ。この場合、自分が何を読むかをまず考えなければならない。例えば、どのような種類の知的道具（言説分析、ナショナリズム理論、サーベイ等）が助けとなるかを検討し、読むものを決めていく。自分だけで読書の対象を決めるのではなく、友人たち、必ずしも自分のディシプリンや地域研究プログラムに限定されない友人たちの助けも求めるべきだ。自分の知的裾野をできるだけ広げる努力が肝心なのだ。しばしば幸運も必要とされる。そして最後に、自分のいろいろな考えが徐々にまとまって形を成し、発展していくための時間が必要だ。

実例として、再び『想像の共同体』に戻ることを許してもらいたい。この本は、自分自身では答えを持ち合わせない質問を自らに問い掛けた時点から出発した。いつ、どこで、ナショナリズムは始まったのか？　それはどうして、かくも強い情動的な力を持っているのか？　どのような「仕組み《メカニズム》」を前提とすれば、地球上のいたるところへの急速な拡大を説明できるのか？　ナショナリストをめぐる正史は、どうしてしばしば神話的で馬鹿馬鹿しくさえあるのか？　この主題に関する既存の研究成果は、どうして満足のいくものではないのか？　では、それらに代わって何を読んだらよいのか？

　私はこれらの問いに関係して、二つの確信のみを持って出発した。ひとつ目は、問いへの答えの一部は世界を大きく変容させた資本主義にあるに違いない、ということだった。しかし、マルクスは印刷所の資本主義的生産についてあまり注意を払っていなかった。一方でエリザベス・アイゼンステインのような優れた学者は、印刷術や印刷文化には大いに注目していたが、資本主義にはそれほど関心がなかった。では？　二つ目は、答えのさらなる一部は、ナショナリズムの起源に関するヨーロッパで一般的な見解、つまりナショナリズムは古い民族集団《エスニック・グループ》から発するとの考えを否定することにある、ということだった。このような考え方は、南北アメリカに見られた初期のナショナリズムを説明できなかっただけでなく、のちに現れる第三世界の反植民地主義的運動も説明することができなかった。私の弟はリュシアン・フェーヴルとアンリ＝ジャン・マルタンの秀作、『書物の出現』（上下、筑摩書房、一九八五年）を読むように助言してくれた。この本は、資本主義と印刷の間に見られた初期の密接な結び付きを、それは見事に、それも驚くべき精緻さでもって記述したものだった。ジム・シーゲルはしばしば人類学の良い本を推薦してくれたが、その中にはヴィクター・ターナーの刺激的な著作も含まれていた。

たまたま私は、クレオール・ナショナリズムと反植民地主義的ナショナリズムの謎を解く鍵を探していたところだった。ターナーの「巡礼」という概念、人を動揺させるような半ば心理学的な概念は、私に謎を解く手掛かりを与えてくれた。巡礼ないし旅は、単なる地理的移動に留まらず、状況の変化と意識の変化さえをも伴うものだと認識するようになった。

私は長いこと、ヴァルター・ベンヤミンの謎めいた論考、「歴史哲学テーゼ」に恋していた。中でもとくに、彼の「均質で空虚な時間」という難解な概念が好きだった。世俗化が進行する以前のキリスト教的時間、つまり「メシア的時間」においては、時間は神による預言によって規定されている。[5] この預言は憶測ではなく神の摂理によって規定されたものだった。これに対して、「均質で空虚な時間」は世俗化された時間で、預言とは無関係の、神性を欠いた時間だった。

ベンヤミンの概念は気に入っていたが、しかし、これを使おうなどとは、ジムがエーリッヒ・アウエルバッハの『ミメーシス――ヨーロッパ文学における現実描写』を贈ってくれるまでは、まったく考えてもいなかった。この本の中で最も心を奪われた部分は、古典古代《アンティクウィティ》と、とくに中世に関するものだった。それは、近代世界《モダン》のものとはまったく異質の時間の概念を示してくれるものだった。そのうえ、この本は、中世を専門とするフランス人の大歴史家マルク・ブロックと、次いでデイヴィッド・ランデスの当時出版されたばかりの時間と時計に関する本へと私を導いてくれた。

最後に、まったくの偶然が介在した。アメリカ研究家の友人と何気なく話をしていた時のことだ。たまたま話題がハリエット・ビーチャー・ストウの小説でかつての国際的な大ベストセラー、『アンクル・トムの小屋』に転じた。彼が話してくれたことは、この本の国内での受容のあり方について示唆的な内容を含むものだった。奴隷制擁護派の批判者たちは、この本は真っ赤な嘘だとは言わないまでも、まったくの作り物だと容赦なく攻撃した。ストウ夫人は、こうした批判に大いに感情を害し、小説を書くに当たって依拠した全ての文書類を含む大部の本を出版した。ところが、限られた人しかこの本を買おうとはしなかったのである。このことは私に、エミール・ゾラの『ジェルミナール』、イワン・ツルゲーネフの『父と子』、エドゥアルト・ダウウェス・デッケル〔筆名ムルタトゥーリ〕の『マックス・ハーフエラール』や、その他いくつかの小説を思い起こさせ、考えさせることになった。出版当初、これらの小説は非常に大きな政治的衝撃をもたらし、今日でも読み継がれている。しかし歴史の専門家を除き、これらの偉大な創作《フィクション》が依拠した「事実」について、誰も読もうとはしない。

ということは、想像の産物である創作が現実《リアリティ》よりもよりリアルだと捉えられるような認識の仕方があったのだろうか？　どのようにして、創作はそのようにスーパー・リアルだと感じられることが可能だったのか？　それは内容だけの問題なのか、それとも小説の内的な形と何か関係があったのか？　こうした雑多な影響から、ようやくベンヤミンの「均質で空虚な時間」が大きな助けとなることに気づいたのだった。そして、スーパー・リアルな創作というパラドックスは、ナショナリズムについても、これと似た流れで考えることを可能にしてくれたのである。つまるところ、一人のドイツ人政治経済学者（マルクス）、三人のフランス人歴史家（ブロック、フェーヴル、マルタン）、一人のイギリス人人類学者（ターナー）、一人のドイツ人文献学者《フィロロジスト》（アウエルバッハ）、一人のアメリカ人小説家（ストウ）、そして一人のドイツ人哲学者兼文芸批評家（ベンヤミン）――これら全ての人は、『想像の共同体』の形成にとって決定的だった。だが、このうちの誰一人としてナショナリズムに関心を持ってはいなかった。しかし、これらの人々から、私は当初理解することのできなかった問題を解決するための必要な道具（と思ったのだが）を得たのだった。

「私の本は学際的である」と言ったとして、それは適切だろうか？　マルクス、ベンヤミン、ストウ――全員すでに亡くなって久しい――は、大学教授ではなかった。三人のフランス人とアウエルバッハ――全員教授だ――が果たして自分で何かディシプリンを代表しているとどれほど考えていたか、私には定かでない。ターナーは、おそらくそう考えていただろう。いずれにしても、『想像の共同体』は、（マルキシズムが常にそこにあるとはいえ）上位のディシプリン的な枠組《スープラ・ディシプリナリー・パースペクティブ》みを構築しようとのいかなる体系的な試みもしていない。では、この本はどれか特定のディシプリンに属するものなのだろうか。

古文書《こもんじょ》や一次資料に依拠しているわけではないゆえ、明らかに歴史学には属さない。他方で、参考文献リストには一、二冊しか政治学の本は言及されていない。それにもかかわらず、この本はその全てがたったひとつの政治的力《フォース》について語るものであり、根底にある枠組みはほかでもない、私の比較政治学における政治学的訓練に由来している。

以前すでに仄めかしたことだが、学際的研究については、もうひとつ違った形で考えることも可能だ。それは繋げることの逆で、ディシプリンの壁を壊すことだ。全てのディシプリンは、まさにディシプリンであろうとするがために、境界とある種の内的規則の保持——いずれも、時間の経過につれてその形が実際には変化するとしても——に自ら意識的にならざるをえない。そうすることによって、ディシプリンは、常時拡大する分業という産業社会・ポスト産業社会に見られるより大きな論理に従うことになる。原則的に言って、境界の設定や内的規則ないし基準の制定それ自体に、何ら問題があるわけではない。そうすることが、学問的営為全体を推し進めるための実践的な慣行だと、意識されている限りにおいてだが。比喩をスポーツに求めれば明快だろう。テニスであれば、丸いボールとネットが用いられ、そしてボールの大きさとネットの高さには規則があり、点を取るための空間として線引きされたスペースがある。ボールを腕や足、頭で「打つ」ことは許されない。サッカーをするのなら、ボールはもっと大きくなければならず、恣意的に決められた特定の高さのゴールポストを必要とする。足と頭は使えるが、手を使うことはならない。競技をする空間はテニスよりももっと広く、異なる形に線引きがなされている。そして、「点を取る」ための規則はきわめて詳細に決められている。しかし、こうした規則は、時間の経過とともに変わってきてもいる。もしテニスとサッカーの両方をしたいのであれば、それぞれの形式と規則を知っていなければならない。誰も「インター・スポーツ」をしようとは考えないだろうし、いずれのゲームもしていないとすれば、そのことは誰にでも一目瞭然である。

このような認識、規則は時間の経過とともに変化するといった認識は、学問の世界ではそれほど一般的ではない。というのも、それはスポーツのように楽しむもの(そのために人為的な境界や規則が設定されている)ではなく、むしろ真実を追究するものだと思われているからだ。かつて同僚の何人かに、政治(科)学《ポリティカル・サイエンス》の歴史について授業を開講してはどうだろうかと提案したことがあった。だが、誰も良い考えだとは思ってくれなかった。この抵抗は、そうした授業を教えられる人間が学部にはいないではないかという、実際的な理由によるものだと当時は理解した。ところが、必ずしもそうではなかった。問題は「政治・科学」の解釈だった。もし「政治」を強調し「科学」を括弧に括ったとしたら、授業はプラトンから始まり、例えばフランシス・フクヤマまで続けることになる。しかし、もし逆に「科学」を強調したなら、歴史は、政治学という言葉が、行政と憲法との非常にアメリカ的な融合によって創出された一〇〇年ほど前より先には戻らないことになる。どちらを取るかについて学部内で何らかの合意に達するのは困難だっただろう。私の提案は完全に失敗したが、どのような形にしろ、全てのディシプリンは、その歴史について少なくともひとつの本当に良い授業を開講すべきだと思う。それは、当該ディシプリンが自らを大筋において規定している知的境界の壁の起源と、そのジグザグな発展について学生によく理解してもらうためのものだ。

もちろん、これとは異なる壁の壊し方もある。ひとつは、他のディシプリンの優れた著作や、標準的な諸ディシプリンから外れた優れた著作を――それもとくに、そうした著作がイギリス語を母語としない人によって書かれたものであればなおさらのこと――、大学院レベルのカリキュラムに導入すること、必要ならば強制的に導入することだ。そうすれば学生は、技術的な語彙や新しい概念を学ぶだけでなく、自分たちの(自国流に折り曲げられた)ディシプリンを、外側から、そして比較の仕方でもって眺める機会を持つことになるだろう。もうひとつの方法は、異なるディシプリンの学生を――もし可能なら異なる国籍の学生も――惹き付けられるような授業を考案し、これを発展させることだ。私の経験では、学生は教授の講義からと同じくらい、しばしばお互いの間の討論や議論から学ぶものだ。ディシプリン的近視眼と国粋的な自己中心主義の組み合わせほど、学生が創造的に考えることを妨げるものはない。

## 聴衆と文体と創造性

自明のことだが、大学院生は先生のために小論文《ペーパー》を書くことから訓練を始める。それが始まるまでは、個々の才能によって、しかしより一般的には、高校時代と学部時代に何を学んだかによって、明快な文を書く者、優雅にさえ書く者、あるいはぎこちなく混乱した文体で書く者もいるだろう。この段階の学生はまだディシプリンに籠もってはおらず、たとえナイーブではあっても通常は人間《パーソン》として書いている。書いたものは誰でも読むことができ、理解することが可能だ。しかし、ディシプリンに基づく大学院教育、それもとくに専門職主義が大いに進んでいる場合には、これは学生の文体を根本的に変えてしまう。大学院での教育が進むにつれて、学生は自分たちの将来の聴衆、つまり読者についていくつかのことをわきまえるようになる。一般に彼らは次のように言われる。「君らが主として書くべき相手は、同じディシプリンに属する仲間や他のメンバー、仕事を世話してくれそうな人たち、ディシプリン系学術雑誌の編集者、そしていずれは同じ職場の同僚や自分が教える学生たちだ」と。文体は、書き手がどのディシプリン（あるいはギルド?）に属するかを即座に示すものでなければならない。

右のような教育環境は、時として非常に大きな影響力を振るうことになる。それは当該ディシプリンに固有の（流行の）専門用語《ジャーゴン》の使用や、ディシプリン内の先行研究の過剰な引用――それも読者を啓発するためのものではなく、単にディシプリンへの帰属を示す儀礼上の引用だ――、そしてある種の標準化された貧しい言語に最も顕著に表れる。学生が折に触れ教えられるのは、教養のある一般大衆を相手に書くというのは、単純化、「通俗化」だけでなく、技術的な洗練度の低さ(すなわち、あまりにも理解し易い)を意味するということだ。また、彼らは、いずれ本を出版する時には、商業出版社ではなく、できるだけ大学出版局から出すべきだとも教えられる。そうすれば本の書評をするのは自分たちと同じ人たちで、何を言うか予測不能なよそ者ではない可能性が高くなるからだ。というわけで、意識的にせよ、そうでないにせよ、結果的に学生が書くように奨励されるのは、高校時代や学部時代に書いていたものより、はるかに劣った文体だ。多くの者が、退職するまでそうした文体で書き続ける。

さらに、ほとんどの大学では、ディシプリンを軸とする学部の日常的な力が強いだけに、その構成員は学部という存在を非常に重く受け止めるようになりがちである。その度合いの強さは、「ディシプリン」という語は本来、大文字のDを用いてDisciplineと常に綴られるべきだと感じさせるほどだ(ディシプリンという言葉は、もともとは中世の修道院において、魂《ソウル》の敵である肉体を自らの手で苛《さいな》み罰する過酷な修行のことを意味した)。したがって、「軽薄であること」と意味のない余談は眉を顰《ひそ》められることになる。コーネルで最初に勉学を始めたとき、私はこのレッスンをかなり早い段階で学んだ。自分ではまだ学部生の時のように考えていたため、最初の頃に書いたいくつかの小論文では、個人的なコメントだけでなく、ジョークや風刺を本論中に含め、脚注には自分で読んで面白かった逸話や余談を付け足した。この小論文を読んだ先生たちは、きわめて好意的な言い方だが、こうした文体を用いないようにと注意してくれた。「君はもうケンブリッジに通っているわけでもなければ、学生誌のためのコラムを書いているわけでもない。学問というのは真面目な行為なんだ。逸話やジョークには何の学問的価値もない。それに思い付きの〝個人的意見〟には誰も興味を持ってくれはしないのだから」。

この忠告を受け入れるのは本当に難しかった。アメリカに渡るまでの時代、学校でいつも言われたのは、文章を書くに当たって何としても避けるべきは、「退屈《ボアリング》」ということだった。その後、我ながら浅薄だと知りつつ時々思ったのは、「今になって、伝統的中国の纏足《てんそく》がどんなものだったかようやく理解できる」ということだった。しかし、やがて、とくに終身在職権《テニュア》を得たあとには、私は脱出することにした。*Java in a Time of Revolution*(『革命期のジャワ』)(立派にも一九七二年にコーネル大学出版局から刊行された)にはジョークは入っておらず、余談も少なく、「個人的コメント」も多くはない。しかし、『想像の共同体』(商業出版として「ニューレフト」のヴァーソ(Verso)から出た)には、これら全てが満載されている。

明らかなことは、不必要に高いディシプリンの壁は壊そう、ということだ。そうすれば研究者の文体は改善され、退屈さは軽減し、そして「同僚たち」だけではないもっと広い潜在的な読者への道が開けることだろう。しかし、それは、「レベルを下げて書く《ライティング・ダウン》」ことを意味してはいない。名文家による本、例えばヨーゼフ・シュンペーター、ゲオルク・ジンメル、マルク・ブロック、丸山眞男、エリック・ホブズボーム、ルース・ベネディクト、テオドール・アドルノ、ルイス・ハーツ、その他多くの人の著作は、なるほどしばしば難解だ。しかし、彼らの手になるものは、常に読書に喜びを感じさせてくれるような本だ。

表現者としての人間は、小説にしても、絵画にしても、哲学にしても、たとえ着想の源が中空から生まれたインスピレーションだったとしても、それをアイデアにし、表現したいものへと考えをまとめていくについては、これを言葉でもって行なう。さらに詩人や小説家、人文学や社会科学の研究者であれば、表現そのものを言葉に依存することになる。芸術家が研究者よりもしばしば創造性と革新性に溢れているのは、既存の表現法を打ち破ることが芸術家に課せられた責務と考えているからだ。それに対して、研究者は、ともすると自らのディシプリンの言語の壁に制約され(あるいは安住し)、それも、それと意識することなく制約されて、とりもなおさず思考と表現も制約されることになる(芸術家と研究者の対比は、ステレオタイプ的ではあるが、芸術家のボヘミアンのような服装と研究者のビジネスマンのような背広姿を想像すれば分かり易いだろう。保守的な服をきちんと身に着けることが、研究者の権威づけに繋がる)。専門用語《ジャーゴン》が恩恵であり呪縛でもあるのは、その使用が専門家としての印となり専門家同士の意思の疎通を簡便にする一方で、ややもすると専門用語で発想し、表現するという牢獄にもなりかねないからだ。研究者が聴衆と文体について考えることには、実は単なる退屈さの軽減を越えて、創造性の本質が関わっている。学際的研究の意味も、最終的には、この創造性と革新性にいかに貢献できるかとの関係で問われなければなるまい。

# 第六章　新たな始まり

一九九六年、六〇歳の時のこと、私は軽い心臓発作を起こした。私の面倒を見てくれた親切な医師たちは、仕事中毒となっていた生活を大幅に改めるようにと忠告してくれた。そこで私は、退職と退職後の生活のことを、具体的に考え始めるようになった。

## 退職の訪れ

アメリカでは一九八六年に、年齢を理由とする強制的な退職制度を、原則として禁止する連邦レベルの法律が制定された。これにより、とくに終身在職権《テニュア》を持つ大学教授に定年制は適用されないことになった。他方、幸運なことに、私が倒れる以前に、コーネル大学は「段階的退職」制度を導入していた。医師からの忠告もあり、また後進に道を譲ることを考えて、私はこの制度を利用することにした。それから完全に退職するまでの五年間、私は新しい指導学生を受け入れるのを止め、学年暦の半年間だけ教えることにし、さらには全ての行政的な仕事から身を引いた。これ以降は、一年の半分をコーネルで過ごし、他の半年は東南アジアで過ごすことにしたのである。この当時、私はまだインドネシアへの入国を禁止されていた。そこで、東南アジアでの居をバンコクに定めた。地域内の国々の首都に簡単に行ける距離にあり、台湾、日本、インドからもそれほど遠くはない。このようにして、依然としてコーネルの素晴らしい図書館で研究に励むことができただけでなく、イサカの長い冬、それも暗くて寒い冬から逃れることが可能になったのだった。

半分退職の生活に入ってから、二つの、とても心に染みる出来事があった。私のキャリアは終わりに近づきつつあると多くの人が考えている……、次のような出来事が、そのことを私に教えてくれた。ひとつは一九九八年のことで、アメリカ・アジア研究学会が、生涯学術功労賞を授与してくれたのだ。贈呈式の記念講演では、アジア研究について、より一般的には地域研究について話したらどうだと、友人の中に示唆してくれた者がいた。そこで、講演では、地域研究をディシプリンから分かつものは何か、それは感情的な結び付き《エモーショナル・アタッチメント》だと語った。我々アジア研究者が学んでいる場所や人との結び付きだと。私が養子にしたインドネシア人の息子、ベニーとユディは恥ずかしがったが、やんわりと強いるようにして彼らを演壇に招き入れ、三人一緒に並んで立つことによって、私の伝えたかったことを聴衆に示したのだった。会場に集まっていたアジア研究者たちは、長い拍手でもってこれに応じてくれた。私は泣きたいほどのとても幸せな思いで一杯だった。

二〇〇〇年には、アジア研究への学術的な貢献に対して、「福岡アジア文化賞――学術研究賞・国際部門」を贈呈された。これは、通常、退職間近か現役をすでに退いた人に授与されるものだった。誠に幸運なことに、この時、福岡アジア文化賞の大賞を授与されたのはインドネシアの偉大な小説家プラムディャ・アナンタ・トゥールだった。プラムディャはかつて、(スハルト独裁政権によって)一二年間にわたり裁判を受けることなくブル島の流刑地に閉じ込められたことがあった(プラムディャの受賞は大変喜ばしいことではあったが、残念な側面も存在していたと、後で知った。スハルト独裁政権末期の一〇年間、プラムディャは毎年のように大賞に推薦されたが、日本政府への政治的配慮とスハルトへの外交的配慮から、これが実現することはなかったという。授賞が実現したのはスハルト政権崩壊後のことだった。予想されたことではあるが、この話が授賞式で紹介されることはなく、プラムディャに遺憾の意が表されることもなかった)。プラムディャと私は長いこと密かに手紙のやり取りをしていたが、福岡アジア賞の選考委員会のおかげで、ようやく何日間かを一緒に過ごすことができたのだった。私にとって最も親しい日本の友人たち――加藤剛、押川典昭、白石隆の教授たちを始めとして、多くの友人が式に出席してくれた。故土屋健治教授がいないことをみんな残念がったが、子息の健一郎――私が最初に会った時にはまだ子供だった――が、父親の代わりに出席した。

多くの人にとって退職というのは、少なくともその当初は、どちらかというとやや辛い経験だ。規則正しい仕事のスケジュールはなくなり、同僚や友人との定期的な飲み会もなく、ゴルフに頻繁に行くこともない。一日が非常に長く感じられてしまう。しかし、教師や学者の退職は、こうした通常の形とは違ったものになりうる。教育現場からすでに退いていれば、学会出席、講演、論文や書評の執筆、あるいは本の執筆にも、それまで以上に時間を割くことができる。世界中のどこにおいても教師＝学生間の絆が見られるように、多くの元教師は以前教えた大学院生たちと密接な連絡を取り合っている。そうすることによって、すでに退職していても、新しい研究動向を追い、新しい研究課題を探し、検討すべき新しい問題を見つけ出すことができる。現役の研究者仲間が大学や学部の行政的な仕事、諸委員会任務、教育と学生指導、助成金を握る連邦政府や州政府の役人たちへのゴマ擂《す》りなどで忙しい思いをしているのに対して、要は退職者には、考えるための時間がたっぷりあるということだ。もしそう望めば、ディシプリンや地域研究の制度的な束縛から解放されて、遠い昔に手を付けながら未完のままになっているプロジェクトに立ち戻ることさえできるのである。

## 新しくて古い関心

ここで、幸運な退職をして以来、私がこれまでに追求してきた三つの非常に異なる学問的関心について述べることにしたい。

一〇代の頃、私はしばしば小説家になることを夢見た。だが、才能がないと気が付くのにそれほど時間は掛からなかった。二〇〇五年に上梓した『三つの旗のもとに』にやがて結実することになるプロジェクトに取りかかったとき、子供時代の文学的本能が再びむずむずとし始めた。

私は昔から常に、アナーキストに強い政治的共感を覚えてきた。一時期、コーネルの学部生にバクーニンとクロポトキンについて教えたことがあったほどだ。しかし、アナーキズムについて本気で考えるようになったのは、フィリピン史で最も興味を惹かれた時代、すなわち一九世紀末の二〇年間というのは、マルクスの死からレーニンの台頭までの時代とほぼそのまま重なり、そして国際アナーキズムがその威信と影響力の頂点にあった時代とも重なると気づいてからだった。この時代的一致に思い当たってから、初期の反植民地主義的ナショナリズムを「グローバル化」する方法、これをグローバルな脈絡で検討する方法を思い付いたのである。

この頃、私は、フィリピン・ナショナリズム史の歴史学方法論《ヒストリオグラフィ》における「土着主義者《ネイティビスト》」的転換にいささか息苦しさを感じてもいた。一九六〇年代までのフィリピン史研究は、スペインやアメリカの史料を用いた古い形の歴史研究だった。ところが、これ以降は、このような史料の持つ植民地主義的・帝国主義的偏向が糾弾され、むしろ口承史等の「自前」のフィリピン史資料を用いて歴史を書くことが正しいとされて、それ以外は無視ないし軽視されるようになったのである。植民地主義者スペインと、とくに帝国主義者アメリカは、批判ならびに攻撃の対象として「自分たちの歴史」に組み込まれた。だが、その他の世界はほぼ捨象されて、その結果としてきわめて内向きなフィリピン史が語られるようになった。自分の調査を続けるうちに徐々に分かってきたのは、フィリピン人ナショナリストの第一世代は、キューバ人ナショナリスト、イタリア人、ブラジル人、フランス人のアナーキスト、フランス人、ベルギー人のアヴァンギャルド文筆家や画家、日本人の小説家やリベラル左派、ロシア人のニヒリスト等々といった人たちとあらゆる種類の繋がりを持っていた、ということだった。彼らは全て電信で結ばれていた。電信は、数分間のうちに世界中にメッセージを伝えることのできる人類初のコミュニケーション技術だった。

そこで思い付いたのが、研究成果を書き上げる上で最善の方法は、一九世紀の小説家たち——私には彼らのような才能はなかったとはいえ——の、少なくとも小説技法を真似るということだった。早い場面転換、陰謀、偶然の一致、手紙、同一言語の中の異なる表現形態の使用(例えば文語と口語、標準語と方言の混用)、そして数種類の言語そのものの使用などである。私は昔から、一九世紀の小説家が好んで小説の題に付けたタイトル、サスペンスに満ち、いかにも手の込んだ謎めいたタイトルが大好きだった。そこで、まったく学問的ではないことを承知で、この真似をすることにした。右に述べた本のタイトル——多くの読者を惑わせているものだが——も、子供時代の読み物へのある種の文学的敬意を表したものだった。当時、弟も私も、一九世紀末にG・A・ヘンティというイギリス人超帝国主義者が書いた、何巻にもわたる少年物の小説シリーズに夢中になっていた。これらの小説の主人公は、常に勇敢で品行方正、そして性を感じさせないイギリス人男児だった。年齢は一五、六歳だが、その扱い方は思春期とは無縁の一〇歳児のそれで、小説では女の子(あるいは男の子)への興味が語られることもなければ、恋愛体験が語られることもなかった。数々の冒険は、主人公を世界中へと旅立たせることになる。いわば『タンタンの冒険旅行』のユーモアを欠く祖先だと思えばよい。私たちの大のお気に入りは『二つの旗のもとに』と題された小説で、種々の経緯《いきさつ》ののち、主人公のイギリス人少年がイギリス船とフランス船の両方でキャビン・ボーイとして働く破目になるという冒険物語だった。一九世紀の小説では、しばしば挿絵が多用された。私の小説仕立ての研究書にも、生まれて初めてたくさんの写真を挿入することにした。その中には、三つ揃いに蝶ネクタイで、顎鬚《あごひげ》を生やした末広鉄腸《すえひろてっちょう》の極め付きの写真も含まれている。鉄腸は明治時代の新聞記者・小説家・政治家で、自由民権運動弾圧法などをめぐる政府批判によって投獄され、他方で言葉もできずに一人で海外旅行に出かけるなど、痛快かつ何とも見上げた人物だった。

　若き日への二番目の回帰は、映画への情熱の復活だった。仕事の重圧下にあった正教授時代には、新作映画を鑑賞するような時間的余裕はなく、いずれにしても私が住んでいたニューヨーク州北部の田舎町イサカは、概ねハリウッド映画の毒気に半永久的に汚染されていた。しかし、段階的退職期に入った頃から、最高品質のアジア映画が目覚ましい登場を見せ始め、それはイランから韓国まで、日本からマレーシアやシャムにまで及んでいた。中でも台湾にはエドワード・ヤン〔楊徳昌〕、ホウ・シャオシェン〔侯孝賢〕、ツァイ・ミンリャン〔蔡明亮〕の大監督トリオがいた。私が最も強い関心を抱いたのは、タイ人の天才監督アピチャートポン・ウィーラセータクンで、彼は二〇〇二年に *Blissfully Yours*〔『この上なく幸せに』〕で「ある視点」部門グランプリ、二〇〇四年に *Tropical Malady*〔『熱帯の病』〕で審査員賞と、カンヌ映画祭で二度の受賞を果たしていた。*Tropical Malady*（DVDが発売されている）は二部構成で、第一部では若い兵士と村の青年の恋愛を描き、第二部では同じ二人の俳優が兵士と密林の妖怪を演じている。皮肉なのは、アピチャートポンの作品は、いまだにシャム自体では通常の映画館での上映が許されておらず、彼はバンコクの愚か者の検閲機関といつも激しく争っていることだった。そこで私は遊び半分で、*Tropical Malady* の映画そのものについてと、とくに人々が示した映画への反応を揶揄する論文――この論文を書く前に複数の貸しビデオ屋で映画のDVDを借りに来た人、返しに来た人たちにインタビューをしたが、都市の知識人たちよりも農村部の人たちの方が、映画の言わんとすることをはるかによく理解していた――を書いたのだった。この論文はすぐにタイ語に訳された。のちに、私は、目立たない形ではあったが、愚か者たちと戦う運動にも参加した。こうしたことから、私はアピチャートポンと知り合いになり、すぐに親しくなった(間もなく出版されるタイ語訳の『想像の共同体』の表紙は学問的とは縁遠いものだが、これは私の新しい友人がデザインしたものだ)。

こうした一連の過程を通じて知ることになり、驚いたのは、タイ映画製作者ならびに芸術家の世界とタイ人研究者の間には、知的にしろ、そうでないにしろ、まったくと言ってもよいほど接触がないということだった。『三つの旗のもとに』の時代の一九世紀末のフランスでは、学者と芸術家の間には親密な交流があったことに照らし合わせ、また現代生活における映画の重要性を考えても、これはいささか奇妙に思えた。この状況について調べていくうちに、いくつか面白いことが分かってきた。シャムの一流の学者のほとんどは名門国立大学で教鞭を執っている人たちで、言葉を換えればある面では官僚だということだ。高等教育修了者としての学位タイトルを持ち、大抵の場合バンコク出身者であり、政界のトップと交流がある。自分たちは国民レベルのエリートだと自負している。映画製作者や芸術家は概して地方出身者で、学位タイトルは持っておらず、自分の才能を頼りに生活している人たちだ。タイ人研究者は、およそアピチャートポンの映画を観たことがないにもかかわらず、彼の名前を結構知っているのは、両者に交流があるからではなく、彼が世界のあちこちで映画賞を受賞しているからだった。そこで思ったのは、おそらく同様の状況が同じような理由で、つまり研究者と映画製作者、芸術家の間の社会的地位や階級の相違による交流の欠如が、日本、韓国、台湾、フィリピン、マレーシア、インドネシアでも一般的だろうということだった。異なる理由でもって(例えば研究者の間の高度な専門化のために)、同じような溝が現代のヨーロッパとアメリカにも存在するように思われる。いずれにしても、私の人生で初めて、理想的なタイミングと理想的な場所に退職したおかげで、映画製作者のよい友人たちを持つことができた。この経験は、また、大学の世界を、望遠鏡を引っくり返して反対側のレンズから見るようにと唆《そそのか》すものでもあった。かつては私の視界を覆い尽くすほど大きかったものが、逆から見ると今やとても小さく、思いがけないほどはるか遠くにあり、そしてもしかするとそれほど重要ではないように感じられるのだった。

## 華人インドネシア愛国者の「再発見」

退職後の三番目の関心も、私の学生時代に端を発する。一九六二年から六四年にかけてジャカルタに滞在したとき、私が気に入っていた場所のひとつは屋台の古本屋が長い列をなすことで有名なスラバヤ通りで、お決まりのように一週間に一度はここを訪ねた。面白い本を安価に購入し、個人蔵書コレクションを充実させるには打ってつけの時代だった。インドネシアの独立後も、少なからぬ数のオランダ人がこの国に留まっていたが、彼らは最終的に一九五七年末に追放された。そのとき、蔵書はオランダに持って帰るには重すぎ、さらに船賃がかかりすぎることから、多くの人がこれを売却した。これらの本の大部分——中には実は非常に貴重なものも含まれていた——はオランダ語で書かれていたため、二五歳以下のインドネシア人でこれが分かる人はもはや多くはなかった。一方、一九六〇年代初頭、インドネシアのインフレはすでに高いレベルに達していた。給与生活者が生き延びるためには、汚職をするか古本・古雑誌を含む所有物を売り払うかしか方法がなかった。また、年老いた書籍愛好家が没すると、普通、親の趣味に興味のない子供たちは、相続した蔵書類を売りに出した。

ある日、古本屋通りで、私は非常に風変わりな本を見つけた。インドネシア語のタイトルが *Indonesia dalem api dan bara*〔『炎と灰燼の中のインドネシア』〕という本で、一九四七年にオランダ占領下の東ジャワの都市マランで出版され、著者は「棘の付いた鞭」〔鞭の先に棘を埋め込んだもの〕という勇ましいペンネームを用いていた。植民地体制末期から日本占領期、武装革命最初期にかけての二年間〔一九四五—四七年〕について、作者の個人的な体験を中心に一人称で綴った本だ。内容はとても才知に溢れ、人を笑わせる部分がありながら、同時に悲劇的でもあるという代物だった〔大きな動乱期であったこの時代について、これまでインドネシア人が書いたものの中でも最良の本だ〕。友人たちにこの本について尋ねたところ、一人だけタイトルを聞いたことがあると言った者がいたが、実際に読んだことのある者は皆無だと分かった。タイトルを聞いたことのある者も、「棘の付いた鞭」が実際は誰なのか皆目見当がつかないという。同じ本をもう一冊購入しようと何度も試みたが、成功することはなかった。いつかこの謎を解いてみせると決心したものの、これを実行する時間も手立てもないままに、一九七二年にインドネシアから追放されてしまったのだ。しかし、私はこのことを忘れはしなかった。一九九九年にようやくインドネシアに戻ることが許されたとき、「棘の付いた鞭」が誰だか突き止め、同時に一九四七年に書かれた見事な本が、どうして一九六三年には忘れ去られ、その後、再版されることもなかったのかの謎を解き明かそうと心に誓った。

ジャワ人の友人で活動家であり労働運動家のアリフ・ジャティの助けを借りて、謎を追い始めた。何度も失敗を重ねたのち、ようやく「棘の付いた鞭」はクウェ・ティアム・チン〔郭添清〕だと突き止めた。彼は、オランダ植民地末期の二〇年間にわたり、非常に有名だったプラナカン〔インドネシア生まれの華人〕のジャーナリスト兼コラムニストだった。何人かのプラナカンの友人たちに助けてもらい、アリフと私はこの本の再版に漕ぎ着けた。植民地期の経験がない現代読者の便に供するために、それは膨大な注記を付けた本になった。クウェ——私たちはいつしか彼のことをオランダ語でオジイさんを意味するオパと呼ぶようになっていた——は、東ジャワに何世代も続く古い華人の家系の出だった。一九〇〇年生まれで、高校より上の学校には進まなかったものの、この世代の華人の若者には珍しく、高校までの全てをオランダ語で教える学校で教育を受けた人だった（晩年になって思い出話として笑いながら語ったと伝えられているところでは、オランダ人や欧亜混血児《ユーラシアン》の同級生とよく喧嘩をしたおかげで、彼は時々白人の男の子をぶん殴るという、植民地時代には考えられないような稀有な幸運に恵まれた数少ない「原住民」の一人だったという)。短期間、商社勤務で惨めな経験をしたのちジャーナリズムに転じ、この分野では瞬く間に成功を収め、日本軍がやって来るまで様々な新聞社で働いた。しかし、日本軍は、軍当局自身がスポンサーとなっている新聞数紙を除いて、他は全て発行を差し止めてしまった。そこで、クウェは、日本軍の占領時代とその後暫くは、日本が導入した隣組(現在でもルクン・トゥタンガという名前で存続している)の地方組織の長を務めた。一九四七年から六〇年にかけてのクウェの動向はよくは分からない。六〇年には、クウェは生まれて初めて海外に渡り、娘とその夫ならびに子供に付いてクアラルンプールに行っている。七一年にインドネシアに戻り、インドネシアの新聞『インドネシア・ラヤ』に自叙伝の連載を書き始めた。しかし、新聞そのものが、七四年一月にスハルトによって発禁処分となってしまった。クウェはそれから数カ月後に亡くなっている。

調べを進めるうちに、クウェの傑作が消えた謎が徐々に分かってきた。これには二つの要因があるとの結論に、私たちは達した。非常に興味深いことなので、ここで詳しく述べるだけの価値がある。『炎と灰燼の中のインドネシア』は、驚くべき言語の組み合わせで書かれている。基本的な言語はマレー・インドネシア語だが、一部は東ジャワで使われていたジャワ語の華人方言(福建語の影響を受けたジャワ語)で書かれており、そしてテクストには植民地期のオランダ語や福建語による巧みなパロディが織り込まれ、イギリス語や日本語の単語さえ散見されるのだった。その中でまったく使われない言葉が標準中国語の北京官話だった。クウェは漢字を読めないことを誇りとし、自分はインドネシア愛国者だと自負していた（クウェは、北スマトラのアチェで起こった反乱――不首尾に終わった反乱だが――を擁護する論説を一九二五年末に新聞に発表し、そのためにオランダによって二六年初頭に投獄された。この政治的理由による投獄は、のちのインドネシア初代大統領スカルノよりも三年ほど時期の早いものだった）。

右に述べたような言葉の用法（それはこの本の翻訳をほぼ不可能にするものだった）は、思い付きでも行き当たりばったりのものでもなかった。クウェは言語の切り替えを、典型的には風刺の目的や、この時代に目撃した人々の会話の雰囲気を醸し出すために用いていた。時には、詩的な表現のために、あるいは悲劇的な出来事に皮肉な意味を込めるためにも使っていた。例えば、「Of Romusha, of Tjaptun」（「ロームシャか一〇ギルダー《チャプトゥン》か」）という表現が使われている。ロームシャ（労務者）とは日本占領期に徴用された強制労働者のことで、強制労働も金さえあれば逃れられる、〔日本語で言えば「地獄の沙汰も金次第」〕と皮肉ったのである。この文章ではオランダ語（Of）で韻を踏み、それ以外に日本語（Romusha）と福建語（Tjaptun）が使用され、文章構文としてはマレー・インドネシア語のそれが使われている。独立戦争時にオランダ軍によってスパイ容疑で逮捕された人々がトラックで連行されていく状景の記述では、「連行された者たちの頭がまるでガムラン楽団のクノン〔水平に置いたドラ状の金属楽器〕やクンプル〔縦に吊るしたドラ状の金属楽器〕のように叩かれていた」と語ることで、滑稽な表現の中にも風刺と悲劇性を際立たせている。しかしながら、日本軍の占領がもたらした非常に大きな社会的・政治的な変化、数年にわたる独立戦争、そして独立インドネシア共和国の成立が意味したことは、一九五〇年代末までには、こうした言葉遣いが分かる人はもはや少ししかいないということだった。本を再版するに当たって何百という注を付けざるをえなかったのは、このためだった。

クウェの本が消えた第二の理由は、インドネシア共和国の国連への加盟と、それに伴うところの国際的に承認されるに相応しい現代国家としての体制作りの推進だった。自己のナショナル・アイデンティティを大いなる誇りとしたこの新興国家は、かつては革命期を含めて巷で比較的自由な形で使われていたマレー・インドネシア語を国家独占的な標準語に整形し、これを成功裡に国民に押し付けた。そして、この言葉がジャワ語を含む他の諸言語によって汚染されることは、政府によって不快の対象とされたのである。オランダ植民地政庁が試み、あまり成功を見ることがなかった綴り字法の標準化も、独立後に実現された。かくして、クウェの多言語を駆使した壮観なコスモポリタンな文章は、もはや受け入れられるものではなかった。他方、国家の教育機関が教えることを強要した一九五〇年以前についての歴史記述は、華人マイノリティの役割をほぼ完全に無視し、そしてインドネシア人にとっての英雄的な過去と、オランダ人による極悪非道な過去を強調するものだった。

　クウェの本は明らかにインドネシア愛国者によって書かれたものだ。同時にあくまでも目の澄んだ人道主義者によって書かれたものでもあった。本の中に出てくる人物には、優れたオランダ人もいれば間抜けな者、浅ましい者、胸が悪くなるようなオランダ人もおり、残酷な日本人もいれば心の優しい日本人も見られ、腐敗した華人もいれば金を惜しみなく分け与える華人もいた。私心のないインドネシア人愛国者がいる一方で、一九四七年夏にオランダがマランを攻撃した際に、自分の親戚を拷問しなぶり殺しにした嗜虐的《サディスティック》な「革命家たち」もいた。一九五〇年代、六〇年代の政治的雰囲気の中では、この種の正直で人を当惑させるような複雑なニュアンスの本は、どのような政治集団を見回してもこれを読もうというような人はわずかしかいなかった。結果的に、南米で秘密警察に連行され行方不明になった人々の運命を表現する言葉を借りれば、クウェの本は「消えさせられてしまった《ワズ・ディスアピアード》」のである。さらに、もうひとつ付け加えるべきは、スハルト政権下での華人に対する厳しい抑圧政策である。華人による新聞の発行停止、華人学校の抑圧、多くの華人著作物の発行禁止、政治からのほぼ完全なる締め出し——こうしたことが、「消えさせられてしまった」ことをさらに徹底的なものにした。それゆえに、スハルト政権崩壊後になってからようやくのこと、クウェの傑作を再版し、ある程度の限定はあるものの、これを味わってもらうことが可能になったのである。

今やりたいと思っているのは、クウェの文筆活動と政治活動を中心とする伝記の執筆である。この伝記の強調点のひとつは、文筆活動と政治思想や政治活動との関係性である。資料とするのは、主として彼の自伝的な著作物と、私たちが調査の過程で見つけた一九二四年から四〇年にかけて彼が筆を執った数百の論文だ。考えているのは、この時代の「植民地特有の国際的混淆性《コロニアル・コスモポリタニズム》」を再び想像することである。これは、都市化の大きな波、資本主義の拡大、新たなコミュニケーション手段の進展、教育(独学を含む)の急速な拡大によって創られたものだった。クウェは人生のほとんどを、海岸都市スラバヤの商業中心地で過ごした。この都市は、ジャワ人やマドゥラ人、ジャワ島の外から来た外島出身者、オランダ人、福建人、客家《ハッカ》人、広東人、ユダヤ人、イエメン人、日本人、ドイツ人、インド人で溢れており、宗教的にはイスラーム、キリスト教、ヒンドゥー教、道教、仏教の敬虔な信徒と、これらそれぞれの宗教人口に数え上げられた「統計的」な信者で一杯だった。これらの人々は不可避的に、日常生活での必要に迫られた接触から、お互いの言葉をそれなりに聞き齧《かじ》っており、お互いの新聞を読み、そしてお互いに対して時には友好的な、時には敵対的な関係にあった。もし、そうしようとの意志と才能さえあれば、ある意味で文化横断的、言語横断的な創造性には申し分のない環境だったと言える。

私は、「退職の自由」をこれまで一〇年近く享受するという幸運に恵まれたわけだが、これについて語るのはここまでにしておこう。

## 幸運と冒険精神

この章の最後に、本書の中心的なテーマとして三つのことを要約的に述べておきたい。最初は、幸運ということについてだ。

どんな本でもよい、二ダースほどの学問的に重要とされる著作の索引を調べれば分かることだが、そこに「運」という事項を見つける確率はきわめて小さい。学者は、「社会的力」「制度的構造」「イデオロギー」「伝統」「人口学的傾向」等の概念に深く肩入れしている。「諸原因」なるものと、それらが引き起こす可能性の高い複雑な「諸結果」にも、同じように深く入れ込んでいる。このような知的枠組みの下では、偶然について考える余地は存在しない。

私は時々からかい半分に、好んで次のような質問を学生たちにしていた。学生自身の間で、あるいは自分の友達や親戚の間で交通事故に遭った人がいるか、という質問だ。そして、「はい」と答えた者に、「本当に事故《アクシデント》、不慮の出来事だと思うのかい？」と尋ねることにしていた。学生が常に答えて言うには、「もちろんです！　おばあちゃんがもう五分長く店でお喋りをしていたら、オートバイに撥《は》ねられることはなかったでしょうから」、あるいは、「オートバイ乗りがもう五分早くガールフレンドの家を出ていたら、おばあちゃんはまだ店でお喋りしているところだったのに」。そこで、私は質問する。「では、関係当局は、クリスマス休暇中に何人くらいの人が事故で死ぬかをかなり正確に予測できるという事実を、君はどうやって説明するのかね。例えば、実際に起こった事故の数が五〇〇〇だったとしよう。当局は過去のクリスマス時の統計的な傾向を調べ、三二や一万五〇〇〇という数字ではなく、おそらく事故数は四五〇〇あるいは五五〇〇だと予測するだろう。〝事故〟についてのこうした予測をとても正確なものにしている〝原因〟は何なのだろうね」。時には、頭のよい学生が、「確率論、統計的確率論ですよ」と答える。しかしいかなる意味で、「確率」を「原因」として理解できるだろうか？

一〇〇年以上も前のこと、エミール・デュルケームも、人間の全行動のうちで最も孤独なそれ、すなわち自殺について研究した際に同じ問題に直面した。学者は運や偶然について語らず、これを語ることもできない。ゆえに、デュルケームも、自殺を説明するに当たって、パターンや確率でもって説明しようとしたのだった。

要は、私たちは、偶然や事故、いわんや運を日常的な思考から排除できるような状況に、まだ到達してはいない。悪い運については、人は説明しようと試みる。何々のせいで、あるいは誰それのせいでこうなったのだ、というようにだ。しかし、幸運については、学問の場においても日常生活においても、これを説明することはできない。これが、研究者ならびに知識人としての自分の人生を語るに当たって、私が一連の幸運をことさらに強調した理由だ。私の生まれた時代と場所、私の両親と祖先、私の言語と教育、私のアメリカへの移動、そして私の東南アジアでの経験。これらの幸運は、私をして、五分間長く世間話をしていたおばあちゃんになったような気持ちにさせるのだ。

ただし、店でじっと待っていれば、幸運が扉を叩くというものではない。好機というのは、しばしば予期せぬ偶然としてやって来るものであり、それがさっと目の前を通り過ぎる前に、勇敢にあるいは無謀に、これを捕まえなければならない。思うに、冒険精神ほど、本当に生産的な学問生活にとって決定的に重要なものはないだろう。インドネシアでは、道で誰かに「どこに行くのか？」と尋ねられたとき、もし行き先を教えたくなければ、あるいはどこに行くのかまだ分からなければ、ラギ・チャリ・アンギン(lagi cari angin)、「風を探してるんだ」と答える。港を出て大海原に向かう帆船のようにだ。冒険と言っても、私が子供時代に少年小説で読んだ類《たぐい》のことを言っているのではない。大学や学部の制度、あるいはディシプリンに安住してしまうと、研究者は港を出ようとはせず、風を探そうともしなくなる。風を探そうとの心構え、風を見つけたらそれを捕らえようとする気概が大切なのだ。そのためには、ヴィクター・ターナーの巡礼ではないが、物理的《フィジカル》な旅と精神的《メンタル》な旅の両方をすることが重要だ。あるとき、ジム・シーゲルに、「ベン、お前は、僕の知人や友人の中で唯一自分の研究と直接関係のない本を読む奴だよ」と言われたことがあった。これは、私には、最高の誉め言葉に聞こえたのだった。

## 「敵は我なり」

学問的な環境というのは、研究者に大きな特権を与えてくれる一方で、研究者を閉じ込め、行き詰まらせることの多いものでもある。研究者、とくに若手の研究者は、こうした性格を持つ学問環境とその変容について、可能な限り知っておくようにすべきである。〔元原稿執筆時の〕G8の国の教授たちは高い給料をもらい、旅行のための自由な時間と多くの機会を持ち、しばしば新聞やテレビを通じて一般大衆に向けて情報発信をすることができる。通常、彼らが欠いているのは、自分の国の支配者層との近しい関係である。貧しい国、あるいは中程度に豊かな国では、大学教授の給料は必ずしも高くはないが、社会的地位は非常に高く、メディアとの関係も近く、とくに首都の大学で教えていれば、支配階級と近しい関係を結ぶことができる。これら二つの環境のいずれにおいても、異なる理由によるとはいえ、大学教授はきわめて安定した将来を保証されている。ひとつには、解雇が非常に難しいということがある。比較的高い給与と職の安定は、「学問の自由」と専門職化《プロフェッショナライゼーション》を守るという理由で正当化されている。前者の正当化は、教授たちがそれを実践する限りにおいては——常にそうするとは限らないのだが

――、伝統的かつ立派な理由だ。後者の正当化はより最近のもので、その当否は前者よりも曖昧である。それというのも、専門職化は、年長教授たちによって定められた資格条件に依存し、ディシプリンに関する長い見習い期間を必要とし、今や素人の間で十分に教育を受けた者でもますます理解が難しいような言語に特色づけられているからだ。それだけでなく、専門職業者というのは自衛本能が強いことで悪名が高く、こうした自己防衛的な考え方は、(とくに中年と年長の教授の間に)保守的傾向、慣習遵奉主義、極度な怠惰を助長しがちである。

また、専門職主義《プロフェッショナリズム》の進展とともに、高等教育に関わる思想面と実践面での変化も進行中である。世界のほとんどどこでも、教育への国家の積極的な介入が目に見えて増大している。これは、政策立案者たちが、人口学的趨勢を注意深く観察し、「労働市場」における「労働力需要」に合わせて、学生と教授の補充・加工・生産を調整しようとしているからだ。ますます多くの国が、研究助成を国家の政策課題に結び付けようと腐心している(例えばアメリカでは、今日、膨大な額の資金が「テロリスト研究」と「イスラーム研究」に注ぎ込まれている。この資金の大部分は無駄になるか、凡庸な研究ないし「注文」に応じるだけの機械的な研究を生み出すことだろう)。企業の介入――直接的ないし間接的、無害ないし有害なものを含めて――も、社会科学や人文学においてさえ、ここ暫くのあいだ増え続けている。専門職化は学部学生の教育にも影響を及ぼしており、一八歳から二一歳の若者は広い一般教養を身に付けるべきだとの古い考え方は後退し、その代わりに大学時代を、主として就職市場参入のための準備期間と捉えることが奨励されている。おそらく、こうした過程を反転させることは難しく、その速度を遅くさせることさえ困難だろう。そうであればこそ、大学とその住民は、この状況をしっかりと認識し、それに対して批判的な姿勢を取ることが格別に重要となる。私自身について言えば、実用性に欠け保守的に流れるといった明確な弱点にもかかわらず、古い教育哲学がまだ強かった時代に成長したことを、非常に幸運だったと考えている。『想像の共同体』はそうした哲学に根差すものであり、この種の本が今日の大学から生まれることは余りありそうにない。

一九五〇年代の冷戦期のアメリカで、国家の偏見やイデオロギーに従うべしとの巨大な制度的圧力が働いていた時代に、疑いもなく最も勇敢で、最も滑稽であり、最も気の利いた内容の新聞連載マンガは、ウォルト・ケリーの『ポゴ』だった。ジョージアとフロリダの州境に実在するオーキフェノーキーの湿地を舞台にしたマンガで、動物たちを主人公としており、そのキャスト〔アリゲーター、フクロウ、カメ、ヤマアラシ、ビーバー等〕には危険な政治家、日和見な知識人、政治に無関心なお人好し、そして心は優しいがいささかコミカルな平均的アメリカ市民などが含まれていた。マンガのヒーローは、小さく無害なオポッサム〔有袋類の動物で外見はネズミに似ている〕のポゴで、これだけが真に思慮に富んだ存在であり、この動物にケリーは、可笑しくも印象的な次のような名台詞を言わせている。「我敵と相見《あいまみ》えたり、敵は我なり」〔この台詞は、一九世紀初頭のアメリカ＝イギリス戦争——第二次独立戦争とも言われる——において、アメリカ海軍の提督が軍司令官に送った伝言、「我敵と相見えたり、敵は我がものなり」を言い換えたものとされる〕。今日、研究者が最も養うべきは、まさにこの懐疑的で自己批判的な姿勢だ。政治家、官僚、企業役員、ジャーナリスト、テレコム業界を牛耳るドンを軽蔑するのは誠に容易《たやす》い。しかし、大学の諸組織——我々はそこに埋め込まれており、これら組織を当然のものとして受け入れているわけだが——から知的に一歩距離を置き、これを見ることはそれほど容易いことではない。

## ヨーロッパの精神風土

若い研究者は、ナショナリズムとグローバル化の相互作用がもたらす結果についても、真剣に思いを巡らせるべきである。ナショナリズムもグローバル化も、私たちの視野を狭め、問題を単純化させる傾向があるからだ。この点との関係で、ここではまず、ナショナリズムを取り上げるが、その前にヨーロッパの独自性についていくつか指摘しておきたい。

その全盛期には、ヨーロッパは世界の他の地域と比べて、二つのこの上なく大きくかつユニークな知的強みを持っていた。ひとつは、ギリシャ＝ローマ古典古代の意識的な継承だった。ローマ帝国は、たとえそれが遠い昔のことだとはいえ、長期にわたり今日のヨーロッパの大部分を支配した唯一の国家だった。しかし、それは、「ヨーロッパ国家」ではなかった。地中海沿岸地域全体、今日のエジプトとスーダンの大きな部分、そして中東の多くの地域を支配する一方で、アイルランド、スカンディナヴィア、北東ヨーロッパの大部分は支配することがなかった。さらに、長い歴史の中で、地中海世界の様々な地域を出身地とする人々を皇帝として迎えてもいた。ヨーロッパのいかなる国家、国民とても、この類稀《たぐいまれ》な政体から独占的な形で遺産を相続したと主張するわけにはいかなかった。これは、キリスト教諸宗派についても同様だった。帝国をナショナリスト的な目的に流用することはできず、これはイタリアによってさえもできないことだった。

ここに、中国、日本、そしておそらくインドとの非常に大きな違いがある。これらの国々では古代が容易に国民化《ナショナライズ》できるからだ。例えば、日本列島の古代史は、朝鮮半島や中国大陸との関係、さらには東南アジアとの関係を抜きにしては語れないが、それを「日本史」として国民化することが可能だ。

さらに良いことには、古典古代の哲学や文芸の驚くべき作品――全て手書きの書物だ――の相当部分が、皮肉にもアラブ人写字生による写本のおかげで、初期近代の時代へと生き延びたことだった。これらが引き継がれたことは、キリスト教ヨーロッパとは本質的に異なる古代ギリシャ＝ローマの世界へと、「ヨーロッパ」が知的に接近することを可能にした。多神教的な信仰、奴隷制、哲学的懐疑論、キリスト教の教えに反する性道徳、人間性《パーソンフッド》をめぐる考え方、法基盤などである。翻訳を介さずしてこの世界に直接接近できるかどうかは、それぞれ異なる理由によって習得が困難であり、馴染みに欠ける二つの言語の習熟に掛かっていた。古典ギリシャ語はそれ独自の文字体系を持っていただけでなく、今日の中東やエジプトで当時使われていた言語から大量に言葉を借用していた(ギリシャ語は現在まで生き残ったとはいうものの、現代ギリシャ語は、ビザンチン帝国を中心とした東方キリスト教と、何世紀にも及ぶオスマン・トルコ支配によって大きな影響を受けている)。古典ラテン語はといえば、その最も進んだ形のものは、今日のいかなる主要ヨーロッパ言語よりも文法的、構文的に困難かつ複雑だった。さらに都合の良いことには、それはすでに本質的に死んでいたことで、つまりヨーロッパのどの国のものでもなかったことだ。

これらの理由によって(他にも言及しない理由があるが)、ギリシャ＝ローマ古典古代は、二〇世紀半ばに至るまでヨーロッパの知的活動と文芸活動の世界に「違い《ディファレンス》」(何かが違う)と「異質性《ストレンジネス》」(何かが変だ)をもたらし続け、フィールドワークにおける「違い」と「異質性」と同様に知的刺激をもたらし、自己の相対化を可能ならしめるものでもあった。古代ギリシャには都市国家があり、民主主義があった。ローマ帝国はヨーロッパ史におけるどの国家よりも大きく、遺跡がヨーロッパ各地で見られたことから、どこにいてもその偉大さを実感することができた。ギリシャ＝ローマ古代の文学、医学、建築学、数学、地理学は中世ヨーロッパのそれよりも明らかに優れていた。そして、これら全ては、キリスト教ヨーロッパ以前の文明の所産、いわば「メシア的時間」から零《こぼ》れ落ちた文明の所産なのだった。日本や中国が「鎖国」によって「違い」と「異質性」を締め出そうとしたのに対して、ヨーロッパは古典古代を高く評価し、これを遺産として意識的に引き継いだのである。

　現今の学生たちも、プラトン、アリストテレス、ソフォクレス、ホメロス、キケロ、タキトゥスを読んでいるかもしれない。もしそうなら、それはそれで結構なことだ。しかし、二〇世紀半ば以前の時代と異なり、彼らは概して翻訳で読む。つまり自分たちに当たり前のものとなっている常用国民語に置き換えられたもので読む。したがって、「違い」と「異質性」は本質的に欠落する(同様に、エジプト人学生は神聖文字《ヒエログリフ》を読めないだろうし、アラブ人学生は遠い昔にアリストテレスをアラビア語に訳した版――のちのラテン語への翻訳の基になった版で、多くは既述のアラブ人写字生が書き写した――をおそらく読むことはできず、日本人や中国人でパーリ語の仏典を読める者は少ないだろう)。

　ヨーロッパ、とくに西ヨーロッパのもうひとつの大きな知的強みは、その比較的小さなサイズと明確な地理的・概念的境界の欠如、そして地理的に隣接した中小政体間の軍事的・経済的・文化的な競合、競争だった。とくに近世以降、出版資本主義の進展や宗教改革の展開により、言語や宗教による分裂が加わり、武器生産技術の進歩とも相俟《あいま》って競合、競争が激化し、それがさらに軍事技術を発展させた。戦争、旅行、交易、そして読書は、これらの国々を、しばしば敵対的ではあったが恒常的な接触関係の下に置くものだった(この接触において、とくに平和時の交易関係において、港と河川が非常に重要な役割を果たした)。このことは、イギリス＝オランダ関係に特徴的に見られる。今日、イギリス人の間で、イギリス語単語に何百というオランダ語の借用語があると知る人は多くはない。しかし、彼らは、ダッチ(オランダの、オランダ人の)を冠した敵意の滲《にじ》む次のような表現を珍重している。ダッチ・カレッジ(酒の勢いを借りた空《から》勇気)、ダッチ・トリート(女性を夕食に招いておきながら「自分の分は払って」というような割り勘)、ダッチ・ワイフ(気持ちよい睡眠のための詰め物をした抱き長枕)など。他方で、すでに死んでいるラテン語は、何世紀かのあいだ、それもとくに出版資本主義が始まると、異なる国の知識人たちの相互接触を促進した。一五世紀半ばの活版印刷術の発明以降、一六世紀末から一七世紀半ばくらいまでの間は、ヴァナキュラー(特定の地域や民族の言葉)による出版物ではなくラテン語による出版物の方がより多く印刷され、この言葉は知識人たちの間に広く流通した。ホッブズもニュートンも、ラテン語で著したがゆえにヨーロッパ中に影響力を及ぼすことができたのだった。

「違い」(何かが違う)と「異質性」(何かが変だ)は、競合、競争を伴うこの政治的混乱状況に組み込まれていた。ルネサンスによって古典古代が再発見されて以来、中世のキリスト教会によるラテン語の独占が崩れ、古典籍が教会のドグマに囚われない非聖職者に対して開放されることによって、この知識をめぐる競争がヨーロッパの国々の間で闘われるようになった。一七世紀末にフランス人知識人が自国の文明の優位性を主張するまでは、ヨーロッパの中で古典古代が自分たちのものより優れた文明であることを否定する国はなく、自らもより文明的たらんとしてこの知識の獲得をめぐって争ったのである。戦争時にしても平和時にしても、いかなる国も、自分たちが文明の中心、「中華」であり、自分たちが一番だと踏ん反り返るわけにはいかなかった。(古典古代の知識を含む)文化、政治、経済、技術、戦争術等の諸側面において、革新、発明、模倣、借用がヨーロッパ中の国々で不断に繰り返された。

このような状況は東アジアには存在せず、南アジアにも存在しなかった。東アジアについて言えば、日本も中国も地理的、文化的な境界を設定し、「鎖国」という極端な体制を敷くことによって、境界の外にあるものを野蛮とし、これを排除しようと試みた。政治、経済、技術、文化をめぐる国家間の競争といった意識は希薄だった。ヨーロッパに幾分か類似していたのは、おそらく東南アジアであろう。文化・言語・民族・宗教面で多様であり、さらにこの多様性は、地域全体を覆うような帝国の歴史的欠如、すなわち頻繁な政治的混乱と、域内諸国が異なる植民地宗主国により支配されたことによって増幅された。交易を通じ常に外の世界に開かれていた点も、ヨーロッパと似ている。

## ナショナリズムの連帯と可能性

ローマ帝国滅亡以降、ヨーロッパは単一の安定した支配権力を持つことがなく、多くの中小規模の国家間の紛争、協同、交易、知的交換の場であり続けた。ヨーロッパは、言語的《リングウィスティック》・民族的《エスニック》ナショナリズム――これは一般的に、専制的王朝体制に反対する下からの抵抗運動だった――の誕生にとって必然的《ロジカル》な場所だった。それは、両アメリカにおけるクレオール・ナショナリズムから重要なアイデアを取り入れはしたが、後者とは無縁の一九世紀初期のロマンティシズムにも深く影響された。クレオール・ナショナリズムが合理主義ならびに啓蒙思想の落とし子だったとすれば、一九世紀ヨーロッパのナショナリズムは感性を重んじ、自然ないし自然であることをインスピレーションの源とした。このナショナリズムは、卓越した詩人、小説家、劇作家、画家たちにも非常に大きなアピールを持つものだった。それはまた、他の国、他の地域における民衆《ポピュラー》のナショナリズムの存在を(もちろん、常に、というわけではなかったが)よく意識しており、専制的王朝体制からの解放を目指す運動としてそれらに連帯感を抱いていた。この連帯感の一端は、やがて制度的には、国際連盟(ネーションの連盟)や国際連合(ネーションの連合)、あるいはその他の多くの形で表現されることになる。

第一次世界大戦ならびに第二次世界大戦後になると、若きナショナリズムは、概して白い顎鬚の年老いた国家と結婚するようになった。今日では、ナショナリズムは、国家と国家に付着する諸制度——テレビ、軍隊、学校と大学、宗教諸宗派等——の強力な道具《ツール》と化している。ここで「道具」の側面を強調するのは、国家が存在する基本的論理は、今も国家理性《レゾン・デタ》であり、国家自体の存続と権力の保持、とくに己の国民に対する権力保持であり続けるからだ(このことは、ナショナリズムが、現在でも強力な解放的そして平等主義的な要素を含んでいることを否定するものではない。現代における女性の地位や、人種ないし民族的マイノリティ、ゲイ、レスビアン等といった人々の地位の向上は、ナショナリズムの助けなくしては想像できない)。

それゆえに、現代のナショナリズムは抑圧的で保守的な勢力に利用され易く、それもこれらの勢力は、かつての反王朝的なナショナリズムと異なり、ネーション横断的な連帯にほとんど関心を示すことがない。その結果は多くの国について見ることができる。この点を理解するには、国家が主唱者《スポンサー》となっている国民の歴史《ナショナル・ヒストリー》に関わる組織的な虚言を考えればこと足りる。アジアの事例を取っても、中国、ビルマ、韓国、シャム、日本、パキスタン、フィリピン、マレーシア、インド、インドネシア、カンボジア、バングラデシュ、ヴェトナム、スリランカの国民の歴史を挙げることができよう。ここで達成しようとしているのは、疑うことを知らぬ極度に敏感な地方気質《プロビンシャリティ》と偏狭な思考様式を作り出すことだ。このような反動的ナショナリズムのお決まりの兆候は、これについて書いてはならぬ、あれについて語ってはならぬといったタブーの存在と、それを強要する検閲として立ち現れる。

長いこと、社会主義の異なる形――アナーキスト、レーニン主義者、新左翼、社会民主主義者――が、革新的で解放的なナショナリズムを育て、広げるための「グローバルな」枠組みを提供してきた。しかし、スターリン主義的＝毛沢東主義的諸形態の「共産主義」体制の崩壊以来、グローバルな空白が存在している。この空白を部分的に埋めているのが、フェミニズム、環境主義《エンバイロンメンタリズム》、新しいアナーキズム、あるいは他のイズムで、これらそれぞれが、異なる方法、それも必ずしもお互いに協調的ではない方法で、新自由主義や「人権」を旗印としたマキャヴェリズム的介入主義の不毛に抵抗し、闘っている。これらのイズムが行なっていること以外にも、この空白を埋めるためには多くのなすべきこと、それも長期にわたってなすべきことが数多く存在する。何をなすべきかを探り、これを実践することは、若い研究者に課せられた務めであり、それも若い研究者の貢献が決定的な違いをもたらすような務めである。

普遍的、抽象的、グローバルな価値としての「人権」は、しばしば特定覇権国家によって自国に都合のよい道具として使われ易い。これに対して、同じ国の国民として同一権利を要求する公民権運動は、アメリカにおける黒人やフェミニズムの運動に見られるように、ここに至るまでには長い年月を要したとはいうものの、今や国としてこれを拒否することは容易ではなく、実際に市民的権利の拡大という解放的な成果を上げてきている。この意味で、「ネーション」や「ナショナリティ」には、まだまだ大きな潜在的可能性が存在するのである。

このような状況であればこそ、改めて「地域研究」の価値を評価することができよう。問題に直面する国家——反体制的なインドネシア人は国家のことをしばしば「シルマン」(怖いお化け)と呼ぶ——は、国民の危機意識を煽ろうといろいろな策に走る傾向がある。地域研究の価値が認められるのは、このような画策に踊らされないとの重要な条件付きでのことだ。若い日本人がビルマ語を学び、若いタイ人がヴェトナム語を学び、若いフィリピン人が韓国語を、そして若いインドネシア人がタイ語を学んでいるのは歓迎すべき兆しだ。ヤシガラ椀の外へと這い出し、頭上に広がる無辺の空を初めて見ようとしているからだ。ここには、地方気質的なナショナリズムとの決別の可能性が潜んでいる。ただし、忘れてならないのは、言葉を学ぶというのは、単にコミュニケーションの手段を学ぶということではないことだ。それは、自分たちとは異なる言葉で話し、書く人々の考え方や情動、その背後にある歴史や文化を学ぶことであり、これらの人々との感情的共振を学ぶことでもある。

## ヤシガラ椀の外へ

では、グローバル化についてはどうだろうか？

一九五八年にコーネル大学の大学院生になったとき、私は提出用のゼミ小論文《セミナーペーパー》を仕上げるために大慌てでタイプを打つことを学んだ。電動式のものが出回る前の古いモデルのタイプライターで、これを四本の指で打つのだ。論文のコピーをゼミ仲間に配るためには、ゼラチン感光紙のような緑色の紙にタイプし、簡単な間違いなら白い液で修正して、最終原稿を単純な謄写版の機械で印刷して配付した。何かを変更し修正するのは時間の掛かる苦痛な作業だった。したがって、タイプをする前に慎重に考えなければならなかった。しばしば手書きの原稿で考えを練るところから始めた。今では、コンピューターを使って瞬時に何でも変え、何でも動かすことができる。苦痛が減ったのは有難いことだ。しかし、肝に銘じなければならないのは、真珠はアコヤガイの苦痛から生まれるのであって、ラップトップに満足しているアコヤガイからは生まれないということだ。四〇年前のゼミ小論文に比べて、今日のそれが果たして文体的に良くなっているかどうか、私には確信がない。

あの当時、図書館は依然として聖なる場所だった。「書庫《スタック》」に入り、自分が読みたい古い本を見つけ出し、本の埃を払い、表紙をためつすがめつし、製本部分のにおいを嗅ぎ、そして古い本に時々見られる奇妙で時代遅れの綴り《スペル》に興を感じた。そしてこれが最良の部分なのだが、単なる好奇心で、探していたものと同じ書棚に並んでいる書籍群の中から、行き当たりばったりで適当な奴を抜き出し手に取ってみる。すると、まったく予想もしていなかったものに出くわすのだ。このようにして私たちは、教室の学びとは異なる非公式な形で、資料についてどのように考え、どのように評価し、比較し、無視し、あるいは楽しむかを学んだ。偶然《チャンス》が学びの過程に組み込まれていた。そして驚きも。

現在、図書館は、いずれ本が必要でなくなるのを期待しているかの如く、まるで偏執狂者のようにどんなものでもデジタル化しようとしている。どんなものでも「コンピューター直結」で見つけることが可能になる、というわけだ。行き当たりばったり《ランダムネス》は、運と共に消えつつある。「グーグルは稀に見る検索エンジンだ」とグーグルは言う。だが、自ら用いている「エンジン」という語の持つ皮肉《アイロニー》を理解してもいない。エンジンは通常の「機関」という意味以外に、「工作する《エンジニア》」という動詞が示唆するように、「悪巧み」も意味するのだ。しかし、グーグルもそれを信頼する学生たちも、一九世紀末の本の感触はこうで、二〇世紀初頭の本はこうだ、といったことを考えもしないでいる。日本の本はこのように装幀されており、ビルマの本はあのようだ、といったことも。オンラインでは、全てが民主的に標準化されて、平等な「登録《エントリー》」になる。驚きもなければ愛着も疑念もない。学生たちがグーグルに対して抱いている信頼は、まるで信仰のようだ。グーグルの批判的考察？——これについては、まだ学校で教えてはいない。グーグルは何でも手に入るようにしてくれるかもしれない。しかしそれは、特定のプログラムに基づき入手を可能にしてくれているのだということに、学生たちはまったく気づいていない。そしてたとえグーグルが、利用者のためにいかに良かれと思ってしているとしても、このプログラムがアメリカ語で書かれていることに変わりはない。

「簡単に全てに手が届く」ことのひとつの帰結は、私がグーグル誕生以前のはるか前から気づいていた傾向で、すなわち次のような考え方の加速だ。何かを記憶しておく理由などない。なぜなら他の方法で「何でも」引き出す(リトリーブ)ことが可能だからだ。

大学院の学生だったとき、私は自分のゼミ小論文を詩の引用で飾っては楽しんでいた。これらの詩は、公の場での朗誦のために学校で暗記するように教えられたものか、自分で行き当たりばったりで拾い読みし、恋に落ちたものだった(これはひとつの時代の終わりに近い時期の経験であって、私の妹はこのような訓練を受けていない)。当時はあまり考えることもなく、ギリシャ語、ラテン語、イギリス語、フランス語、ドイツ語で詩を暗誦し、のちにはロシア語、スペイン語、ジャワ語の詩をこれに加えた。こうした詩は、シャワーを浴びながら、バスの中で、飛行機で、あるいは寝つきの悪いベッドの中などでよく口にした。このようにして記憶した詩は、私の意識深くにいつもあったが、それは必ずしも詩の意味においてではなく、朗誦した折の響き、抑揚、リズムにおいてだった。七〇歳代になった現在でも、これらの詩の九〇パーセントはまだ覚えている。コーネルの私の学生時代の仲間たちは、これには驚くとともにお気の毒と言わんばかりだった。「詩を暗記したからといって何になる？　本で調べることができるのに！」。彼らの言わんとすることはもっともだ。しかし、グーグルでさえも、例えばフランスの詩人アルチュール・ランボーの目くるめく詩“Le Bateau ivre”〔「酔いどれ船」〕の途方もない「感触《フィール》」を、私たちに伝えてくれることはできない。

二〇〇七年の夏、私はレニングラードを訪ねた。ロシアのいくつかの地方大学で、若い教師向けのナショナリズム論の上級コースの講義を手助けするためだった。この数十年の間に、私のロシア語会話能力は、「おはようございます」「どうもありがとう」「私はあなたを愛します」を除いて、ほとんど消えてしまっていた。しかし、学生たちとの連帯を示そうと、教室でウラジーミル・マヤコフスキーの手になる美しい詩の最終節《スタンザ》を朗誦した。マヤコフスキーは、スターリン時代の初期に自殺した急進主義者だ。驚いたことに、私が詩を詠み始めると、全ての学生が即座に私と一緒に詩を口ずさみ始めた。

いつでも照らす、
どこでも照らす、
最後の、そのまた最後の日まで！

照らすぞーっ、
そして外《ほか》のことはクソ食らえ！
これがぼくのスローガン、
そして太陽のもだ。〔1〕

朗誦の最後の頃には、私は涙ぐんでいた。そして、学生たちの中にも涙している者がいた。彼らにはまだ口承文化が息づいていた。が、グーグルは、この文化を絶やそうと手を貸している。

グーグルは、ことによるとそう意図しているわけではないかもしれないが、これよりもはるかに大きな災いとなるものを表象している。それは、（アメリカ語という）イギリス語の粗悪な形によるグローバルな制圧である。今日のアメリカでは、アメリカ的イギリス語で書かれ、アメリカで出版された文献のみを参照して理論的著述をまとめることが、きわめてありふれたことになってきている。たとえ文献リストに外国人の著作が挙げられていたとしても、それは往々にして、日本語、ポルトガル語、韓国語、あるいはアラビア語の原典が出版されて二〇年も経ってから、アメリカ語に翻訳されたものを参照してのことだ。あたかもこうした外国語出版物は、アメリカ語で理解可能になるまでは無価値であるかの如くだ。これは必ずしもアメリカの発明ではなく、およそ一八二〇年から一九二〇年にかけてのイギリスによる世界制圧の時代に端を発している。しかしながら、この状況でも、イギリスはヨーロッパの一部であることに変わりはなく、ドイツ、フランス、イタリアで出版された文献を参照することはまったく当たり前のことだった。しかし、今日では、ますます多くの研究者がアメリカ語で出版しなければならないと感じている。このことは、そのこと自体としては、つまり意識の面にまで影響を及ぼさないのであれば、まあ容認されてもよいことだろうし、考えようによっては自然なことですらあるのかもしれない。しかし、結果的に、異なる国々のいよいよ多くの研究者がアメリカ語で書かなければ国際的に認めてもらえないと感じ、同時にアメリカ人研究者は、フィールドワークの便のために外国語の習得を必要としている者を除いて、従来にも増して外国語を学ぶことが億劫になってきている。ここに、死んでいるラテン語と生きているアメリカ語との間の非常に大きな違いを見ることができる。ヨーロッパからアメリカに逃れ、イェール大学に落ち着いた亡命オーストリア人政治学者カール・ドイッチュは次のように言ったそうだが、彼は結局、正しいのかもしれない。「権力とは、耳を傾ける必要がないということだ！」。

この種の「グローバル化」は、もちろん抵抗を受けてもいる。そして、この抵抗における最も強力な武器のひとつがナショナリズムだ。世界の多くの国々には、アメリカの覇権に政治的に反対する多くの優れた研究者がいる。その中には、主義として自分の母語においてのみ、そして同国人ないし同国市民だけに向かってものを書く人がおり、スペイン語、ロシア語、ポルトガル語、フランス語、アラビア語、その他の若干の言語のように、より広い読者を持つ言葉ならば、こうした言葉を共有するトランスナショナルな公衆に向けて書く人がいる。他の多くの人たちは、政治的な意味もなしに母語で書いている。母語でこそ自己を最善に表現できるとか、他の言葉を習得するのが面倒だからといった理由で。こうしたことがひどく悪いわけではない。良いことも多くあろう。しかしながら、怠惰に流れ易い、国際的聴衆の批判に晒されない、偏狭なナショナリズムに陥りかねないなど、ここには明らかに危険も存在する。

既述のように、ナショナリズムやグローバル化は私たちの視野を狭め、問題を単純化させる傾向を持つ。こうした傾向に抗う一方で、両者が持つ解放のための可能性を洗練された形で融合させること、明確な政治的意識を持ち、賢明なやり方で融合させることが、今後はこれまで以上に必要とされる理由もここにある。それゆえに、ウォルト・ケリーとカール・マルクスの精神に倣い、この本の読者、とくに若い研究者の読者に向けて、次の言葉で乾杯をしたい。

カエルは、解放のための闘いにおいてヤシガラ椀のほかに失う何ものもない。
萬國のカエルよ、團結せよ！

# 訳　注

## はじめに

〔1〕「著者と訳者の私たち二人が共同で仕事をする」ことに関係して、前もって二つの点について簡単に説明しておきたい。ひとつは、二〇〇八年の七月から八月にかけて四週間、訳者は原著者の家に寄宿し、本書の元原稿の不明点についてフィールドワークにおける「お喋り」のような形でインタビューを繰り返し、そこで聞いた多くの話や説明を訳書に含めたことである。もうひとつは、日本の読者の関心になるべく応えたいとの著者の要請により、いくつかの事項については訳者が執筆したことで、とくに第五章のうち、日本における「諸学会誕生の初期の歴史」「大学教育の歴史的発展」「日本の地域研究とディシプリン」に関係する部分は、訳者が執筆したことである。他には、第二章のアメリカの大学における地域研究プログラムの位置づけも、訳者の記述になるものである。言うまでもないが、これら全ては著者と相談の上で行なったものであり、本文中の当該箇所には、訳注を付して執筆部分を示した。なお、これらの点については、「訳者あとがき」の「本書の生い立ち」と「共同作業の形」においてより詳しく説明してある。

## 第一章

〔1〕以下の翻訳に関係して前もってお断りしておくことがある。本書では基本的に「英語」ではなく「イギリス語」という言葉を用いている。戦前は、英語だけでなく独語、仏語といった表記も珍しくなかった。しかし英語以外は、現在ではドイツ語、フランス語といった表記がより一般的である。翻訳の過程で、どうして英語だけはいまだに「英語」なのか、どうして「特別扱い」なのかが気になった。疑問として残ったので、いっそのこと他の外国語と同列にし、全て「民主的」にカタカナ表記にした方がアンダーソンの意に沿うだろうと考え、「English」を「イギリス語」と記すことにした。例外は漢字表記の中国語と韓国語である。ちなみに、「フランス語」などに感じることのない違和感を、「イギリス語」に覚える日本人は多いことだろう。「なぜか」は面白い問題である。おそらく第二次世界大戦後、日本人が「英語」でイメージするのは、イギリス語ではなくアメリカの英語であり、「英語」を「米語」に置き換えて理解しているからではないだろうか。付言すると、アンダーソンは、第二章のフィリピン研究に関する記述や、中でも第六章最終節の「ヤシガラ椀の外へ」において、明示的に「アメリカ語」という表現を用い、別の章では「英国《アングロ》アメリカ語」という表現も用いている。

〔2〕「政府学部」は Department of Government の訳で、一般には政治学部と訳されている。本書には、これ以外にも「政府学」「比較政府学」という表現がしばしば用いられている。いずれの場合も「政府学」に相当するのは Government で、アメリカにおける「政治学」の歴史を反映するこの語を活かしてほしいとの原著者の意向により、本書では直訳している。詳しくは一六二―一六五ページと三二六ページを参照のこと。

〔3〕　クイーン・メアリー号の運航とニューヨーク＝イサカ間の鉄道旅客サービスの廃止に関する情報は、アンダーソンの記憶に基づくものであろう、実際とは異なっている。本人もこのことが気になったとみられ、これらに関する記述はヴァーソ版からは削除されている。実際は以下のようである。アンダーソンが渡航した頃からジェット旅客機による大西洋横断サービスが始まり、一九六三年からはクイーン・メアリー号はクルーズ用の豪華客船としての運航が増加した。最後の大西洋横断航海は一九六七年である。また、アンダーソンがニューヨークから汽車に乗りイサカに向かった時代は、アメリカで高速道路網の整備と自動車利用の拡大があった時代であり、彼の旅の翌年には昼間の鉄道旅客サービスが廃止され、二年後には夜行列車も廃止されている。アンダーソンが感じ取った変化の記憶は「当たらずといえども遠からず」で、技術的な進歩が人々の移動スタイル・生活スタイルに大きな影響を与え始めた時代に、アンダーソンはイギリスからアメリカに渡ったことになる。詳細については、"Queen Mary History" (https://www.chriscunard.com/queen-mary/queen-mary-history/ 二〇二三年一月九日閲覧) と "When Ithaca Went by Train: The Lehigh Valley Remembered" (https://museum.cornell.edu/exhibitions/when-ithaca-went-train-lehigh-valley-remembered 二〇二三年一月四日閲覧) を参照。

## 第二章

〔1〕　以下、この節の記述は、アメリカの大学ならびにコーネル大学における地域研究プログラムの制度的位置づけについて日本の読者の理解を助けるために、原著者の了解を得て訳者がま

とめたものである。これを記すに当たっては、訳者自身のコーネル大学での留学経験(一九六八―七六年)を中心に、大学のウェブサイトと原著者からの情報を参考にした。(六五ページまで)

〔2〕ストゥッテルヘイム(一八九二―一九四二)に関するアンダーソンの記述には重大な誤りがある(同じ誤りはヴァーソ版にも見られる)。まずストゥッテルヘイムは、ロッテルダム生まれで、オランダで教育を受けたオランダ人である。市民抑留所への収容は、オランダではなく日本軍の手になる。その後、ボロブドゥール遺跡の修復についてストゥッテルヘイムの知見が必要だと考えた日本軍は、助言を求めるべく彼を釈放してジャカルタに移送した。だがその数カ月後に、脳出血により死去している。今回、訳者がこの間違いに気づいたのは、ドイツ人がオランダ植民地の考古局長になることがあるのかと疑問に思い、以前の翻訳時には習熟していなかったインターネット検索を用いて確認したからである。詳しくは、D. F. K. Bosch, "Levensbericht W. F. Stutterheim" (*Jaarboek*, 1946–1947, Amsterdam, pp. 150–158, https://dwc.knaw.nl/DL/levensberichten/PE00003202.pdf 二〇二三年一月四日閲覧)を参照。この件に関わる情報の確認については、深見純生氏の協力も得た。どうしてアンダーソンが誤った記述をしたのかは、残念ながら知ることができない。当然のことながら、彼が信頼した情報源に基づいての記述であろう。この情報源も今となっては知る術がない。

## 第三章

〔1〕ヴァーソ版の出版後、間もなくして、インドネシア語の「ブレ」で白人を指すようになる

切っ掛けを作ったのは自分だとするアンダーソンの主張に対して、ポスト的にコーネルにおけるアンダーソンの後任のトム・ペピンスキーが、異論をブログに載せた。一九五二年刊行の本に見る「wong bule」(白い人)の用例を示したのである。一九四九年末のインドネシアへの主権移譲後、ジョクジャカルタで活動していたオランダ人に向けられた言葉である。さらにブログに寄せられたコメントには、一九四〇年代後半に出版されたタン・マラカ著『牢獄から牢獄へ』の第三巻に、植民地支配者の白人を揶揄して「kebo bule」(白い水牛)が使われているとの指摘もある。Tom Pepinsky, "Benedict Anderson and the Etymology of Bule" (https://tompepinsky.com/2016/05/27/benedict-anderson-and-the-etymology-of-bule/ 二〇二三年二月一〇日閲覧)を参照。ペピンスキーは、一九五二年刊行の文献をインターネット検索によって見つけた。もしアンダーソンが「インターネット時代」に賭けをしていたら、明らかに一〇〇ドルを失っていた(晩年のアンダーソン自身はネット検索による情報に懐疑的だったが)。それはともかく、一九六三年頃のジャカルタの若い知識人の間では「ブレ」の流通度が低く、アンダーソンがこの語の流布を助けた可能性はある。ペピンスキーのブログの存在はアリフ・ジャティ氏の指摘に、タン・マラカの文献に関する確認は押川典昭氏に負っている。

## 第四章

〔1〕アンダーソンが指摘するアメリカ人の低いパスポート保有率については、歴史的な注記が必要である。二〇一八年初頭のBBCのインターネット配信記事には次のように記されている。アメリカ人は一〇パーセントしかパスポートを所有していないと言われてきたが、この状態は

最近二〇年ほどで大きく変化した。二〇一七年時点のアメリカ人のパスポート保有率は四二パーセントを越える。この変化をもたらしたものとして、三つの要因が挙げられている。二〇〇一年のアメリカ同時多発テロ事件以前、アメリカ人はカナダやメキシコ、近隣国の一部をパスポートなしで訪れ、かつ本国に再入国することが可能だった。しかし二〇〇七年からは、合衆国の法律により、外国人と同様、パスポートなしで再入国することが不可能になった。二つ目の要因として、リーマン・ショックを挟みながらも、ICT革新に牽引されたアメリカ経済の好況と格安航空会社の登場・発展により外国旅行が盛んになった。そしてミレニアル世代は、モノの購入よりも旅行を含む経験のための支出を重視する傾向にあり、SNSの発展はこれを促進するものだった。パスポート保有率が高まったとはいえ、主要ヨーロッパ諸国に比べると、依然としてアメリカ人のパスポート所有率は相対的に高くないようである。二〇一一年のセンサスによれば、イギリスとウェールズの人口のうち七六パーセントがパスポートを所有していた。パスポートを持たない割合は一七パーセントである。詳しくは、"Is it true only 10% of Americans have passports?"(https://www.bbc.com/news/world-us-canada-42586638 二〇二三年二月六日閲覧)を参照。ちなみに、日本人のパスポート取得率も決して高くはない。新型コロナウィルス感染が拡大し外国旅行が困難になる前の二〇一九年末現在、すなわちパスポート所有者が減少したと考えられる以前の保有率は、日本国外務省の旅券統計によると、国民の約四分の一に留まる(https://www.mofa.go.jp/mofaj/press/release/press4_007822.html 二〇二三年二月六日閲覧)。

〔2〕「アメリカに都合の悪い事実」としてアンダーソンが挙げている事象のうち、統計的な数

字を求めることが難しいのは、「汚職の蔓延」以外に「減らない非識字率」であろう。理由のひとつに、識字率・非識字率の定義が難しいこと、両者を明確に分けることが難しいことがある。二〇二二年の世界経済フォーラムの報告によれば、アメリカの過去約五〇年の識字率は一〇〇パーセント、すなわち非識字率はゼロである(https://www.weforum.org/agenda/2022/09/reading-writing-global-literacy-rate-changed/ 二〇二三年二月六日閲覧)。しかし、二〇二〇年にバーバラ・ブッシュ財団がまとめた調査報告によれば、一六—七四歳の成人アメリカ人のうち五四パーセントの識字レベルは、小学六年生のそれより低いレベルに留まる。さらに困難をきたすのが、二〇二〇年現在、アメリカで最後に「成人識字率全国評価」が行なわれたのは二〇〇三年であるというように、信頼できる継続調査の結果が乏しいことである(“130 million adults in the U.S. lack proficiency in literacy,” https://map.barbarabush.org/ 二〇二三年二月六日閲覧)。非識字率の減少が見られないかどうかはともかくとして、成人アメリカ人の識字レベルが他の先進国に比べて低いのは事実であろう。

## 第五章

〔1〕『アメリカ人類学者』は当初、ワシントン人類学協会の協会誌として刊行された。首都ワシントンには一八四六年設立のスミソニアン協会があり、協会は五八年に合衆国の国立博物館の母体に指名された。そのような背景もあり、ワシントンには人類学的関心を抱く人が多く集まったようである。ワシントン人類学協会の設立は七九年で、八七年に法人化し翌年八八年に『アメリカ人類学者』を刊行するようになった。一八九〇年代末に、各地に見られた人類学的

な集まりを統合するための人類学会の設立が検討されるようになり、学会設立を先導する形で、一八九九年に「学会誌」的な位置づけで『アメリカ人類学者ニューシリーズ』が刊行されるにいたった。アメリカ人類学会はその三年後に設立されたことになる。概略については、"The American Anthropological Association: Antecedent Conditions," *American Anthropologist*, New Series, 5(1), Jan.-Mar., pp.178-190, 1903(https://www.jstor.org/stable/659373 二〇二三年二月六日閲覧)を参照。

〔2〕以下の日本の状況についての説明は、原著者の要望により訳者が執筆したものである。(二二二ページ一四行目まで)

〔3〕次行からの日本の状況についても、原著者の要望により訳者が執筆したものである。(二二三ページ五行目まで)

〔4〕以下のこの節の記述も、原著者の要望により訳者が執筆したものである。その内容の多くは、訳者が京都大学東南アジア研究センター(現・東南アジア地域研究研究所)に勤めた一九七九年から九七年までの経験と、今回の執筆に際して興味を覚え、調べたことに拠っている。(二三八ページ六行目まで)

〔5〕この段落の文章ならびにこの章の最後の段落(二六〇—二六一ページ)は訳者が補足したものである。詳しくは「現代文庫版　訳者まえがき」のⅶ—ⅷページを参照。

## 第六章

〔1〕ここでは稲田定雄の訳「夏に別荘でヴラジーミル・マヤコフスキーに起こった異常な出来

事」(『世界の詩16　マヤコフスキー詩集』角川書店、一九七三年、四八―五五ページ)を参照しつつ、アンダーソンの原稿にあったイギリス語訳からかなり自由に翻訳した。

# 訳者あとがき

## 本書の生い立ち

現在、世界中で毎年どのくらいの数の新刊書が発売されているのだろうか。その概数さえ想像だにできないが、その誕生に当たってはそれぞれ独自の歴史があるに違いない。そうした中にあっても、本書はその出自、生い立ちともにきわめてユニークな履歴を持ち、それを読者に理解してもらうことが重要だと考えるゆえに、まずこれについて話しておきたい。それというのも、本書はアンダーソンが自ら企図して執筆したものではなく、この出発点が、結果的に本書の性格や構成、訳者である私の関わり方と大いに関係するからである。

最初にボールを投げたのは編集者の遠藤千穂さんだった。一九九七年の『想像の共同体』増補版の日本語訳を刊行したNTT出版勤務ということもあり、アンダーソンのメモワールのようなものを刊行できないかと考えていた。二〇〇四年の半ば頃から接触を始め、直接的には〇五年四月に国際会議出席のために来日したアンダーソンに会いに行き、それまで温めていた案を伝えた。また、これ以前に、アンダーソンが私の恩師であることを知った遠藤さんから、この件での応援依頼があった。

その後、紆余曲折を経て、企画案がより具体的にまとまり、アンダーソンへの正式な執筆依頼となった。この間、アンダーソンが企画に必ずしも積極的でなかったことは、「はじめに」にある通りである。最終的に彼を動かしたのは、本書を日本の若い人——研究者を志し大学や大学院で勉強している人、教職・研究職にある若い大学人のために書いてほしい、という言葉だった。研究するとはどういうことか、研究する上で何が重要かを考えるに当たって、自分の経験や研究遍歴を語ることが日本の若い人に役立つならば、との思いだったようだ。コーネルで指導した多くの留学生を含む日本の友人たちへの諸々の「ありがとう」の意味を込めて、日本の若い人のために何かできるのならば、それは大いなる喜びである、ということでもあったようだ。執筆を引き受けたのは二〇〇七年一一月で、アメリカからバンコクに行く途次、京都で遠藤さんと話し合った時だった。

遠藤さんの執筆依頼文には、扱ってほしいトピックが言及されていた。第一章から第五章までは、それに沿って執筆されたものである。第六章をアンダーソンに示唆したのは私で、第五章の学際的研究で終わっては尻切れトンボの感が強く、また私自身が退職後の研究者としての生き方に関心を持つ年齢にあったことから、これを口にしたのである。

原稿の執筆は、二〇〇八年春、第六章で言及されているクウェ・ティアム・チンの伝記執筆のために、当時滞在していたバンコクで始められた。私が六つの章をEメールで順次受け取ったのは、同年四月八日から六月一二日にかけてである。この間、コメントを求められて各章の読後感を伝えた。一年の半分を過ごすバンコクには、アメリカからクウェ関係の資料しか携えていかなかっただろうことから、おそらく原稿は基本的に資料等を参照せずに書かれたと想像される。翻訳の元原稿となった推敲版を得たのは同年七月一九日だった。アンダーソンがバンコクからアメリカの住まいに戻ってからのことだ。最初の原稿と推敲されたものの間には、ミス・スペルの訂正や字句の修正、第五章の統計的な情報の加筆、第六章の最後の三つの節の追加を除き大きな変更点はなかった。推敲稿を渡されたのは、実は翻訳関連の仕事に集中するため、私が彼の家での滞在を開始した翌日のことだった。この時のことを、「ベネディクト・アンダーソンを追い掛けて」と題してエッセイに認《したた》めたことがある。以下、簡略化した形で再録する。

＊

**マルガリータで乾杯！**　アンダーソンは、世界的に有名になったナショナリズム研究の古典『想像の共同体』の著者だ。彼の家には、博士論文をまとめていた時期に二年ほど居候をさせてもらったことがあり、いろいろと思い出は尽きない。そのうちのひとつが、夏になると一緒によく飲んだマルガリータだ。テキーラに、オレンジのリキュールとライム果汁を混ぜたカクテルで、グラスの縁にまぶした塩を舐めながら飲む。もともとは一九七〇年代の半ばにメキシコでの国際会議に出席したアンダーソンが、「お土産」として持ち帰ったカクテル・レシピだった。今夏も夕方になると、毎日のようにこれで乾杯した。「Cheers とマルガリータのグラス空け積み重ねたる時を思いぬ」。

**贅沢な時間**　今回の滞在の目的は、アンダーソンのオリジナル原稿を日本語に訳すことだった。原稿の仮題は『ヤシガラ椀の外へ』。彼の知的遍歴を幼少時から現在まで辿る内容だ。六章立ての原稿を滞在予定の四週間弱で訳すことなど所詮無理で、第一章を訳した後は、他章で感じた疑問点を中心に問答仕立ての対話を行なった。ソクラテスとプラトンの対話を気取るつもりは毛頭ないが、一対一のゼミを受けているようで、マルガリータを楽しむだけではない、知的に何とも贅沢な滞在となった。

**人を突き動かすもの**　アンダーソン原稿の最終章は定年後についてだ。彼の場合、六〇歳の時の軽い心臓発作が定年への転機となった。ストレス軽減を医者に勧められて段階的に引退することにし、二〇〇一年、六五歳で完全に引退した。しかし引退したのは教授職であって、研究や知的創造、好奇心からではなかった。引退後、一九世紀末から二〇世紀初頭にかけてグローバルに展開したアナーキズムについて、フィリピン・ナショナリストのホセ・リサールを中心に本にまとめ、そして大学院生時代にジャワで見つけた一九四七年刊の謎の書の作者を同定し、これを再版している。現在のパッションはアジア映画で、それと謎の書を著した稀有な作者の伝記を執筆予定である。

**カメの決意**　人の命には限りがある。それ以前に創造性の限界が確実にやって来るだろう。だが、功なり名遂げた高齢のアンダーソンが、今でも想像し創造する力に突き動かされている様を見ると、欲得や権力だけではない人を動かすものの不思議と魅力を強く感じる。ウサギがひと眠りしてくれないのは、カメにとっては辛いものがある。しかし倒れるまで走り続けそうなウサギがいるのなら、カメとしては弱音を吐いているわけにはいかない。カメはカメなりのペースと気概をもって、アンダーソンを追い掛けていきたい。(『京大広報』No. 638, 二〇〇八年一〇月)

## 共同作業の形

アンダーソン宅滞在中に、この本の性格を決定づける三つの事柄、いずれも「はじめに」で言及されている「著者と訳者の私たち二人が共同で仕事をする」に深く関わる事柄が起こっている。ひとつは、右にも記した原稿をめぐる「問答」というかインタビューである。正確で適切な翻訳のためにということもあるが、自分の勉強の意味を込めて、この際、原稿を題材にいろいろなことを聞いておきたいと思った。まず第一章については、章の頭から訳していき、不明な点、自分の理解があやふやな箇所に関して質問をする、というスタイルを採った。アンダーソンの家系について確認することが多々あったことなどから、第一章の下訳だけで一〇日間近くを要している。その後は各章ごとに読み進め、途中で質問したい言葉や文章に出くわすたびに元原稿に印を付け、それを基に一章ごとに「問答」を行ない、聞いた内容について鍵となる単語や語句を原稿の欄外に鉛筆書きし、「問答」が終わると書き込みと記憶を頼りに追加説明を書き記すという作業を繰り返した。

インタビューの結果をどうするかについて滞在の途中で伝えられたのは、原稿で言わんとする意図を日本の読者により良く伝えるための加筆については、「日本の若者の知的状況を自分より分かっているお前の判断に任せる」との、いわば白紙委任状をもらった。大変な責任を負ったというのが正直なところだったが、同時にその信頼にきちんと応えねばとほぞを固めた。インタビューの内容は単なる語句の説明だけでなく、原稿で述べられている事項やテーマのより詳細な背景説明が含まれており、全体として古典学、ヨーロッパ史、東南アジア研究等の講義を受けているようなところがあった。当然のことながら、インタビュー結果の全てを加筆したわけではない。結果のどの部分をどこまで入れるかは私が判断し、必要に応じて本人の意向を確かめるようにした。インタビューで聞き取ったことを材料に、聞き手の私見を交えずに加筆するというのは、必ずしも容易《たやす》いことではない。この点で、託された信頼の重さとそれに応えようとの決意が、私にとっての大きな心の支えとも導き手ともなった。また、私はこの二五年ほどインドネシアの村で人類学的フィールドワークを続けており、そこでのインタビューで培った経験、聞いた内容と自分の意見を区別してノートに書き取るという経験が、今回の翻訳・加筆において大いに役に立った。いずれにしても、本書は、アンダーソンの元原稿を単に訳したものではなく、インタビュー結果に基づく彼の説明や解説を入れ込んだ作品だということになる。

二つ目の事柄は本書の出自と関係している。つまり遠藤さんと私が示唆した六つのトピックについて、基本的に著者は一章ごとの読み切りとして書いており、全体を通して何らかの論を展開しようとしているわけではない。その表れが、元原稿では、章のタイトルに「比較」「学際的研究」等のトピック名がそのまま使われ、本自体のタイトルも執筆当時は未定だったことだ。タイトルの代わりに、元原稿では「私の幸運《マイ・グッド・ラック》」が本の主題として各章の頭に付けられていた。また、各章には節の区切りがほとんどなく、とくに後半の三つの章には節の区切りが施されていないに等しかった。

もちろん右のことは、原稿に論理的秩序が欠如しているとか、本として読めないことを意味してはいない。しかし、日本の読者の便を考えれば、章に魅力的なタイトルを付け、適切な間隔で章を節に区切ることが必要とされた。この点について本人に確認すると、「それもお前に任せる」という。この作業は日本で行ない、最終案はイギリス語に訳し、どこで節に区切ったかの説明を付して本人に送り、同意を得た。

これ以外に残されたのが、本のタイトルだった。原稿を通して強調されているテーマは、ひとつは確かに「幸運」である。だが「幸運」はどう見ても魅力的なタイトルにならない。もうひとつが「ヤシガラ椀の下のカエル」だ。最終的に、日本の若い読者へのメッセージの意味を込めて、「ヤシガラ椀の外へ」にしようということになった。自叙伝など書く気がなかったこともあり、アンダーソンは長いこと、自分が書いたものを「自叙伝」と呼ぶことを拒んでいた。口にしたのは、「メモワール」という言葉がせいぜいのところだった。日本語版タイトルを『ヤシガラ椀の外へ』にすると決めてからは、嬉しそうに、メモワールを「カエル本」と呼ぶようになった。

イサカ滞在中の三つ目の事柄は、私への加筆要請である。「はじめに」の「訳注」で述べたように、第五章で私が執筆した部分は著者の要望に基づく。アメリカとの対比で、日本の学会や大学教育、地域研究の発展についての記述があった方が、日本の読者にとってより意味があるだろうとの理由による。これに意を強くしたわけではないが、第二章を訳す過程で、アメリカの大学制度の説明を踏まえた方が、コーネル大学における地域研究の制度的位置づけが分かり易いだろうと考え、この件は私から提案し、了解を得たのちに執筆に取り掛かった。私の執筆部分の概略は著者にEメールで伝えはしたが、原稿の逐語訳を提示するようなことはせず、またそれを求められることもなかった。むしろ求められたのは「訳者あとがき」のイギリス語訳で、その意図は、私たちの共同作業の内容について、私が著者に遠慮をして正確に記さないのではないかと懸念し、その点を確認したいとのことだった。共同作業の内容はきちんと書くからと伝え、これは勘弁してもらった。

本書の出版との関係で、あと二、三記しておきたい。当初、写真を入れる予定はなかった。著者にそのつもりがなかったからだ。ところが最後の段階になって、何枚かの写真が私の元に送られてきた。「ベネディクト・アンダーソン教授」とはほど遠い昔の写真を、日本の読者は面白がるだろうと考えてのことのようだ。次に、索引である。これは著者の作成したリストに拠っている。昨年一一月に土屋健一郎君を含む三人で九州を旅行した際に、元原稿を片手に旅行の合間に作成したものだ。もうひとつ、著者が密接に関わったのが装幀である。装幀のアイデアは、九州旅行から京都に戻り、伏見桃山のガード下の飲み屋で焼酎を酌み交わしていたとき、本人が紙ナプキンに描いたものが原案となっている。このアイデアに大いに盛り上がり、一茶の俳句のパロディも入れようとの私の提案となり、実際にカバーを外した下の表紙に、吉田愛さんの手になるカエルの絵とともに「痩せ蛙負けるな一茶おらずとも」(scrawny frog, don't give up! even if Issa is gone)と入れてもらった。日本語の部分は大蔵玉鶩氏による書である。我々の好き勝手な注文を活かした素敵な本の佇《たたず》まいができ上がった。装幀家の芦澤泰偉さんには感謝の言葉もない。そしてこれらが実現したのは、何よりも無理な注文を聞き届けてくれた遠藤千穂さんの理解と協力があってのことである。このことはいくら強調しても強調し過ぎることはない。なお、各章の扉のココヤシにちなむ写真であるが、これは私の友人の阿部健一さんがインドネシアのスマトラで撮ったものを使用している。

「はじめに」に書かれているように、本書の原稿は日本語出版のためだけに用意されたものであり、イギリス語での出版は予定されていない。著者の気持ではメモワールとして書いたものではないが、実は回想録と呼んでもおかしくない内容である。そうしたものが、自分が読めない日本語で出版されるのはまだしも、イギリス語での出版には抵抗がある、とのことのようだ。私との「共同作業」にしても、最初から日本語による出版を意図し、その認識の下で準備された原稿であればこそ、日本人である私に対してしばしば「お前に任せる」とし、私が日本語で書くアンダーソンを「想像」し、章や節のタイトルを考え、必要事項を加筆することをよしとしたのだろう。本書がすでにイギリス語で出版された作品の翻訳であったならば、私への信頼の有無にかかわらず、このような共同作業を提案することはなかったはずだ。イギリス語原稿の運命がどのようになるのか明らかではない。万が一出版することがあったとしても、これまで述べてきたような事情からして、内容も趣も本書とはやや異なったものになるのではないだろうか。

## 私の幸運――ベンとのこと

長いあとがきとなってしまった。残りのページでは、著者と私との四〇年来の付き合いや、本書の翻訳を通じて著者の研究関心のあり方に関して改めて考えたこと、人間ベン・アンダーソンの魅力などについて簡単に記すことにしたい。なお「はじめに」では「郷に入れば郷に従え」と気を遣い、私のことを「加藤センセイ」としてくれたのに対して(先生をカタカナ書きにしたのは私の照れと、Senseiにアンダーソン流の茶目っ気を感じてのことだ)、これまでは自分の恩師をアンダーソンや著者、本人と言及してきた。以下では個人的な関係が中心であることから、いつもの呼び名、ベネディクトの愛称「ベン」で呼ぶことにする。

ベンと最初に会ったのは、一九六八年の秋だった。フルブライト奨学生としてコーネル大学に留学し、社会学部に属しながらインドネシア研究を目指してからのことだ。「目指す」と言いながら、実はコーネルに行くまで、インドネシアはおろか東南アジアのことは何も知らないに等しいいい加減な「青春モラトリアム」留学生だった。恥ずかしながらケーヒンの名前もベンの名前も知らなかった。ケーヒンは自分には偉すぎるので、副専攻《マイナー》である東南アジア研究の指導教員はベンにしようと考え、会いに行った。彼が「政府学部」で教え始めて二年目のことだ。研究室の床や机には本と書類が溢れ、混乱の極みだった。当時のキャンパスでの服装マナー——これはその後の二、三年で急速に変化した——に従い、また学部内序列最後尾の新米教師だったこともあったのだろう、ツイードの上着(後でおじいさんの形身だと知った)に白いワイシャツとネクタイ姿で、「チョッと待って」と後ろを向いた姿を見ると、ズボンから飛び出たワイシャツの尻尾が上着の背中の裾からはみ出ていた。この先生とならうまくやっていけそうだと、何やらホッとする第一印象だった。私が選んだ社会学部の主専攻の先生はいかにも権威主義的な雰囲気の人だったこともあり、余計にそう感じられたのかもしれない。

なお、三〇六ページの訳注〔2〕で記したように、本書では「政府学部」「政府学」「比較政府学」という言葉をしばしば使用している。「政府学」はGovernmentの訳で、日本ではPolitical Scienceと区別せずに一般に政治学と訳している。これについては、アメリカにおける「政治学」の発展史を意識できるように訳してくれとのベンの意向があり、該当箇所は直訳することにした。訳していての感じでは、コーネル大学を語る場合にはGovernmentを用いることが多いが、概ね両者は互換的に用いられているとの印象である。

ベンと親しくなったのは、コーネル滞在二年目の夏あたりからだ。共通の友人にミリーという中国研究専攻の女性がおり、ミリーはベンを大学院生の頃から知っていた。彼女と一緒によくベンの家を訪ねた。夏休みには大勢で公園にバーベキューに行ったりもした。私は一九七一年の暮にインドネシアにフィールドワークに出かけ、七四年の夏まで滞在した。七二年にベンは久しぶりにインドネシアを訪れたが（私の調査地の西スマトラも初めて訪問する予定だった）、ジャカルタの空港で足止めを食らった末に国外退去になったと、後で彼からの手紙で知った。

その後、それまで以上にベンと親しくなったのは、一九七四年にインドネシア調査から戻った後のことだった。奨学金は尽きようとしており、貯えが少しはあったものの、博士論文が完成するまでどのくらいの時間が掛かるか分からず、どうしたものかと思案していた。するとミリーが、それならベンのところに転がり込めば、と言ったのだ。その後、実際にどのような経緯を辿ったのかよくは覚えていない。とにかくベンのところの居候となり、七六年末に日本に帰国するまで二年以上にわたって厄介になった。

独身であるベンの家では、ディスコ・パーティをよくやったが――ローリング・ストーンズの「サティスファクション」はパーティでの定番曲だった――、居候も珍しくなかった。私が滞在していた間も、コーネル大学政府学部の同僚でラテンアメリカ研究者が離婚後の居住先が決まらず、数カ月間滞在していたことがあった。私以外で最も長かったのは犬だ！　政府学部の中国専門家がコーネルで終身在職権を得ることができず、ニューヨーク市に移り住んだ時のことである。ニューヨーク市のアパートでは愛犬のコリー犬を飼えないので「少しのあいだ」預かってくれというので、結果的に一年以上も居候犬として面倒を見ることになった。ベンも私も、コーネルで東南アジア関係の博士論文執筆中の大学院生の溜り場とも言える「西通り一〇二番地」の建物に研究室があり(詳しくは本書の九八―一〇〇ページを参照)、朝食の後は通常、彼の運転する車で大学に向かった。キャンパスでよく見かけたのは、講義から研究室に戻る道すがら、居候犬(授業中は教室で寝そべっていた)を後ろに従え、『ニューヨークタイムズ』紙を極度の近眼から顔にくっつけるようにして読みながら歩いている姿や、夏に「西通り一〇二番地」の庭にデッキチェアを持ち出し上半身裸でクロスワードパズルを解いている姿などだ。こうした姿は、考えながら話す時の癖、メガネの上縁越しに天井方向を見上げながら話す癖や、ベン宅での幸運な居候生活とともに今も懐かしく思い出される。

私が日本に帰国してからも、日本やコーネルで会う機会が何回かあり、手紙のやり取りもあった。しかし、何といっても会う回数が格段と増えたのは、ベンが一年をバンコクとイサカに分けて過ごすようになってからのことだ。それというのも、アメリカとタイの行き帰りに、都合が付けば京都に寄るようになったからだ。旅行と温泉が好きなことから、土屋健一郎君と、時には押川典昭さんも参加して、温泉巡りをするのが近年の慣例となっている。

## 人間ベン・アンダーソンのこと

今回の翻訳作業を通じて改めて感じたのは、ベンの研究を貫く一本の太い糸である。大きな社会的力や制度に注目する一方で、その中で生き、抗い、あるいはそこから飛び出そうとする個人への尽きない興味と、時に深い共感が見て取れる。そして当然、制度と個人の相互交渉にも強い関心がある。制度と個人の両方に目配りする研究姿勢は、最初の著作『革命期のジャワ』にやや異例な形で表れている。インドネシアの独立戦争とそこにいたる社会・政治過程を日本占領期に遡って描いたもので、その巻末には本の登場人物一四〇人ほどの経歴が計四七ページ、全体の一〇パーセントを費やして紹介されている！　このような分厚い巻末付録資料《アペンディクス》を、私は他で見たことがない。同様の関心のあり方は、本書第四章のイギリス人ナショナリズム理論家の間に見られる、ユダヤ人という民族的背景説明にも反映されている。

個人への興味——これは第一章最終節の「歴史の幸運」が示すように、制度や歴史の中の自分自身を見つめることにも繋がっている——は、第三章で語られている如く、ジャカルタにおける前田精《ただし》元海軍少将とのインタビューが切っ掛けだったのかもしれない。しかし、より本質的にはそれは、制度への目配りを含めて、イートン校での奨学金少年だった経歴が典型的に示すように、体制の中にありながら、実際には常に周辺《マージナル》にいると意識し、意識させられた立ち位置と深く関係するものであろう。そうであればこそ、前田海軍少将とのインタビューの意味するところを反芻し、それを受け止めるだけの感受性を持ち合わせていた、ということではかなろうか。

ベンが東南アジア研究者であることの意味も、今回改めて考えさせられた。人文学や社会科学関係の学界において、どちらかというとマイナーな位置づけにある東南アジア、それも有史以来、外の世界から様々な影響や介入を経験してきた東南アジアの研究者であればこそ、彼の世代には珍しく、比較を根本的な枠組みとする研究スタンスに到達したのではないだろうか。ヨーロッパや中国、インド、アメリカの専門家だったならば、得てして自分の専門地域の研究に没入し、世界の他地域にまでなかなか目が向かなかったのではないか。同じヤシガラ椀でも、これらは東南アジアという椀に比べれば、中にいるカエルには東京ドームのように巨大であり、頭上の天空は限りなく広く、ややもすると自分は世界の中心にいると感じられるに違いない。

右のこと以外にも、研究者ベン・アンダーソンの政治的信条と研究活動のあり方、世代間の対比や歴史的な変化といった時間軸の視点、洋の東西を包摂する空間軸の視点に基づく比較など、「解説する」ことは多々ある。しかし、それらについては読者それぞれの読み方に任せ、むしろここでは、著作からだけでは知り難い人間ベン・アンダーソンについて若干なりとも記すことにしたい。

研究者としてのベンについては、その比類なき知性、学識、定見等々について、月並みな賛辞をいくらでも並べ立てることができる。しかし、今回、私が最も強く印象づけられたのは、第四章の三つの比較の説明にあるように、ベンが常に自分の知的世界を拡大し、新たなアイデアを取り入れながら自らを作り替えてきたということ、しかもそれは現在も進行中だということだった。この点で重要なのが、謙虚ということだろう。ベンのように世界的に評価が「確立された《エスタブリッシュ》」人なら、往々にして自分で語り、自分の声を聞くことに忙しく、外《ほか》の人の声はなかなか聞こえないものだ。しかし、こうした高みに上ってしまっては――他に社会科学者のいない高等研究所に上ってしまったクリフォード・ギアツのことをわざわざ「偉大な人《グレート・マン》」と呼ぶ理由はここにある（アンダーソンはこの研究所を山頂などにある要塞を意味する aerie という言葉で表現している）――、それ以上の自己発展と自己変革は望むべくもない。第三章に出てくるように、スハルト体制下で処刑されたスディスマンの長文の自己弁護演説や、ベルリン在住の「市井の人」ピピットによる左翼の虐殺にまつわる個人的な体験をインドネシア語からイギリス語に訳し、さらにはクウェの著作に注釈を付けてほぼ六〇年振りに再版していることなども、自分の価値規準によって仕事をし、「高み」の自縄自縛から自由であることを示している。そして何より本書の人名索引を繰ってみれば分かるように、そこには信じられない数の「普通の人」の名前が挙げられているのだ。失礼を承知で言えば、正直それらの人々は大方の読者にとってどうでもよい名前だろう。しかし、ベンにとっては、自分の人生と思考の軌跡は、これらの人々を抜きにして語ることはできないに違いない。象徴的なのは、彼が自ら挙げた索引項目には、削除可能なものとして四二の項目が含まれていたが、索引を人名と事項に分けてみると、これらは全て事項索引に属することだった。

著作のみでベン・アンダーソンを知る人が推し量ることのできないのが、ベンが卓越した研究者であるばかりでなく、いかに優れた教育者かということだ。二〇〇一年夏にも彼の家に一カ月間滞在した。そのとき大学院生が一人、博士論文の相談のために家にやって来たことがあった。学生が去った後の話では、この学生の論文が、ベンが主指導ないし副指導教員として関わる博士論文の一〇〇番目(!)だということだった。これは、学生たちが、単に著名な学者を自分の論文委員会《コミティ》のメンバーに望んだ結果だ、ということでは必ずしもない。それは、多忙な研究・教育生活にもかかわらず、ベンが学生の指導に真摯に当たり、彼から多くのことを学ぶことができると分かっていたからだった。そうした学生との愛情ある接し方の根底には、もちろん彼の師であるジョージ・ケーヒンの薫陶やベン自身の性格もあろう。それだけでなく、ここには、第四章で語られているように、学生を指導し、同時に学生から学ぶという姿勢、より根本的には学生を「学生」として扱うのではなく、一人の未来ある若者として遇するとの意識が感じ取れるのである。であればこそ、指導教員にと頼まれれば、五〇人でも一〇〇人でも断らないし、断れないのであろう。日本の大学で教えるようになってから、私が常に自分の遠い目標としてきたのは、この教育者ベン・アンダーソンの姿である。

ベンが今でも何より好むのは、学生や若い人との会話であり「問答」である。「問答」は、第六章の交通事故とおばあちゃんの話にも出てくるように、彼が好んでゼミで用いた教授法だった。学生が通常あまり考えもしないような問いを投げ掛け、思考の切っ掛けと対話の切っ掛けを紡ぎ出すのだ。「問答」と「対話」を通して、学生だけでなく、ベン自身も、思考回路の新たな繋がりと発展を見出そうとしているように見えた。最近の例では、バンコクに行く途中に京都に立ち寄った際に、土屋健一郎君を摑まえ「ケンイチロウはロボットと恋愛ができるか」などと問い掛けて「対話」を挑んでいた。つい先日には、私のところに、日本の「やおいコミック」や「ボーイズ・ラブ」(男性間の性愛関係を描くマンガ・ジャンルで若い女性に人気がある)についての質問がEメールで舞い込んできた。バンコクや韓国でも人気があるが、そもそも日本におけるジャンル誕生の歴史的・社会的背景は何なのかと問うもので、コミックそのものの存在を知らなかった私を慌てさせた。こうしたことがごく自然にできるのは、自分の名声や高名な学者だとの自己意識とは縁がなく、若い人たちとの「問答」や「対話」に大きな意味と楽しみを見出しているからだ。謙虚というのは、取りも直さず周りに対して、そして新しい問いや考えに対して心が開いているということだ。ひと眠りしないウサギは、今後ともに蝶の幼虫のように変態《メタモーフォシス》を続けていくことだろう。

訳者あとがきを閉じるに当たり、翻訳における訳語の問題や外国語のカタカナ表記、事実確認、資料探索などに関係して、伊藤正子、グスティ・アスナン、後藤乾一、貞好康志、清水展、高橋茂人、玉田芳史、深見純生、米澤眞理子の各氏にお知恵を拝借したことを述べておきたい。感謝するとともに、間違いがあるとすれば、それは訳者の責任である。また、ベンと共同作業をするという、個人的に実り多い仕事の切っ掛けを作ってくれたことに対して、編集者の遠藤千穂さんにお礼を申し述べたい。何よりもこの本の企画・出版は、私にとって、イギリス語を日本語に翻訳する以上の意味深い仕事となった。私なりに風を求めての好い冒険だった。もちろん最終的にこれを可能にしたのは、企画を受け入れ、翻訳過程で私の頻繁な問いに対し辛抱強く答えてくれたベンのおかげである。彼の信頼に背くことなく、本書が「優雅な建物」に仕上がっていることを念じるばかりである。

「あとがきを認《したた》め美味し酒を乾し朋《とも》との冒険《たび》に読点を打つ」

二〇〇九年六月八日　宇治黄檗にて

加藤剛

# ひと眠りも立ち止まりもしなかったウサギに乾杯!!!

## ――「岩波現代文庫版　訳者あとがき」に代えて

加藤　剛

ベン・アンダーソンのことを思うとき、イソップの寓話「ウサギとカメ」をよく思い浮かべる[1]。そう、童謡の「もしもしカメよ、カメさんよ」の「ウサギとカメ」だ。動くのが遅いカメをからかったウサギに、そんなことはないとカメが言い返し、では競争しようということになったのはよいが、自分の足を過信したウサギが途中でひと眠りしたためにカメに負けてしまう、あの話のことだ。しかし、ベンと寓話のウサギには決定的な違いがある。ベンはひと眠りも立ち止まりもしなかったのだ！

学問的競争で自分はウサギだなどとは思いもしない身としては、なんとアンフェアなことかとつねづね恨めしく思っていた。とにかくこのウサギは、定年退職の後も走ることを止めず、追い抜くことはおろか、少しでも距離を縮める機会さえカメに与えてくれないのだ。とはいえウサギのベンにも、走ることを止め……休息する時がやって来ざるを得なかった。……オッと、いきなりベンの話をゴールまでもっていってしまっては、この先を続けることができない。時計をはるか昔に巻き戻すことにしよう。

私がベンとどのように出会い、どのように交友関係を紡いだかについては「訳者あとがき」に記した。ここで繰り返すことはしない。一九六八年の出会いから二〇一五年の別れまでの約五〇年にわたる長い付き合いの中で、ベンは楽しい思い出をたくさん残してくれた。多くの思い出がある中でどれかひとつを選べと言われれば、実はそうするのはそれほど難しいことではない。一九七七年の旅行である。二人ともまだ若かったということもあるが、自転車による気儘《きまま》な旅だったことが大きい。この旅行がいかに楽しかったかは、ベンも後々まで口にしていた。

それは私がアメリカ留学を終えて帰国した翌年の夏のことだ。客員研究員として京都大学東南アジア研究センター(現・東南アジア地域研究研究所)に滞在していたタムマサート大学のチャーンウィットと、当時上智大学で教え始めていた私に会うために日本に遊びにやって来たのだった。東京と京都で何日間かを過ごしたあと、三人で四国の高知海岸を自転車で一〇日間ほど旅した。私の大学時代の友人の勧めで、彼の奥さんの故郷を旅行することにしたのだった。留学生時代にルームメートとウィスコンシン州の田舎を自転車で旅行したことがあり、その時の楽しさが忘れられず、どうせなら自転車で旅行しようとの提案になった。

私たちは三〇代半ばから四〇代初めの年齢だったが、子供のように無邪気に旅を楽しんだ。麦藁帽の下で暑さに耐えながらペダルを漕ぎ、途中、喉が渇けばビールでこれを癒した。気の向いたところで自転車を放り出して海に飛び込み(自転車旅行は自由なり!)、中央がアーチ状に膨れた橋の頂上に誰が一番早く漕ぎ上がれるかを競い、夜は「高知県・民宿ガイド本」を片手に行き当たりばったりで宿を決め海鮮料理に舌鼓を打った。まだインターネットも星評価もない時代ゆえ、民宿での魚料理が大当たりでも外れでも、それはそれで楽しかった。一度、小さな町の食堂で昼食をとった時のことだ。食事を終えて外に出ると、ベンはクスクス笑っている高校生と思しき女子生徒の一団に取り囲まれてしまった。今から四五年ほど前のこと、それも四国の小さな町のことである。それまで「本物の白人」を「生身で」見たことがなかったのだろう、少女たちはベンのサインを欲しがった! 当然ベンは戸惑っていたが、最後は仕方がないなと降参の体で、麦藁帽と半ズボン、サンダル姿でサインをしていた。梓みちよの「二人でお酒を」がまだ流行っており、旅行の途中で寄ったカラオケスナックなどでよく耳にした。ベンもチャーンウィットもこの歌が大いに気に入り、私と一緒に口真似で歌うようになった。旅行を終えたのちも、「二人でお酒を」はこの旅のテーマソングとして長いこと私たちの記憶に残ることになった。

　昔の思い出話に大分字数を費やしてしまった。先を急ごう。『ヤシガラ椀の外へ』がどのように企画され、書かれ、訳されたかについては、「訳者あとがき」で記した。以下では、主に『ヤシガラ椀の外へ』が出版された後の彼の著作について話すことにしたい。読者の中には知っている人もいる思うが、ベンは二〇一二年に *The Fate of Rural Hell: Asceticism and Desire in Buddhist Thailand*（『村落部に見る地獄の運命――仏教国タイにおける禁欲と欲望』）という小さな本を上梓している。タイ中部の仏教寺院に造られたディズニーランドまがいの地獄についての本だ。だが地獄の話をする前に、ここではまず悪魔について語ることにしたい。というのも、地獄についての話は、まずそれなりに悪魔に敬意を表してからの方がよいと思うからだ。

幸いなことに、これについてもベンの著作が役に立つ。友人二人の助けを借りてスペイン語の本をイギリス語に訳し、新たに見つかった古いタガログ語訳を付けてタガログ語・イギリス語の対訳本、*Ang Diablo sa Filipinas: ayon sa nasasabi sa mga casulatan luma sa Kastila* (*The Devil in the Philippines: according to ancient Spanish documents*)（『古《いにしえ》のスペインの記録に見るフィリピンの悪魔』）として二〇一四年に出版しているからだ。原著は、イザベロ・デ・ロス・レイエス（一八六四―一九三八）により一八八七年に出版された皮肉と諧謔が一杯の「ホラーコメディ」だ。イザベロは政治家、文筆家、労働運動家など多彩な顔を持つナショナリストで、そのひとつがフィリピンで最初の民俗伝承《フォークロア》研究者だった。本の内容は、フィリピン社会に広く見られた悪霊、魔女、魔術師などに関する「迷信」についてだ。二人の住民――スペイン人の言う「原住民《インディオ》」、イザベロに言わせれば「フィリピン人」であろう——の掛け合いのようなやり取りから成っている。本の「味噌」は、このやり取りが、これらの「迷信」に関わる実際の記録、一七世紀から一八世紀前半のあいだに四人のスペイン人修道士が残した記録をめぐり繰り広げられるところにある。

本の中でイザベロは、カトリックの教えに基づき「悪魔」(ディアブロ)や「サタン」として客体化され、したがって支配する者と支配される者が共有するにいたる「想像の存在」——イザベロの示唆に従えば新たに構築された民俗伝承的な存在——を、四人の修道士も「原住民」と同じように死ぬほど怖がっていた様を描いている。スペインによるラテンアメリカやフィリピンの植民地化は、魔女狩りを伴うスペインの異端審問が間歇《かんけつ》的に続いていた時代(一五世紀末から一八〇〇年頃まで)に進行した。ルネサンスや啓蒙主義がヨーロッパに影響を与えた時代にあっても、記録を残した修道士たちの精神世界においては、魔女や悪魔は、それがスペインのものであれフィリピンのものであれ、きわめてリアルな存在だっただろうことは想像に難くない。

「ディアブロ本」が出ると、ベンは早速それを一冊、マニラから私に送ってきてくれた。この本の翻訳の仕事が、彼にとっていかに楽しいものだったかを思わせる。本の「まえがき」にあるように、翻訳を楽しんだ理由には、ベン自身が対訳で七〇ページほどの冊子を読むたびに大笑いするほど面白いと思ったことがあるだろう。おそらくそれ以上に、「フィリピン・ナショナリズム史の歴史学方法論における「土着主義者《ネイティビスト》」的転換」、すなわちスペイン語やアメリカ語の史資料を軽視し、「口承史等の「自前」のフィリピン史資料を用いて歴史を書く」(本書二六八ページ)傾向への密かな批判もあったのではないかと思われる。

イザベロは一八八九年から九〇年にかけてスペイン語の二巻本 *El Folk-Lore Filipino*(『フィリピンの民俗伝承』)をマニラで出版した。「ディアブロ本」もこの本も、フィリピン諸島各地で見られた民俗伝承に言及している。これも「ディアブロ本」の「まえがき」にあるのだが、これらの伝承には多くの共通点があることから、イザベロは、伝承を受け継いできたフィリピン諸島の人々や地域の間には、古くから交流があったのだと気が付くにいたる。ゆえにイザベロは、二つの本のタイトルをマニラやタガログなどではなく、「フィリピン」の悪魔や民俗伝承にしたのであり、彼こそが真の意味での最初の「フィリピン人」に思える、とベンは言う。史資料が用いる言語ではなくその内容が重要だ、ということだ。

さて前に戻って、タイの仏教寺院に見るディズニーランドもどきの地獄ではどんな人が責め苦に苛まれているのだろうか(三四一ページの写真)。ベンの話では、地獄に堕ちた一人は農村女性で、説明板によると、亭主に朝飯を作らせていた罪により火炙りの刑に処せられたという。しかしこの寺の地獄には、堕落した僧侶や嘘つきの政治家、邪悪な

**写真 1**　バンコクのベンのマンションにて．何年前のことになるだろうか，ベンが禁煙すると約束してくれた．軽いとはいえ1996年に起こした心臓発作のことを考え，禁煙を強く勧めてのことだった．ところがこの写真では，まさにこれから喫煙しようとしているではないか！　賢者ベンとて人間，完全無欠というわけにはいかない．(2015年初頭，Anan Krudphet 撮影)

**写真 2**　タイ中部，アントーン県の寺院ワット・ムアンに併設されたディズニーランドのような「地獄公園」にて．一説によると，恩を仇で返す人間は生きたまま煮えたぎる油の鍋に放り込まれるという．(2015年5月13日，Anan Krudphet 撮影)

資本家は見当たらない。ベンが言うには、人がどんな罪で地獄に堕ちるかを予測するのは難しい。さらに続けて言うには、地獄は極楽よりもよほど興味深い。おそらくこのコメントの意味するところは、トルストイの『アンナ・カレーニナ』の有名な冒頭の文章、「幸福な家庭はどれも似たものだが、不幸な家庭はいずれもそれぞれに不幸なものである」に通じるのだろう。

彼の逝去以来、ベンは今頃、上の方のどこかで、あるいは下の方のどこかで、「ホントの地獄」と「ディズニーランド風地獄」を比較しているのかもしれないと考えたりする。ベンが地獄そのものにいると心配する必要はない。ある時、地獄についての大発見をもうひとつ話してくれたことがあった。興味深いことに、誰でもが地獄なるものに自由に堕ちることができるわけではなく、地獄は宗教別になっているというのだ。仏教徒は仏教の地獄へ、ムスリムはイスラームの地獄へ、キリスト教徒はキリスト教の地獄へ、といった具合にだ。そしてあえて付け加えることを許してもらえば、無信仰者に地獄はなく……そして極楽とてもない。あるのは無、しばしば禅の悟りと結び付けられる無のみだ。ベンはこの語を彼のよき友、亡き土屋健治さんに教えてもらい、それ以来、悟りの有無は別にして、ベンにとってのお気に入りの言葉となった。

ベンは、二〇一五年一二月一二日の深夜、正式には一二月一三日早朝に、東ジャワのバトゥ(Batu)で息を引き取った。睡眠時無呼吸症候群による急逝だった。言わずもがなだが、彼を知る全ての人にとって、ベンが不帰の人となったことは悲しんであまりある出来事だ。ただ、睡眠中の穏やかな最期が、彼が深く愛した東ジャワの地であり、それも最も気に入っていたヒンドゥー寺院を、あたかも最後の挨拶をするかの如く訪れた夜のことだったと知れば、それも彼のことを深く愛し、彼と一緒に旅し、彼が死の床にあった最後まで細やかに見守った三人の友人に囲まれての旅立ちだったと知れば、悲しみの中にもそのような最期でよかったと、多くの人は感じるに違いない。

葬儀は、イギリスから弟のペリーと妹のメラニーの到着を待ち一二月一八日にスラバヤで行われた。葬儀で流された音楽はギターの調べの「愛のロマンス」で、映画『禁じられた遊び』のテーマ音楽に使われ一躍有名になった曲である。バトゥにも同行したベンの若い友人エデュによれば、東ジャワの旅行に出る前、自分の葬儀にはこの曲を掛けてほしいと彼に伝えていたとのことで、自分の死について何か感じるところがあったのだろう。一九日に火葬があり、翌朝に遺灰はジャワ海に散骨された。なるべく綺麗な海にということで、小型のクルーズ船で港から一時間半以上沖に出たにもかかわらず、蓋を開けた骨壺を船尾から海に放したあと、何処からともなく蝶が現れ、船を追うように舞っていたのが印象的だった。

「骨壺を解き放ちたる海原に黄色き蝶の舞う姿映え」

ベンの逝去に伴いすでに多くの哀悼の辞が記され、今後もしばらくはベンの世界的な学問的業績を讃える記事が書き続けられることだろう。当然そうした文章では、『想像の共同体』が言及されるに違いない。しかし、私がベンの仕事で最も驚かされ強く印象づけられるのは、「ディアブロ本」のように、自分が面白いと感じた本を、再版ないしイギリス語に翻訳し世に出すために彼が一方ならぬ労力を割いたということだ。その典型例が *Indonesia dalem api dan bara*(『炎と灰燼の中のインドネシア』)だ。原本は「棘の付いた鞭」というペンネームのもとで書かれ、インドネシアの独立革命のさなかの一九四七年に東ジャワの都市マランで出版された。ベンとこの本との出会いは、一九六〇年代前半のジャワでのフィールドワーク時にまで遡る。その後、著者がクウェ・ティアム・チン(郭添清)だと突き止めたのは、スハルト政権が崩壊し、二七年振りにベンのインドネシア訪問が可能になってからのことだった。詳細は本書第六章にある。

『炎と灰燼の中のインドネシア』は、ベンの長い解説と多くの注釈を付され、ベンとアリフ・ジャティ編でほぼ六〇年の時を経て二〇〇四年に再版された。もちろん全てがインドネシア語だ。さらに続けて二〇一〇年には、一九七一年から七三年にかけてクウェが書いた評論などを集め *Menjadi Tjamboek Berdoeri: Memoar Kwee Thiam Tjing*(『棘の付いた鞭になる――クウェ・ティアム・チン回想録』)を刊行している。クウェは東ジャワで何世代も続く古い華人の家系の出で、「漢字を読めないことを誇りとし、自分はインドネシア愛国者だと自負していた」。実際に一九二六年の初頭から約一〇カ月間、政治的な理由でオランダ植民地政庁により投獄されている。時間的には、インドネシア初代大統領スカルノの投獄に先立つものだった。「世界的に著名な」ベンの努力により、クウェと彼の仕事は、華人系を含むインドネシア人読者の前に再び姿を現し、復活を遂げたことになる。実際クウェの本が二冊出版されたあと、内容に正確さが欠けるところがあるとは言え、インドネシア語とイギリス語のウィキペディアには「Kwee Thiam Tjing」という項目が立ち、比較的長い説明が付されるにいたっている。

インドネシア市民としての華人を映し出すことになったベンの仕事が、広くはインドネシアの華人系インドネシア人社会、より狭くは東ジャワの華人系インドネシア人社会にとってどのような意味を持っているかを、スラバヤでの三日間の葬儀を通じて私は強く感じることができた。ベンの葬儀の準備や執行、散骨のためのクルーズ船の用意を担ったのはスラバヤの華人コミュニティであり、葬儀の参列者にはジャカルタから駆け付けた華人も含まれていた。それは、ベンの仕事が研究業績といった世俗的な評価尺度を超えた価値を持ち、心からの感謝の念を持ってその仕事を大切に考えている人たちがいると感じさせるものだった。そして思ったのは、地域研究の学徒にとって、これほど、自分の仕事が持つ大きな意味の証となるものはあるだろうか、ということだった。

私に与えられた紙幅はすでに大幅に超過してしまった。ベンがいかに優れた教師だったかをここで語ることはしない。彼の下で、あるいは彼と共に学んだ全ての学生やかつての学生が、これについては思い思いの言葉で語ってくれることだろう。ベンの生き方を讃する文章の最後に、世界的に著名な研究者である以前に、彼が何よりも人間としていかに素晴らしい人だったかを書き留めておきたい。理念としても実践としても、傲慢、自己顕示、権威主義を嫌い、あくまでも若者、弱者、マイノリティの味方で、常に人のことを気遣ってくれる人だった。その様を見るにつけ、自分の内に少しでもよいところを見つけ、それを育て社会的に意味のあるものにしたい、そういう思いにさせられる人でもあった。

本書の「訳者あとがき」の最後は次の短歌で締め括った。

「あとがきを認《したた》め美味し酒を乾し朋《とも》との冒険《たび》に読点を打つ」

この歌を詠んだとき、二人の知的冒険を再開する機会がやがて巡って来るのを楽しみにしていた。しかしながら、たとえ疲れを知らぬウサギといえども、走ることを止め、安息を迎える時がやって来るのを避けるわけにはいかなかった。不本意ながら、ここに、我々の冒険に句点を打つことにする。

ＯＫ、ベン、現在どこにいるにしろ、称賛のシャワーを浴び、きっと今頃はくすぐったく感じ、居心地が悪くなっていることだろう。この辺で筆を止め、「さよなら」と口にすることにしよう……また会う時まで。……ちっ、ベン、この世で再び会うことができないと思うとなんとも寂しい。

## 注

(1) 本文は、"Three Cheers for the Hare that Did Not Stop Running to Take a Nap: In Celebration of the Life of Benedict Anderson (1936–2015)" を元に日本語に翻訳した文章、「ひと眠りも立ち止まりもしなかったウサギに乾杯!!!——ベネディクト・アンダーソンという生き方(1936–2015)を頌して」の一部、約三分の二を抜粋し、修正・加筆を施してまとめたものである。京都大学東南アジア地域研究研究所が発行する *CSEAS Newsletter*, No. 73 Spring 2016 のイギリス語版と日本語版に掲載された。イギリス語版の原文自体は *Philippine Studies: Historical and Ethnographic Viewpoints,* 64(1), March 2016 からの転載である。この文章の掲載は、アテネオ・デ・マニラ大学の *Philippine Studies: Historical and Ethnographic Viewpoints* 編集委員会と京都大学東南アジア地域研究研究所広報委員会の許可に基づいている。なお本文では、イザベロ・デ・ロス・レイエスによるフィリピンの悪魔をめぐる民俗伝承についての本を取り上げている。本文の元になった文章ではこの記述に間違いがあり、これに関係して本文では大幅な書き換えを行なった。

本書は二〇〇九年七月にNTT出版より刊行された『ヤシガラ椀の外へ』を改題したものである。岩波現代文庫版への収録に際し、巻末に二〇一五年末に急逝した著者を偲び、訳者が記した追悼文「ひと眠りも立ち止まりもしなかったウサギに乾杯!!!——「岩波現代文庫版　訳者あとがき」に代えて」を付した。

# 索　引

## 〈人名索引〉

### ア 行

## カ 行



## サ 行

## タ 行



## ナ 行

## マ 行



## ヤ 行



## ラ 行

## ワ 行



# 〈事項索引〉

## ア 行

## カ 行

## サ 行

## タ 行



## ナ 行

## ハ 行



## マ 行

## ヤ 行



## ラ 行



## ワ 行

越境を生きる ベネディクト・アンダーソン回想録

2023年4月14日 第1刷発行

著 者 ベネディクト・アンダーソン

訳 者 加《か》藤《とう》 剛《つよし》

発行者 坂本政謙

発行所 株式会社 岩波書店
〒101-8002 東京都千代田区一ツ橋2-5-5

案内 03-5210-4000 営業部 03-5210-4111
https://www.iwanami.co.jp/

印刷・精興社 製本・中永製本


ISBN 978-4-00-600464-4 Printed in Japan

# 岩波現代文庫創刊二〇年に際して

二一世紀が始まってからすでに二〇年が経とうとしています。この間のグローバル化の急激な進行は世界のあり方を大きく変えました。世界規模で経済や情報の結びつきが強まるとともに、国境を越えた人の移動は日常の光景となり、今やどこに住んでいても、私たちの暮らしは世界中の様々な出来事と無関係ではいられません。しかし、グローバル化の中で否応なくもたらされる「他者」との出会いや交流は、新たな文化や価値観だけではなく、摩擦や衝突、そしてしばしば憎悪までをも生み出しています。グローバル化にともなう副作用は、その恩恵を遥かにこえていると言わざるを得ません。

今私たちに求められているのは、国内、国外にかかわらず、異なる歴史や経験、文化を持つ「他者」と向き合い、よりよい関係を結び直してゆくための想像力、構想力ではないでしょうか。

新世紀の到来を目前にした二〇〇〇年一月に創刊された岩波現代文庫は、この二〇年を通して、哲学や歴史、経済、自然科学から、小説やエッセイ、ルポルタージュにいたるまで幅広いジャンルの書目を刊行してきました。一〇〇〇点を超える書目には、人類が直面してきた様々な課題と、試行錯誤の営みが刻まれています。読書を通した過去の「他者」との出会いから得られる知識や経験は、私たちがよりよい社会を作り上げてゆくために大きな示唆を与えてくれるはずです。

一冊の本が世界を変える大きな力を持つことを信じ、岩波現代文庫はこれからもさらなるラインナップの充実をめざしてゆきます。

（二〇二〇年一月）